国家出版基金项目
NATIONAL PUBLICATION FOUNDATION

丝绸之路经济带——新疆与中亚研究丛书

中国与中亚五国经贸合作研究

赵青松 著

商务印书馆国际有限公司
世界图书出版公司

图书在版编目(CIP)数据

中国与中亚五国经贸合作研究 / 赵青松著. -- 北京:
商务印书馆国际有限公司 ; 西安 : 世界图书出版西安有
限公司, 2021.7

（丝绸之路经济带 : 新疆与中亚研究丛书）

ISBN 978-7-5176-0760-1

Ⅰ. ①中… Ⅱ. ①赵… Ⅲ. ①经贸合作－研究－中国
、中亚 Ⅳ. ①F125.5

中国版本图书馆CIP数据核字（2021）第109100号

ZHONGGUO YU ZHONGYA WU GUO JINGMAO HEZUO YANJIU

中国与中亚五国经贸合作研究

著　　者	赵青松
出版发行	商务印书馆国际有限公司 世界图书出版西安有限公司
地　　址	北京市朝阳区吉庆里14号楼 佳汇国际中心A座12层
邮　　编	100020
电　　话	010-65592876（编校部） 010-65598498（市场营销部）
网　　址	www.cpi1993.com
印　　刷	北京中科印刷有限公司
开　　本	710mm × 1000mm 1/16
字　　数	270千字
印　　张	19.25
版　　次	2021年7月第1版第1次印刷
书　　号	ISBN 978-7-5176-0760-1
定　　价	80.00元

前言

近年来,区域经济一体化的兴起之势有增无减,其中一个重要的国际背景就是世界贸易组织(WTO)多边贸易谈判陷入僵局,多边贸易自由化进程受阻。当前,大国之间的竞争核心是对后危机时代新格局和新秩序主导权的竞争,特别是国际经济规则的制定权。自2009年美国首提“重返亚太”构想以来,美国试图通过主导“跨太平洋伙伴关系协议”(TPP)和“跨大西洋贸易与投资伙伴协定”(TTIP)构建超强经济圈以孤立中国。在美欧发达国家积极构建自由贸易体系、打造利益共同体、争夺区域主导地位的新形势下,作为世界最大的发展中国家,中国若想巩固贸易大国地位,并实现由贸易大国向贸易强国的转变,需要尽早制定出应对之策,推进和实施中国的自由贸易区战略,在全球范围内打造自己的区域经济合作网络,为中国经济发展争取有利的国际环境。

2001年“入世”后,中国对外贸易发展势头迅猛。目前,中国已经成为世界第一大货物贸易国和世界第二大经济体,也是全球120多个国家和地区的第一大贸易伙伴。同时,中国大力推进和参与了双边自由贸易区的进程,从2003年至2015年,中国已经与22个国家和地区签订了14个自由贸易区协定。在东南亚,中国与东盟建立了自由贸易区;在南亚,中国与巴基斯坦建立了自由贸易区;在东亚,中国与韩国建立了自由贸易区。但是,中国仍没有与中亚国家在建立自由贸易区问题上取得进展。当前上海合作组织已由政治、安全领域拓展到经济、人文等领域。上海合作组织各成员国提出,到2020年将逐步实现货物、资本、服务和技术的自由流动,但各成员国就建立自由贸易区问题还存在较大的认识差异。在此背景下,深化中国与中亚国家经贸合作是我国推进区域经济合作的战略选择。

中亚五国是中国的邻国,具有重要的地缘政治、地缘经济战略地位,也是中国外贸多元化战略应重点开拓的西部国际市场。自 1992 年中国与中亚国家建交以来,双边的经贸合作已经有 20 多年的历史。20 多年来,中国与中亚国家的经贸合作呈现出良好发展态势,贸易和投资规模不断扩大,中国已经成为中亚五国最重要的贸易伙伴之一。2014 年中国与中亚五国的贸易总额达到 450 亿美元,较建交初期增长了 100 多倍。中国已是哈萨克斯坦和土库曼斯坦的最大贸易伙伴,是乌兹别克斯坦、吉尔吉斯斯坦和塔吉克斯坦的第二大贸易伙伴,中国也成为中亚五国重要的投资来源国。因此,总结中国与中亚国家经贸合作的历史,客观评价中国与中亚国家经贸发展的历程,对把握未来的趋势,引导其朝着有利于双方共同繁荣的方向发展具有重要意义。

2013 年 9 月,中国国家主席习近平在哈萨克斯坦纳扎尔巴耶夫大学提出了共同建设"丝绸之路经济带"的构想,并倡议中国与中亚国家"要用创新的合作模式,将政治关系优势、地缘毗邻优势、经济互补优势转化为务实合作优势、持续增长优势,打造利益共同体,以点带面,从线到片,逐步形成区域大合作"。为此,需要做到"五通",即加强政策沟通、道路联通、贸易畅通、货币流通、民心相通。同年 10 月,习主席访问印度尼西亚时提出与东盟国家共建"21 世纪海上丝绸之路"的倡议。2014 年 12 月,李克强总理在访问哈萨克斯坦期间首次提出开展国际产能合作的建议,为中国与中亚国家在"丝绸之路经济带"建设框架下深化合作开创了新模式。

当前,"一带一路"建设已提升为我国新时代全方位对外开放的重大举措。"一带一路"倡议是我国将本国经济发展与国际经济合作相融合的举措,涉及地缘政治与地缘经济、经济外交、国际经济合作、地区安全与大国关系等问题,其落实是一项长期而艰巨的任务。"一带一路"倡议提出后,全国各省市掀起了参与"一带一路"建设的热潮。与此同时,"一带一路"倡议也得到了国际社会的认可。2014 年 10 月，亚洲 21 个国家共同决定成立亚洲基础设施投资银行（亚投行）。2015 年 6 月，亚投行 57 个意向创始成员国代表在北京签署了《亚洲基础设施投资银行协定》。另外，中国还出资 400 亿美元成立“丝路基金”，为“一带一路”沿线国家的基础设施、资源开发、产业合作等项目提供投融资支持。

丝绸之路经济带涵盖欧亚大陆，总人口近 30 亿，市场规模和潜力独一无二，是世界上最具发展潜力的经济大走廊。扩大和深化贸易、投资合作及推动基础设施互联互通是丝绸之路经济带建设的主要任务。当前，中国与中亚国家关系处于历史最好时期，双方政治互信水平高，经济互补性强，务实合作基础牢，民间交往范围广。丝绸之路经济带建设必将给中亚各国的社会经济发展带来巨大的好处，中亚各国都对共商、共建、共享丝绸之路经济带寄予厚望。中亚五国是“古丝绸之路”的必经之地，是连接欧亚大陆的主要陆路通道，也是丝绸之路经济带互联互通基础设施网络建设的重点所在，因而有效推进中国与中亚国家的区域经济合作对于构建丝绸之路经济带意义重大。

在中国与中亚、西亚及南亚的区域经济合作中，新疆一直是我国对中亚国家开展贸易的主要承担区，也是“古丝绸之路”北中南三条通道汇聚的唯一地区。2014 年第二次中央新疆工作座谈会指出，将新疆打造成“丝绸之路经济带”核心区。2015 年 3 月，国家《“一带一路”愿景与行动》提出将新疆建成“丝绸之路经济带”上重要的交通枢纽、商贸物流中心。因此，深化新疆与中亚各国的经贸合作，不仅有利于“丝绸之路经济带”核心区建设，而且对新疆社会经济发展和实现长治久安具有重要作用。

本书共有七章内容。首先，总结了中亚五国自独立以来的经济发展概况及特点。其次，回顾了中国与中亚五国 20 多年经贸合作的历史与发展现状，重点研究了中国与中亚各国经贸关系中的两大时期和四个发展阶段的特点。同时，分析了中国与中亚国家开展经贸合作的有利条件和主要问题，以及建立中国 - 中亚自由贸易区的主要障碍。再次，研究了俄白哈关税同盟的贸易效应和投资效应，以及俄白哈关税同盟对中国外贸的影响。在此基础上，提出中国应对俄白哈关税同盟（欧亚经济联盟）的策略。最后，通过展望中国与中亚五国经贸合作的发展前景，提出了促进中国与中亚五国经贸合作的政策建议。

本书在区域经济合作理论的基础上，综合运用国际贸易学、国际投资学、区域经济学等学科的理论和方法，采用定性分析和定量分析相结合的方式，通过引用大量经济、贸易与投资数据，系统总结了中国与中亚五国经贸合作的历史，研究了中国与中亚五国每个阶段双边贸易和投资的发展状况及特点，全面分析了中国与中亚国家经贸合作面临的问题及障碍，这些研究对我国持续开展与中亚国家的经贸合作具有一定的借鉴和参考作用。本书的各类研究数据截止时间为 2015 年底。由于这些统计数据来源不同，有可能出现不一致的情况。

本书由新疆财经大学丝路经济与管理研究院副研究员、国际经贸学院副教授赵青松博士撰写，目前笔者主持国家社会科学基金西部项目“以区域自由贸易区建设推动丝绸之路经济带深化升级研究”（编号：17XGJ010）一项。本书的出版得到了“国家出版基金项目”的资助，在此深表谢意。

新疆财经大学　赵青松

目录

第一章 导论

一、选题背景和意义

（一）选题背景

2001 年加入世界贸易组织后，中国的对外贸易发展势头迅猛，2012 年中国成为世界第一大货物贸易国。同时，中国也参与和大力推进了双边自由贸易区的进程，中国的自由贸易区建设从无到有、从少到多、从广泛接触到重点选择，形成遍及五大洲的分布格局。截至 2015 年底，中国已经签署 14 个自由贸易区协定。这些国家和地区包括：东盟、巴基斯坦、新西兰、智利、秘鲁、哥斯达黎加、冰岛、瑞士、韩国、澳大利亚，和中国香港、澳门、台湾也有不同形式的协议和安排。特别是在东南亚，中国已经与东盟建立了自由贸易区；在南亚，中国与巴基斯坦建立了自由贸易区；在东亚，中国同韩国于 2015 年建立了自由贸易区。但是，中国目前仍然没有与中亚国家和俄罗斯在建立自由贸易区问题上取得进展，这不能不说是中国构建全方位立体式自由贸易区体系的一大缺憾。

自 2001 年上海合作组织（简称“上合组织”）成立以来，经济合作一直是该组织成员国合作的优先方向之一。各成员国积极推进贸易投资便利化，合作领域逐渐拓宽，区域经济合作不断深化，相互投资规模迅速扩大，成员国之间彼此成为主要贸易伙伴。当前上合组织的区域经济合作已取得重要成果：中亚、俄罗斯至中国的能源管道陆续开通，各成员国之间一系列经济、金融合作项目相继启动。成员国之间贸易额占各自外贸总额的比重逐年提高，经贸关系更加紧密。2011 年，中国与其他上合组织成员国的贸易额首次超过 1 000 亿美元，比 2003 年增长了近 6 倍。

2003 年 9 月，上海合作组织六国总理签署了《上海合作组织多边经贸合作纲要》，明确了区域经济合作的近、中、远期目标。近期目标是积极推动贸易投资便利化进程，中期（2010 年前）目标是在贸易投资便利化基础上开展大规模多边经贸合作，远期（2020 年前）目标是在本区域内逐步实现货物、资本、服务和技术的自由流动。出于各种原因，当前上合组织成员国间还未就建立上合组织自由贸易区问题达成共识，但是从全球区域经济合作的发展趋势以及上合组织自身区域经济合作的进程来看，其未来的发展方向应确定为自由贸易区。中国已经与巴基斯坦签署自由贸易协定，与海湾阿拉伯国家合作委员会等准备签署自由贸易协定。另外，吉尔吉斯斯坦、俄罗斯、塔吉克斯坦和哈萨克斯坦四国分别于1998年、2012年、2013年、2015年加入世界贸易组织，这有利于推动多边和双边经贸合作的规范化和便利化。

（二）研究问题的理论和现实意义

自1992年中国与中亚各国建交以来，双边经贸合作呈现出良好的发展态势，贸易和投资规模不断扩大，中国与中亚五国贸易额在中亚五国对外贸易总额中所占比重不断提高，中国已经成为中亚五国最重要的贸易伙伴之一。2012年，中国与中亚各国的贸易总额达到459亿美元，中国已是哈萨克斯坦和土库曼斯坦的最大贸易伙伴，是乌兹别克斯坦、吉尔吉斯斯坦和塔吉克斯坦的第二大贸易伙伴。

上海合作组织成员国提出，到2020年将逐步实现货物、资本、服务和技术的自由流动。尽管目前各成员国就建立自由贸易区问题还存在不同程度上的认识差异，但从长远来看，上合组织区域经济合作终将走向自由贸易区。鉴于俄罗斯暂时没有与中国建立自由贸易区的构想，深化中国与中亚国家的经贸合作就成为中国推进区域经济合作的战略选择。

2013年9月，中国国家主席习近平在哈萨克斯坦提出了共同建设丝绸之路经济带的战略构想，为此需要做到“五通”：政策沟通、道路联通、贸易畅通、货币流通、民心相通。“五通”的核心就是贸易畅通，贸易畅通是指欧亚各国就推动贸易和投资便利化问题进行探讨，消除贸易壁垒，改善不合理的规章制度和烦琐低效的过境程序，使贸易变得通畅简便。基于中亚各国的发展现状，推进贸易投资的便利化与自由化应成为丝绸之路经济带建设的基本方向。

本书通过总结回顾中国与中亚国家20多年以来的经贸发展状况，分析中国与中亚国家经贸合作的有利条件、主要问题和障碍，研究中国与中亚国家经贸合作的发展前景，提出促进中国与中亚国家经贸合作的政策建议，这些问题的研究对促进中国新疆外向型经济发展，推进新疆实现跨越式发展和长治久安具有重要的实际应用价值和现实意义。

二、区域经济合作的理论基础

（一）国际贸易理论

1. 比较优势和要素禀赋理论

国际贸易理论历经古典贸易理论、新古典贸易理论、新贸易理论、新新贸易理论等几个阶段。其中，古典贸易理论的代表性理论是绝对优势理论和比较优势理论。亚当·斯密的绝对优势理论和大卫·李嘉图的比较优势理论从根本上说明了两国开展自由贸易能够为各自带来更大的利益，从而论证了自由贸易是能够为两国带来正面效应的，这两个理论是区域经济一体化理论的根源所在。比较优势理论认为，在任何产品上均有优势的一国应专门生产其相对优势最大的产品，而另一国则生产相对劣势较小的产品。比较优势理论的问世标志着国际贸易理论体系的建立。

新古典贸易理论的代表是要素禀赋理论。要素禀赋理论认为，产品价格比率的差别在于要素价格比率的差别，而要素价格比率的差别源于要素禀赋比例的差别。各国应集中生产并出口那些生产要素相对充裕的产品，进口生产要素相对稀缺的产品，这种分工方式可以提高各国的福利水平。

上述古典经济学理论都证明了：如果两国能够进行自由贸易，那么两国可以实现经济资源的最优化配置，获得最大的利益，从而为进出口国带来更高的效应水平。从其理论推导看，这一结论在区域范围和世界范围都是成立的。

2. 区域经济一体化的主要形式及关税同盟理论

(1)区域经济一体化的主要形式

随着经济全球化进程的加快，区域经济一体化已经成为当今世界经济发展的重要特征之一。区域经济一体化是指两个或两个以上的经济体之间通过谈判达成协议，实行不同程度的经济联合和共同的经济调节，如互相间采取减少或取消贸易壁垒的贸易政策、实行生产要素的自由流动等，最终实现区域内的贸易自由化。根据经济联合的紧密程度不同，区域经济一体化达成的各项区域贸易协议可以区分为下列六种不同的层级：优惠贸易安排（Preferential Trade Arrangement），自由贸易区（Free Trade Areas），关税同盟（Customs Union），共同市场（Common Market），经济、货币联盟（Economic and Monetary Union），政治联合（Political Union）。

自由贸易区是一种比较基本的区域贸易合作形式。根据关贸总协定（GATT）第24条第8项的说明，自由贸易协定（Free Trade Agreement）是指两个或两个以上的国家或地区（独立关税区）为实现地区间贸易自由化安排所签订的法律条款。由此，自由贸易区是指相互之间在实质上取消关税以及其他限制性贸易措施的两个或两个以上的一组关税领土。自由贸易区是指签订有自由贸易协议的国家所组成的经济贸易集团，在成员国之间废除关税和数量限制，使区域内各成员国之间的商品可以自由流动，但各成员国仍保持自己对非成员国的贸易壁垒。与多边贸易机制比较，自由贸易协定的优点是它不仅可以满足个别国家的利益，且容易达成协议、迅速生效，实现各缔约国之间高效的、实质性协议。

关税同盟是指在成员国之间完全取消关税或其他贸易壁垒，同时所有成员国对非成员国实行统一的对外关税。与自由贸易区相比，关税同盟在一体化程度的发展有了一个重要的进步：自由贸易区只是相互之间取消关税，而不做权利让渡，而关税同盟规定成员国统一的对外关税，实际上是将制定关税的权利让渡给了同盟。从定义可以看出，自由贸易区不要求成员国之间建立共同的关税体系、对外贸易政策和经济纲领，等等，所以自由贸易区所要求的政策协调程度较低，成员国之间的谈判也更容易进行。

（2）关税同盟理论

在经济一体化理论体系中，影响最大的是关税同盟理论。该理论从效率和福利影响的角度来思考区域资源配置收益，对贸易创造效应、贸易转移效应、贸易扩张效应等进行分析，是区域经济合作的传统分析方法。

1950 年，经济学家雅各布·瓦伊纳(Jacob Viner)在《关税同盟问题》一书中研究了国际区域经济一体化的贸易创造与贸易转移这两种经济效应。罗布森(Robinson，1984)在关税同盟理论的基础上提出了系统的自由贸易区理论，他认为自由贸易区有以下几个显著特征：区内成员国之间应取消关税和其他贸易限制，区内成员国对外保持各自的关税和贸易政策，区内实行严格的原产地规则。关税同盟在扩大区域内贸易的同时也减少了区域内成员国与非成员国之间的贸易往来。关税同盟与自由贸易区的区别是前者对非成员国实行统一的关税壁垒，而后者并不这样做，关税同盟理论的分析方法对于自由贸易区来说同样适用。根据该理论，关税同盟的静态效应分为贸易创造和贸易转移两种经济效应。

贸易创造效应是指当一国加入关税同盟后，一些产品原本是在本国国内生产的，但是同盟内成员国所生产的这类产品成本更低，因此从成员国进口比自己生产更有利，这样便扩大了成员国之间的贸易规模，并增加进出口国福利的效应。贸易转移效应是指关税同盟建立后，一国的进口由非成员国低成本的产品转向成员国高成本的产品时所产生的资源配置效率降低和福利减少。关税同盟的总福利是贸易创造和贸易转移总和之后的净福利，因此，总福利大小是不确定的。一般来说，区域经济一体化的范围越大，包含的成员国越多，贸易创造超过贸易转移的可能越大，在经济上越是有效益的。

关税同盟的动态效应主要包括以下三个方面，一是关税同盟可以获得由于市场扩大所产生的规模经济效应。关税同盟建立后，由于市场范围的扩大，使得成员国企业可以进行产业内部分工，组织大规模生产，降低产品成本，从而获取规模经济的利益。二是关税同盟促进了成员国企业之间的竞争。由于各成员国之间取消贸易壁垒，市场相互开放，使得国内垄断企业面临着来自其他成员国同类企业的竞争，这种竞争的压力迫使企业必须不断进行技术创新、提高生产效率、降低成本。三是关税同盟的建立可以导致投资扩大效应。关税同盟对非成员国都实行统一的关税壁垒，这就使得一些非成员国必须在同盟国内建立工厂或生产渠道，在一定程度上扩大了对关税同盟成员国投资的规模。

3. 产业内贸易理论

进入20世纪60年代，在国际贸易领域，大量存在一国出口的同时又进口同一产业内产品的情况，这一有悖于要素禀赋理论的现象引起了许多学者的关注。于是，格鲁贝尔和劳埃德（Grubel H. G. & Lloyd，P. J. 1975）提出了产业内贸易理论（Intra-Industry Trade Theory）。产业内贸易是指一个国家在出口一种产品的同时，进口这种同类但质量不同的产品。与传统的产业间贸易形成的条件不同，相似和相同产业内贸易的基础已经不是传统意义上资源禀赋的差异，而是基于规模经济和差别产品。以后，Krugman（1980，1981），Dixit，Norman（1980），Lancaster（1980），Helpman（1981）等经济学家将产业组织理论和市场结构理论嵌入新古典贸易模型中，形成了所谓的“新国际贸易理论”，用规模经济、不完全竞争、消费偏好多样性和产品差异化来解释产业内贸易的形成原因，是对古典贸易理论和新古典贸易理论中的完全竞争市场、规模报酬不变和产品同质性等基本假设的一次彻底颠覆，较好地诠释了发达国家之间同一产业内贸易占绝大比重这一历史现实。

4. 需求偏好相似理论

瑞典经济学家林达（Linda，1961）在《论贸易和转型》一文中提出了需求偏好相似理论，他认为，工业制成品的生产和出口结构取决于本国的消费结构，而一国的消费结构又取决于该国的人均国民收入水平。一个国家的人均收入水平越高，对高质量产品的需求就越大。两个国家的人均国民收入越接近，彼此需求的重叠部分就越大。由此推知，在人均收入接近的国家之间组建自由贸易区，其水平型贸易程度会更高，更有助于企业发挥规模经济效应。

5. 协议性国际分工理论

协议性国际分工理论来自日本一桥大学教授小岛清（Kiyoshi Kojima）的著作《对外贸易论》（1950）。协议性国际分工是指一国放弃某种商品的生产，并把国内市场提供给另一国，而另一国则放弃另外一种商品的生产，并把国内市场提供给对方，即两国达成互相提供市场的协议，实行协议性分工。小岛清认为，传统自由贸易理论均假设贸易各国之间的分工是通过自由竞争市场机制形成的，但由于经济一体化的发展，在规模经济条件下生产的商品,完全可以通过各国政府间协商建立国际分工,推行国际贸易。建立于国家协调基础上的国际分工,能够有效地配置各国间资源,提升贸易福利。而以完全自由竞争为基础的比较优势原理和生产要素禀赋理论进行国际分工则不能发挥规模经济的优势,还可能造成垄断,影响国际分工与国际贸易的进展。因此,为了发挥规模经济的优势,国家间实行协议性国际分工是明智之举。

6. 大市场理论

大市场理论,其代表人物是德纽(J. F. Deniau)和西托夫斯基(T. Scitovsky)。该理论认为,在各国实行区域经济一体化合作之前,各国之间推行只顾本国利益的贸易保护政策会使得各国只能面对狭隘的国内市场,无法实行规模经济与大批量生产。共同市场的形成可以将各国由于贸易保护主义而被分割的市场统一起来,为成员国企业开拓更大的市场,这有助于规模经济效应的产生。不仅如此,共同市场的形成将使厂商间的竞争更加激烈,使得规模较小、经营能力较弱的企业逐渐被淘汰,整个经济将进入以规模经济主导的良性循环状态。

(二)国际直接投资理论

国际直接投资理论可以说是跨国公司理论,其主要研究对象是发达国家的大型跨国公司。主要包括垄断优势论、产品生命周期论、内部化理论和国际生产折中论等。

1. 垄断优势理论

垄断优势理论(Monopolistic Advantage Theory),又称"所有权优势理论""公司特有优势理论"。它是最早研究对外直接投资的独立理论,由美国麻省理工学院教授海默于1960年首先提出。他认为,一个企业之所以要对外直接投资,是因为它有比东道国同类企业有利的垄断优势,从而在国外进行生产可以赚取更多的利润。这种垄断优势可以划分为两类:一类是包括生产技术、管理与组织技能及销售技能等一切无形资产在内的知识资产优势;一类是由于企业规模大而产生的规模经济优势。垄断优势的具备则是跨国公司实施国际直接投资的重要原因。

2. 产品生命周期理论

产品生命周期理论(Product Life Cycle Theory)的代表人物是美国经济学家、哈佛大学跨国公司研究中心教授维农(Raymond Vernon)。其核心的观点是利用产品生命周期的变化解释美国企业二战后对外直接投资的动机、时机和区位选择。维农认为,产品在市场上有周期特征,这个周期分三个阶段,即产品创新阶段、产品成熟阶段和产品标准化阶段。产品生命周期决定了产品生产比较优势的转换,从而一定程度上决定了国际贸易和投资格局的变动。产品生命周期的发展规律决定了企业必须为占领国外市场而进行对外投资。跨国公司对外直接投资发生在第二阶段(在发达国家)和第三阶段(在发展中国家)。

3. 内部化理论

内部化理论是由英国经济学家巴克莱和卡森于 1978 年首先在《跨国公司的未来》一书中提出的。该理论解释了跨国公司为什么不利用既存的世界市场实现国际分工,而是通过对外直接投资建立企业内部市场,通过企业内贸易来协调公司国际分工的。内部化理论的核心是市场的不完全性及企业的性质。由于市场的不完全性,若将厂商所拥有的科技和知识等“中间产品”通过外部市场来组织交易,则难以保证厂商获得最大限度的利润,于是将这种“中间产品”置于共同的所有权的控制下,由企业内部转让,以内部市场来替代原来的外部市场组织交易。

4. 国际生产折中论

国际生产折中论是由英国经济学家邓宁(John H. Dunning)在 20 世纪 70 年代中期首先提出来的。其主要观点认为,企业要进行国际投资需具备三个基本要素:所有权优势(竞争优势或垄断优势)、内部化优势和区位优势。所有权优势指企业拥有的可以带来垄断利润的有形和无形的企业专有资产,如规模优势、资金优势、全球知名品牌和领先技术等资源;内部化优势主要指企业拥有的管理和组织能力,它可以协调企业内部的生产活动,是企业有效利用所有权优势的保证;区位优势主要指企业利用东道国的制度和生产要素将生产活动安排在最有利于发挥所有权优势的地理区域。国际生产折中论克服了传统的对外投资理论只注重资本流动方面研究的不足,将直接投资、国际贸易、区位选择等综合起来加以考虑,使国际投资研究向比较全面和综合的方向发展。

5. 发展中国家国际直接投资理论——投资周期论

投资周期论是英国经济学家邓宁(John H. Dunning)在20世纪80年代初提出来的,又称"国际生产折中理论的动态分析"。其目的在于从动态角度解释一个国家经济发展水平与国际直接投资的关系。邓宁认为,发展中国家对外直接投资的直接倾向取决于经济发展阶段,一国的国际投资规模与其经济发展水平有密切的关系,人均国民生产总值越高,其对外直接投资净额就越大。当人均国内生产总值达到4 750美元时,该国就有了强大的所有权优势,净对外投资额为正值,并逐步扩大。

邓宁将对外投资的发展划分为四个阶段:一是本国几乎没有所有权优势,也没有内部化优势,外国的区位优势又不能加以利用;二是外国投资开始流入,可能会有少数国家的少量投资,其目的在于取得先进技术或"购买"进入本地市场的权力,净外国投资额逐渐增长;三是外国投资和对外投资都在增长,但外国投资净额开始下降;四是直接投资净输出阶段。

投资周期论在某种程度上反映了国际投资活动中带有规律性的发展趋势,即经济实力最雄厚、生产力最发达的国家往往是资本输出最多、对外直接投资最活跃的国家。该理论从动态的角度描述了跨国投资与经济发展的辩证关系,扩大了理论的解释范围,从而解释了发展中国家跨国企业从事对外投资的原因。

6. 边际产业扩张论

边际产业扩张论是由日本一桥大学的小岛清(Kiyoshi Kojima)教授提出的。小岛清从日本"贸易导向"的产业政策角度对日本的对外直接投资进行了分析,总结出了所谓的"日本式对外直接投资理论",即所谓的"边际产业扩张论"。他认为,日本对外投资是从那些即将丧失或已经丧失比较优势的行业开始的,投资的目的是为了获得东道国原材料和中间产品,这样可以发挥投资母国和东道国的比较优势,使双方获得利益。该理论的落脚点是一个国家的某些产业在本国已经或即将失去发展空间(即处于或即将处于劣势地位)，成为该国的“边际产业”，而同一产业在另一些国家可能正处于优势地位或潜在的优势地位，这样一国就应从本国已经处于或即将处于劣势地位的边际产业开始依次进行海外直接投资。

(三)区域经济合作的政治经济学

1.霸权稳定论和相互依存理论

由于区域经济一体化受到政治经济(包括国内和国际政治经济)双重因素的影响，因此从经济学角度去研究区域经济一体化缺乏对现实问题的解释力，应该从政治经济学视角去研究区域经济一体化。国际政治经济学的代表理论包括：霸权稳定论和国际经济相互依存理论。

霸权稳定论的核心观点包括：一是“无霸不稳，有霸则稳”，即特定的国际经济秩序的稳定和繁荣需要霸权来维持；二是“霸权国提供公益和创立国际规则”，即霸权国的存在可以提供新的公共产品，霸权国通过制定和维护国际体系，影响和支配他国，从而形成体系内的稳定。

相互依存理论为区域经济合作奠定了理论基础。相互依存这一概念最早由 Cooper(1968)在其著作《相互依存经济学：大西洋共同体的经济政策》中提出①，其主要结论是：由于波及效应随着经济相互依存程度的加深而增强，分散(非合作)经济的政策效力就会减弱，由于国家间经济联系的加深使得一国实现本国宏观经济政策的难度加大，从而经济政策协调显得尤为重要。他还提出，政策制定者之间缺乏政策协调一是会拖延国家目标的实现，如充分就业和目标增长率，二是增加了国际储备的需要。约瑟夫·奈和罗伯特·基欧汉在《权力与相互依赖》一书中为其建立了“一个清晰的理论框架”。OECD②(2005)指出，相互依赖描述了“北方中心”与“南方外围”之间的关系。在过去的几十年间，各个经济体之间的相互依存在加强。经济上的相互依存使得各

①对于当下全球经济依存度，曾为美国主管经济事务的库珀(Cooper)具有相当的发言权。库珀也是国际经济相互依存的开拓者。

②OECD，经合组织，是经济合作与发展组织(Organisation for Economic Co-operation and Development)的简称。

经济体的政策设计存在“溢出效应”。余万里(2003)认为,相互依存理论被称为“国际政治经济学中理论上最精致完美、政治与经济结合得最好的理论”。相互依存理论对溢出效应的分析是该理论的核心。①

总体上,相互依存理论包括以下两方面的内容:一是经济结构上的相互依存,在开放经济条件下,各国经济结构的高度开放必然引起各国经济的相互依存,一国的经济事件和经济活动会强烈地影响其他国家;二是经济目标上的相互依存,各国在制定经济政策时,除了考虑自身的目标外,同时也要把相关国家的目标考虑在内,有时一国经济目标的实现要依赖其他国家经济政策的配合。该理论还认为相互依存给世界经济发展带来了许多好处,如促进了世界资源更有效的分配和利用。但随着国际经济依存度的深化,降低了国内政策的有效性,一国的政策效果及成败在很大程度上依赖于其他国家的政策、行动和做出的反应,从而使其政策作用和效力难以预测。因此,在一个相互依存的世界经济中,政策协调是必然选择。

2. 地缘政治学

地缘政治学(Geopolitics)对世界各大国战略和外交政策具有重大影响。地缘政治理论是引导大国争夺和控制战略通道的思维模式,其典型代表是美国政治学家马汉的“海权论”,以及英国战略学家麦金德的“陆权学说”。该学说将东欧和中亚描绘为世界的“心脏地带”。其战略论断是:谁统治了“心脏地带”,谁就控制了“世界岛”;谁统治了“世界岛”,谁就控制了世界。冷战结束后,亨廷顿的“文明冲突论”和布热津斯基的“大棋局论”成为美国维护其霸权地位的理论支柱。为此,美国提出了必须在“世界岛”的心脏地带保持主导性影响力并建立稳定的地缘均势。近年来,地缘经济理论随着经济全球化和区域一体化的潮流应运而生,地缘经济成为地缘政治板块的主要要素构成,经济竞争也成为当代国际关系的重要内容。

①余万里:《相互依赖研究评述》,《欧洲研究》2003 年第 4 期,第 51 ~61 页。

三、文献综述

(一)世界主要大国的中亚战略研究综述

1.美国、俄罗斯、欧盟的中亚战略研究综述

中亚具有重要的地缘政治和经济战略地位,苏联解体为大国进入中亚提供了契机,当前,世界大国都力求在中亚地区谋求自身的发展,并制定了各自的中亚战略。杨鸿玺(2011)提出美国的中亚战略手段:密切政治关系、推进地区多极化均衡;加强经济援助和经济合作;加强军事安全合作,打击极端势力并威慑其他大国;推进民主体制和自由价值观等。① 朱永彪、尹舒阳(2010)认为,2009 年以后美国将安全、能源作为其"大中亚战略"的优先目标,推进大中亚地区的民主化与一体化目标则有所放缓。② 曾向红(2013)提出美国在中亚追求三个方面战略目标,即遏制俄罗斯、伊朗及中国;将中亚国家整合进西方的政治、经济与价值体系之中;塑造中亚国家的发展方向及其地缘政治环境。③

李兴(2012)提出俄罗斯的欧亚联盟战略是以独联体为平台,以关税同盟为开端,以欧亚经济共同体为基础,以俄罗斯、白俄罗斯、哈萨克斯坦为主力,以吉尔吉斯斯坦、塔吉克斯坦为辅助,推动实行更高水平的经济一体化,构建以俄罗斯为中心的独立而强大的世界一极。④ 秦放鸣、孙庆刚(2010)认为,美国中亚战略的三重目标是追求绝对安全、扩展民主、油气控制;俄罗斯中亚战略的三重目标是维持传统影响和特殊关系、防止美国势力做大、获得

①杨鸿玺:《20 年来美国中亚战略的基本路径》,《国际展望》2011 年第 3 期,第 21 页。

②朱永彪、尹舒阳:《美国大中亚战略进入新阶段》,《国际观察》2010 年第 5 期,第 29 页。

③曾向红:《遏制、整合与塑造:美国中亚政策的战略目标》,《俄罗斯研究》2013 年第 5 期,第 120 页。

④李兴:《普京欧亚联盟评析》,《俄罗斯研究》2012 年第 6 期,第 151 ~ 170 页。

经济及能源战略利益;中国中亚战略的三重目标是构筑西部安全屏障、建设能源及矿产资源运输大通道、发展全方位合作。①

赵华胜(2014)认为,中亚地区主要存在着三个大国的区域一体化战略,即俄罗斯的"欧亚联盟"、美国的"新丝绸之路战略"和中国的"丝绸之路经济带"。中、俄、美各以中亚为中心推行区域一体化战略,呈现出战略三足鼎立之势。三大战略各有优势和弱点,其发展定位和程度也不同。三大战略在地缘政治的竞争性有增强的趋势,但在经济实践层面则可能出现更多的交叉融合。②

赵常庆(2014)认为,俄、美两国是中亚地区大国博弈的主要"棋手",俄、美两国对中亚的争夺随着两国的力量此消彼长,呈现攻守交替之态势。中国对中亚态度则是以和为贵,与中亚维持着良好的伙伴关系。③ 从基础设施布局看,美国强调中亚与南亚之间的南北沟通,俄罗斯强调中亚与俄国的经济一体化,欧盟则希望从里海出发,经土耳其、中东欧与西欧联通。

欧盟对中亚国家的政策框架主要有《合作伙伴关系协定》和《对独联体国家的技术援助》两个机制。2007 年,欧盟还颁布了《2007—2013 年中亚战略》。潘兴明(2013)认为,欧盟的中亚战略一是突出其价值观的外交,即向中亚各国输出其规范,包括人权、善治、民主、法治等;二是注重维护其在能源和安全上的利益,使欧盟能从中亚国家能源输出多元化中获得新的能源供给,消除中亚恐怖主义的潜在威胁,遏止毒品的流出。欧盟的政策工具主要通过经济和技术援助来实现。④ 杨恕、后俊(2012)认为,中亚大量德意志人的存在使德国在苏联解体后积极地介入了中亚事务,能源、安全、经济和地缘政治利益以及中亚战略地位的提高则使德国不断增加在中亚的投入并

①秦放鸣、孙庆刚:《中国的中亚战略研究》,《亚太经济》2010 年第 2 期,第 111 ~ 114 页。

②赵华胜:《浅评中俄美三大战略在中亚的共处》,《国际观察》2014 年第 1 期,第 96 ~ 109 页。

③赵常庆:《大国博弈与中亚国家的立场》,《新疆师范大学学报》(哲学社会科学版)2014 年第 2 期,第 71 页。

④潘兴明:《价值观外交与利益外交的叠加:欧盟中亚战略评析》,《欧洲研究》2013 年第 5 期,第 77 页。

制定了中亚政策，德国在中亚的影响将继续扩大。①

1997 年，日本桥本内阁提出了“丝绸之路外交”新战略，日本通过向中亚国家提供政府开发援助（ODA，Official Development Assistance）等一系列实际投入，大力支持并参与到中亚各国发展国内经济的进程中。日本与中亚的合作体现在教育、区域经济及能源资源等领域，其多边外交关系提升到了建立“中亚 + 日本”的对话机制。

胡欣（2013）认为，印度与中亚的关系落后于其他大国，印度在中亚的影响力有限，但印度提出了“连接中亚政策”战略。印度积极探索以非官方对话为主的“第二轨道外交”，促成建立了“印度 - 中亚对话”机制。②

2. 丝绸之路经济带研究综述

2013 年 9 月，习近平主席在哈萨克斯坦提出共建丝绸之路经济带的倡议之后，建设丝绸之路经济带先后写入《中共中央关于全面深化改革若干重大问题的决定》、国务院《政府工作报告》，已经被提升为新时代我国全方位对外开放的重大举措。丝绸之路经济带涵盖欧亚大陆，总人口近 30 亿，是世界上最具发展潜力的经济大走廊。

白永秀、王颂吉（2014）提出，丝绸之路经济带的范围划分为三个层次，即核心区（中国、中亚、俄罗斯）、扩展区（西亚、南亚等亚洲其他区域）、辐射区（中东欧、西欧和北非）。③ 胡鞍钢、马伟、鄢一龙（2014）认为，丝绸之路经济带是在古代丝绸之路概念基础上形成的当代经贸合作升级版，也是集政治经济、内政外交与时空跨越为一体的历史超越版。在战略框架上，要以“上合”为主、多机制并进；在步骤上，要先易后难、稳扎稳打；在内容上，以经贸为主、多维度推进。④

---

①杨恕、后俊：《德国的中亚政策》，《德国研究》2012 年第 1 期，第 42 页。

②胡欣：《“连接中亚”：印度重启中亚攻略》，《世界知识》2013 年第 20 期，第 27 ~ 29 页。

③白永秀、王颂吉：《丝绸之路经济带的纵深背景与地缘战略》，《改革》2014 年第 3 期，第 64 页。

④胡鞍钢、马伟、鄢一龙：《“丝绸之路经济带”：战略内涵、定位和实现路径》，《新疆师范大学学报》（哲学社会科学版）2014 年第 2 期，第 1 页。

邢广程(2014)提出,丝绸之路经济带应以中国为出发点,以俄罗斯和中亚地区为纽带,以欧洲为落脚点,在欧亚大陆形成一个比较畅通的交通网络和便捷的贸易通道。① 冯宗宪(2014)认为,丝绸之路经济带展示了中国以走廊经济、带状经济推进欧亚次区域经贸发展的新抱负,是推动中国自贸区战略的新蓝图和新举措。②

刘华芹、李刚(2014)提出,构建丝绸之路经济带应遵从自周边起步,逐步推进的思路,率先在中亚、西亚和南亚推进,逐渐向中东欧地区拓展。近期内以贸易投资便利化为工作重点,中长期以建立自由贸易区网络为发展目标。③ 李建民(2014)提出,中亚是丝绸之路经济带的重点区域,中国要处理好与俄罗斯主导的欧亚经济联盟的关系,共同推进地区合作,丝绸之路经济带与欧亚经济联盟可将互联互通、电力、农业、金融等领域的通力合作作为重点方向。④ 丁晓星(2014)提出,中亚是建设丝绸之路经济带的第一环,具有基础性和示范性效应。丝绸之路经济带建设符合沿线国家发展经济、改善民生的根本利益,受到中亚国家的普遍欢迎。丝绸之路经济带不是机制化的国际组织,其合作方式灵活多样,其落实的客观困难较多,实施过程将是长期的,应逐步推进。⑤

(二)上海合作组织区域经济合作研究综述

1. 上海合作组织区域经济合作研究历程

上海合作组织是从"上海五国"边境安全机制发展起来的,简称"上合组

①邢广程:《海陆两个丝路:通向世界的战略之梯》,《学术前沿》2014 年第 4 期,第 90~95页。

②冯宗宪:《中国向欧亚大陆延伸的战略动脉:丝绸之路经济带的区域、线路划分和功能详解》,《人民论坛·学术前沿》2014 年第 4 期,第 79 页。

③刘华芹、李刚:《建设"丝绸之路经济带"的总体战略与基本架构》,《国际贸易》2014 年第 3 期,第 4~9 页。

④李建民:《丝绸之路经济带、欧亚经济联盟与中俄合作》,《俄罗斯学刊》2014 年第 5 期,第 7 页。

⑤丁晓星:《丝绸之路经济带的战略性与可行性分析:兼谈推动中国与中亚国家的全面合作》,《人民论坛·学术前沿》2014 年第 4 期,第 71 页。

织”。2001 年 6 月 15 日，中国、俄罗斯、哈萨克斯坦、吉尔吉斯斯坦、塔吉克斯坦和乌兹别克斯坦在中国上海签署了“上海合作组织成立宣言”，标志着一个新的区域合作组织的诞生。中亚国家除土库曼斯坦外，均加入了上海合作组织。上海合作组织成员国总面积近 3 018.9 万平方千米，占亚欧大陆面积的 3/5；人口 15 亿，占世界总人口的 1/4。自成立以来，上合组织成员国之间的合作不断深化，当前区域经济合作与安全和反恐怖成为该组织不断前进的“两个车轮”。

上海合作组织自 2001 年成立以来，区域经济合作取得了一些成就：成员国签署并全面深入实施《成员国多边经贸合作纲要》；六国全面建立了区域经济合作机制；上合组织成员国提出到 2020 年将逐步实现货物、资本、服务和技术的自由流动。但当前上合组织在区域经济一体化方面仍然进程缓慢。

陈小沁（2010）认为，由于上海合作组织成员国各自的境况和实力存在着较大差别，以及成员国间相互接壤的地缘政治现实，使得组织内部的利益分配与协调问题成为影响区域经济合作实际效果的关键因素。还需要在不同层面上加以协调，化竞争为合作。①

赵华胜（2012）认为，在经济合作的方向和重点上，中国的目标是实现货物、资本、服务的自由流动，即区域经济一体化。俄罗斯对此不赞成或持保留态度，其主张合作的重点是能源、基础设施、交通等领域。与安全合作相比，俄罗斯对上海合作组织的经济合作重视程度较低；中亚各成员国希望从上海合作组织的经济合作中取得项目，得到贷款，获得具体的实惠，对建设上合组织自贸区缺乏热情。在未来的中近期，上海合作组织自由贸易区的设想没有现实可能，上海合作组织区域经济一体化三步走的计划过于激进，低估了这一过程的困难和复杂性，现在已过了中期目标的时间，但预定的多边经济合作都未能实现。②

王树春、万青松（2012）认为，上海合作组织与欧亚经济共同体的成员国

①陈小沁：《关于深化上海合作组织区域经济合作的思考》，《国际论坛》2010 年第 2 期，第 13～17 页。

②赵华胜：《上海合作组织：评析和展望》，北京：时事出版社，2012 年，第 247～250 页。

大部分重叠、所处地域大面积交叉以及组织功能局部重合决定了上合组织与欧亚经济共同体之间存在竞争关系。① 这两个组织之间的合作关系取决于主导国的合作,美国在中亚对中国、俄罗斯构成的压力和两组织面临实现区域经济一体化的共同任务这三个因素。孙壮志、张宁(2011)提出,上海合作组织的多数成员国都面临资金短缺的问题。目前最急迫的问题是解决项目的资金来源问题。据估算,仅实现《多边经贸纲要落实措施计划》所列项目资金就需要100多亿美元,如何筹措,对上合组织是个考验。②

张晔、秦放鸣(2009)认为,建立上海合作组织自贸区是中国率先提出并一直在积极推动的倡议,但这不仅面临着利益协调,而且存在"宣言多,实践少;框架大,效率低"两个矛盾,以及来自上合组织内外的威胁等问题的挑战。上合组织比较现实的路径是在次区域层面上从局部开始突破,在有条件的局部临近区域率先进行经济合作与一体化安排。上海合作组织框架下的三个次区域经济合作区包括:中哈国际边境合作区、阿尔泰区域合作区以及中吉乌三国次区域经济合作区。③ 贾俐贞(2007)对建立上海合作组织自贸区的历史必然性和现实合理性进行分析,并提出建立上海合作组织自贸区的原则和策略:在合作竞争中提升中国与中亚区域经济整合的广度和深度。④

倪超军、李豫新(2007)认为,在上海合作组织框架内,新疆与周边国家区域经济合作模式主要有"论坛或会议驱动模式""边境经济合作开发区模式""跨国边境合作区模式""增长三角模式""边境自由贸易区模式""黄金

①王树春、万青松:《上海合作组织与欧亚经济共同体的关系探析》,《世界经济与政治》2012年第3期,第20页。

②孙壮志、张宁:《上海合作组织的经济合作:成就与前景》,《国际观察》2011年第3期,第10~16页。

③张晔、秦放鸣:《上海合作组织自由贸易区实现路径探析——基于次区域经济合作视角》,《新疆大学学报》(哲学·人文社会科学版)2009年第6期,第95~98页。

④贾俐贞:《构建上海合作组织自由贸易区的战略思考》,《俄罗斯中亚东欧研究》2007年第1期,第75~80页。

四角模式”和“上海合作组织模式”七种。①

刘华芹(2011)认为,在2011和2012年俄罗斯和哈萨克斯坦加入WTO之后,应该适时地启动建立上海合作组织自由贸易区的谈判。建立上合组织自由贸易区因取消各种关税壁垒和非关税壁垒,可使成员国贸易额增加、国内生产总值增长、就业状况改善。鉴于俄白哈关税同盟已正式启动,且其中,俄方具有最大发言权,因而建立上海合作组织自由贸易区,最终演变为中俄之间建立自由贸易区的谈判,但俄罗斯表示暂时没有与中方建立自由贸易区的构想。②

总之,上述文献对上海合作组织下的自由贸易区、中俄或中哈自由贸易区建设都有较深入的研究。但是,在当前独联体区域经济加速一体化的新形势下,对于如何规避俄白哈关税同盟对中国外贸的负面影响,以及如何深化中国与中亚经贸合作方面缺乏深入分析。在如何应对俄罗斯主导的欧亚经济联盟等机制,进一步推动上海合作组织的区域经济合作等方面需要做深入研究。

2. 中国自由贸易区战略研究综述

作为一个贸易大国,中国非常重视同合适的国家建立自由贸易区。目前中国正大力推进并参与双边自由贸易区的进程。许多学者就中国的区域合作问题进行了研究:李众敏(2007)选取澳大利亚、新西兰、南非、印度、韩国和日本作为中国签订自由贸易区的对象,认为短期中国应该加强与澳大利亚、新西兰以及南非三国的贸易关系,而长期自由贸易区中国要以韩国、印度、南非三国为重点。③ 宋玉华、李峰(2008)从“多米诺”效应引致的“轴心-辐条”结构出发,认为中国应该积极与亚太地区的国家或地区开展自由贸易区谈判,并尽快与这些国家或地区签订自由贸易协议,从而确立中国在

①倪超军、李豫新:《上海合作组织框架内中国新疆与周边国家区域经济合作模式初探》,《俄罗斯中亚东欧市场》2007年第12期,第18~24页。

②刘华芹:《新时期进一步推进上海合作组织区域经济合作的思考与建议》,《国际贸易》2011年第5期,第60~65页。

③李众敏:《中国区域贸易自由化战略研究》,《世界经济》2007年第8期,第46页。

这轮自由贸易协定签订浪潮中亚太“轴心”国之一的地位。①

李钢(2008)对“一国两制”与 WTO 框架下的自由贸易区、已经开始建设的自由贸易区、已经开始谈判的自由贸易区以及已经开展联合研究的自由贸易区进行分类分析后，提出了与四种不同类型的国家或地区谈判的模式。② 东艳、冯维江、邱薇(2009)在对中国自由贸易区战略新趋势的分析中指出，深度一体化正在成为中国参与区域一体化进程的新趋势，无论从外部条件还是内部条件来讲，中国都已基本具备推进深度一体化进程的条件。③全毅、柯原(2011)认为，中国当前还缺乏整体的自由贸易区发展战略，实际的经济效益也很有限。有必要在总结区域合作和建设自由贸易区经验的基础上，制定我国参与区域合作的战略目标、伙伴选择、合作内容以及推进策略。④

总体上看，国内学者对自由贸易区的关注主要集中在三方面。一是对中国区域贸易自由化的战略研究(陈柳钦、宾建成，2005⑤；李众敏，2007⑥)以及自由贸易区贸易流量的影响因素分析(蔡宏波、黄建忠，2010)。⑦ 二是评估我国自由贸易区建设的可行性。周金秦、罗文宝(2005)⑧对中印自由贸易区进行了研究，认为中印自由贸易区的建设在贸易战略和产业结构上存

①宋玉华、李锋：《亚太区域内自由贸易协定的“轴心－辐条”格局解析》，《世界经济与政治》2008 年第 2 期，第 69～79 页。

②李钢：《中国特色的区域经济合作总体布局与实施自由贸易区战略》，《国际贸易》2008 年第 4 期，第 11～17 页。

③东艳、冯维江、邱薇：《深度一体化：中国自由贸易区战略的新趋势》，《当代亚太》2009 年第 4 期，第 111～136 页。

④全毅、柯原：《中国推进区域合作与 FTA 建设的战略思考》，《开放导报》2011 年第 4 期，第 52 页。

⑤陈柳钦、宾建成：《我国对外贸易面临的问题及其战略选择》，《国际技术经济研究》2005 年第 3 期，第 32～36 页。

⑥李众敏：《中国区域贸易自由化战略研究》，《国际经济》2007 年第 8 期，第 46～51 页。

⑦蔡宏波、黄建忠：《中国自由贸易区战略的有效性：基于商品竞争性与互补性的分析》，《商业经济与管理》2010 年第 3 期，第 41～50 页。

⑧周金秦、罗文宝：《浅析构建中印自由贸易区的现实意义》，《天府新论》2005 年第 S2 期，第 91～92 页。

在障碍。三是自由贸易区建设对区内和区外国家的贸易、就业和生产的影响以及贸易利益的分配。徐建军(2004)①分析了东盟自由贸易区区内贸易的发展和利益分配。李晓峰、任靖楠(2009)分析了中韩自由贸易区建设对中韩两国净出口与就业的影响。②

(三)中国与中亚五国经贸关系研究综述

1. 中国与哈萨克斯坦、吉尔吉斯斯坦双边关系研究

王海燕(2009)认为,中哈从确立国家战略伙伴关系、奠定两国合作的制度基础等方面为建立自由贸易区打下了坚实的政治经济基础,但中哈建立自由贸易协定还面临政治文化差异、区域合作平台建设、大国因素影响等挑战。中哈建立自由贸易区过程设计应为三个渐进阶段:贸易投资合作初始发展阶段、政府间制度安排与功能合作建设阶段、通道畅通和由点到面自由贸易区形成阶段。③

马幸荣(2010)认为,鉴于中哈在法律制度上存在较大差异,两国适宜进行渐进式的制度安排。中哈自由贸易区的法律制度框架设计可以遵循"框架协议+议定书+附件"模式。如果能够成功建成中哈自贸区,先行试点,这将为建立中亚乃至整个上合组织自贸区积累宝贵经验。④

目前,国内外关于吉尔吉斯斯坦的研究主要着眼于地缘政治、文化及国别经济视角。例如:艾莱提·托洪巴依(2013)研究了吉尔吉斯斯坦的"颜色革命综合征"及其政局走向;⑤雷琳、王林兵(2014)分析了吉尔吉斯斯坦的

---

①徐建军:《东盟自由贸易区:区域内贸易的发展和利益分配》,《世界经济》2004年第8期,第13~17页。

②李晓峰、任靖楠:《中韩自由贸易区的建立对中韩两国净出口与就业影响的实证分析》,《国际贸易问题》2009年第6期,第56~63页。

③王海燕:《中哈自由贸易区:机遇、挑战与前景》,《国际经济合作》2009年第11期,第33~37页。

④马幸荣:《自由贸易区:中、哈区域经济合作发展的现实选择》,《特区经济》2010年第12期,第19~22页。

⑤艾莱提·托洪巴依:《吉尔吉斯斯坦"颜色革命综合征"及其政局走向》,《新疆社会科学》2013年第4期,第83页。

南部移民潮问题;①闫鹏(2013)研究了美国对吉尔吉斯斯坦文化输出政策的调整和实施困境等问题。②

王维然、吴维君(2013)研究了对外贸易对吉尔吉斯斯坦经济的影响,认为吉尔吉斯斯坦外贸增长的模式不同于工业国家,非正式贸易在经济恢复和解决就业方面起到了很大的作用。③ 程云洁(2014)分析了中吉经贸合作的制约因素,包括两国贸易发展不平衡、进出口商品结构单一、口岸建设滞后等。④ 依马木阿吉·艾比布拉、孙世伟(2014)研究了吉尔吉斯斯坦经济转型、引进外资和投资环境之间的关系,认为资本短缺和经济状况恶化是制约吉尔吉斯斯坦经济改革的根本原因,中国在吉尔吉斯斯坦投资取得了较大进展,仍有很大的拓展空间。⑤

2. 中国与中亚五国经贸关系研究概况

目前,中国与中亚实证研究主要集中于两个方面。一是中国与中亚五国中的某一个国家之间的贸易问题:庞秀萍、陈锐、刘遵乐等(2013)分析了中哈双边贸易情况;⑥叶智鑫、周丽华(2012)利用贸易引力模型对中塔间的投资与贸易关系进行实证分析。⑦ 二是对中国与中亚五国的某一个领域,如对农产品或是矿产品进行分析:李婷、李豫新(2011)对中国与中亚五国农产

①雷琳、王林兵:《吉尔吉斯斯坦南部动态移民潮分析》,《新疆社会科学》2014 年第 1 期,第 89 页。

②闫鹏:《美国对吉尔吉斯斯坦文化输出政策的调整和实施困境》,《新疆社会科学》2014 年第 2 期,第 79 页。

③王维然、吴唯君:《对外贸易在吉尔吉斯斯坦经济中的影响》,《新疆大学学报》(哲学·人文社会科学版)2013 年第 6 期,第 92 页。

④程云洁:《中国与吉尔吉斯斯坦经贸合作的制约因素分析》,《新疆财经》2014 年第 2 期,第 58 页。

⑤依马木阿吉·艾比布拉、孙世伟:《吉尔吉斯斯坦经济转型中投资环境及中国对其投资前景分析》,《西安财经学院学报》2014 年第 1 期,第 11 页。

⑥庞秀萍、陈锐、刘遵乐、高鹏、刘瑞:《中哈比较优势和贸易互补性的实证分析及相关建议》,《西部金融》2013 年第 12 期,第 63 ~ 67 页。

⑦叶智鑫、周丽华:《中国对塔吉克斯坦直接投资的贸易效应实证分析》,《新疆财经》2012 年第 6 期,第 73 ~ 77 页。

品贸易的互补性进行分析;①毕燕茹、师博(2010)运用贸易互补性指数与引力模型研究分析与测算了中国与中亚五国贸易潜力等。②

高志刚(2010)认为,新疆与中亚国家的经济合作属于次区域经济合作性质。双边或三边的合作模式可能会更富有成效,即以建立“经济增长三角”为基础,以建立“跨国经济合作开发区”和“边境自由贸易区”为过渡,最终实现建立中亚自由贸易区。③ 江丽、高志刚(2015)认为,中国同中亚五国关系的紧密程度依次为吉尔吉斯斯坦、塔吉克斯坦、哈萨克斯坦、土库曼斯坦和乌兹别克斯坦。中国与中亚各国双方商品贸易的竞争性小、互补性强,其中最为互补的是燃料、矿产品和制成品,在农产品和其他综合产品类的互补性不强。④

高志刚、刘伟(2015)通过构建引力模型对中国与中亚五国贸易潜力进行实证分析及前景展望,研究表明:双方经济发展水平、交通运输成本、关税水平和上合组织等因素是影响出口及双边贸易的主要因素,其中双方经济发展水平、上合组织对出口及双边贸易总量有积极的影响,而距离及关税税率水平对出口和双边贸易总量起到一定的阻碍作用,其中关税水平对双边贸易总额的阻碍更为强烈。中国同哈萨克斯坦、塔吉克斯坦、吉尔吉斯斯坦、土库曼斯坦双边贸易在2010年前基本处于“潜力巨大型”,而2010年后,处于“潜力再造型”状态。而乌兹别克斯坦除2009年以外一直处于“潜力巨大型”。⑤

丁巨涛、张涛(2015)认为,2000—2013年,中国与中亚五国贸易合作总

①李婷、李豫新:《中国与中亚五国农产品贸易的互补性分析》,《国际贸易问题》2011年第1期,第53~62页。

②毕燕茹、师博:《中国与中亚五国贸易潜力测算及分析——贸易互补性指数与引力模型研究》,《亚太经济》2010年第3期,第47~51页。

③高志刚:《基于三类模式的中国新疆与中亚次区域经济合作平台构建》,《俄罗斯中亚东欧市场》2010年第10期,第21~27页。

④江丽、高志刚:《中国与中亚五国商品贸易发展的比较研究》,《亚太经济》2014年第6期,第91页。

⑤高志刚、刘伟:《“一带”背景下中国与中亚五国贸易潜力测算及前景展望》,《山东大学学报》(哲学社会科学版)2015年第5期,第24~34页。

体呈持续增长态势，贸易增幅远高于同期中国对外贸易增幅。中国与中亚五国贸易互补性强，表现出“小幅逆差—顺差扩大—小幅逆差”的阶段性特征。建设丝绸之路经济带的提出为双方经贸发展带来了新的机遇。针对中国与中亚五国贸易合作中的现实问题，提出了优化贸易商品结构、丰富商品贸易品种、提高中国与中亚五国贸易便利化程度、进一步扩大经贸合作领域、巩固中国与中亚五国贸易关系等对策建议。①

总体上看，现有文献缺乏对中国与中亚五国经贸合作的历史研究。本书通过回顾和总结中国与中亚五国 20 多年经贸关系的发展历程，总结已取得的成绩。在“一带一路”建设成为我国实行全方位对外开放的重大举措的新形势下，展望中国与中亚五国经贸合作未来的发展趋势，这对深入了解中国与中亚五国经贸关系具有重要的作用。

①丁巨涛、张涛:《中国与中亚五国贸易合作研究》,《西安财经学院学报》2015 年第 5 期,第 54 ~ 59 页。

第二章 中亚五国经济发展概况

中亚五国是指哈萨克斯坦、乌兹别克斯坦、吉尔吉斯斯坦、塔吉克斯坦和土库曼斯坦。中亚五国地处欧亚大陆中心地区，全部都是内陆国，总面积400万平方千米，人口6 500万，毗邻中国新疆地区，其中哈、吉、塔三国与中国共同边界线总长达3 309千米。中亚国家市场具有与中国互补性强、空白点多的新兴市场特点，是中国外贸多元化战略应重点开拓的西部国际市场。

一、中亚五国经济发展特点及资源禀赋

（一）中亚各国经济发展的资源禀赋

1. 能源及资源状况

中亚国家占据着重要的地缘位置和丰富的能源、矿产资源，被称为21世纪的战略能源和资源基地。据不完全统计，哈、土、乌三国石油远景储量达300多亿吨，天然气远景储量30多万亿立方米，是当今世界重要的油气富集区之一。（表2－1）中亚各国的煤炭、有色金属和稀有金属储量非常丰富，哈、乌、吉、塔四国的煤炭探明储量达220多亿吨。①

表2－1　哈、乌、土三国石油、天然气储量及排名

石油、天然气储量及排名	国家		
	哈萨克斯坦	乌兹别克斯坦	土库曼斯坦
石油远景储量	140亿吨	53亿吨	120亿吨
石油剩余探明储量	40亿吨	5.8亿吨	7 447万吨
石油世界排名	探明储量第7	—	—
天然气远景储量	6万亿立方米	5.4万亿立方米	22.8万亿立方米
天然气剩余探明储量	2.4万亿立方米	2.1万亿立方米	2.8万亿立方米
天然气世界排名	—	探明储量第14	远景储量第3

资料来源：根据哈、乌、土三国公开的数据整理而成。“—”表示缺少相关数据。

①须同凯：《丝绸之路上的新商机：中亚经贸投资指南》，北京：中国海关出版社，2007年，第6页。

从国别上看，哈萨克斯坦境内矿藏有90多种，已探明的黑色、有色、稀有和贵重金属矿床超过500处，其中，钨矿储量约200万吨，占世界储量的50%，铬矿、铀矿储量分别为4亿吨和150万吨，均居世界第二位。乌兹别克斯坦已探明矿产品有100多种，其中，铜矿、铀矿储量分别为39亿吨和5.5万吨，分别居世界第十位和第七位。吉尔吉斯斯坦境内探明储量的有色矿产有金、钨、锡、汞、锑、铁等，其中，黄金储量丰富，汞的储量占世界总储量的20%，锑产量居世界第三位。另外，塔吉克斯坦、吉尔吉斯斯坦两国还拥有丰富的水力资源。塔吉克斯坦水力资源蕴藏量5 270亿立方米，居世界第八位，人均拥有量75 393立方米，居世界第一位。吉尔吉斯斯坦水资源蕴藏量500亿立方米，在独联体国家中居第三位，人均拥有量9 615立方米，水资源开发部分不足10%。塔、吉两国的水电发展潜力巨大。

2. 农牧业基础

中亚五国具有发展农业和畜牧业的良好自然条件，是苏联时期的粮仓和欧亚大陆重要的优质长绒棉产区。农牧业一直是中亚地区的传统产业，农业基础相对发达。中亚地区土地肥沃，适合种植经济作物和特种作物。

哈萨克斯坦可耕地面积超过3 000万公顷，每年农作物播种面积约1 500万公顷。哈萨克斯坦既是粮食生产大国，也是粮食出口大国，每年粮食产量1 300万吨至1 800万吨，主要农作物包括小麦、玉米、大麦、水稻、烟草等。乌兹别克斯坦是世界第五大产棉国，年平均棉花产量350万吨，棉花产值约占农业产值的40%。吉尔吉斯斯坦的草场和牧场面积为918.48万公顷，大部分属天然牧场，具有发展畜牧业的良好自然条件，农业在其国民经济中占有重要地位。土库曼斯坦一直高度重视发展农业，目前已经完全实现了粮食自给自足。此外，中亚各国还盛产瓜果、蔬菜及农畜产品，向俄罗斯等传统市场供应。

3. 交通运输

中亚地区是连接欧亚国家的交通要道，古丝绸之路从此经过。中亚五国积极利用地处欧亚的优势，大力发展过境运输，完善基础设施建设。目前，新欧亚大陆桥（也称“第二欧亚大陆桥”）、中吉乌公路等在欧亚国家间贸易运输中发挥着越来越重要的作用。

哈萨克斯坦是世界上最大的内陆国家，铁路运输在全国交通中起着重要作用，运输能力在独联体地区位居第三位，仅次于俄罗斯和乌克兰。乌兹别克斯坦是世界上最大的双重内陆国家，交通运输网比较发达，公路和铁路是其主要运输形式。吉、塔两国属山地国家，高山占全国土地面积的93%，公路运输具有举足轻重的地位，但由于缺乏建设资金，现有公路年久失修，目前两国政府正大力吸引外资进行公路改造和建设，改善运输条件。

（二）中亚各国经济发展特点

1. 中亚五国总体经济情况

苏联解体后，中亚五国各自选择了不同的经济改革模式，都经历了从计划经济向市场经济转轨的历程。1992年独立后，中亚五国原有的产业链中断，哈、乌两国偏重重工业部门，吉、塔、土三国产业体系不完整，导致各国经济持续下降。多数中亚国家1996年的GDP降至仅相当于1990年水平的50%~60%。

1996年后，随着经济改革政策逐步取得成效和世界能源市场价格的上升，中亚五国的经济开始恢复性增长。1999年后，中亚五国逐渐进入较为稳定的增长期。随着传统计划经济向市场经济体制转型的逐步完成，以及国际能源和原材料价格的持续上升，中亚五国的经济逐渐摆脱20世纪90年代的衰退和不稳定状态，进入持续的相对稳定增长阶段。

进入21世纪，中亚五国经济都保持了持续、快速增长的态势。例如，2000—2005年，哈萨克斯坦国内生产总值连续6年以超过9%的速度增长，经济已步入快速发展的轨道；乌兹别克斯坦2004和2005年经济连续两年保持7%的增幅；吉尔吉斯斯坦经历了从计划经济向市场经济转轨的艰难历程，2003和2004年，经济增长分别达到6.7%和7.1%；1999年以来，土库曼斯坦经济增长一直呈上升态势，持续保持两位数的增幅，2005年GDP增幅达20.7%。

2. 中亚国家经济战略的特点

近年来，大部分中亚国家都制定了积极的经济改革政策，坚持宏观调控，优化产业结构，改善投资环境，吸引外国投资，提高出口潜力，进一步实施减贫计划，以保证本国经济稳定增长，改善人民生活水平。在经济战略方面，哈萨克斯坦强调“建立开放型的经济”，乌兹别克斯坦确定了“以进口替代型经济为主，资源出口为辅的发展战略”，土库曼斯坦采取了“资源密集出口型战略”，吉尔吉斯斯坦采用“以农业为基础和发展过境贸易的发展战略”，而塔吉克斯坦将“医治战争创伤、克服经济危机”作为最重要的任务。

由于自然禀赋差异较大和各国的政治、经济基础不同，加上独立后各国采取的发展模式和实施的经济政策不同，现阶段中亚五国经济发展水平出现较大差异。其中，哈萨克斯坦、乌兹别克斯坦、土库曼斯坦三国经济实力相对更强，发展速度更快，它们凭借各自雄厚的油气资源优势，积极加大油气出口。吉尔吉斯斯坦、塔吉克斯坦两国资源禀赋较差，经济实力弱，发展严重依赖外援。

中亚五国经济发展的共同特点是结构较为单一，以能源、原材料出口为主，制造业和加工业相对落后。这种产业结构反映在进出口贸易上，则表现为重工业依赖出口，轻工业依赖进口。当前，中亚国家都开始了经济体制的调整，重点扶持和发展本国优势行业，加大基础设施建设投入，鼓励本国和外国投资进入基础设施领域。例如：哈萨克斯坦政府确定了7个优先引资产业，并成立各种基金为其基础设施建设提供融资。

另外，中亚五国大力发展对外经贸关系，积极参与区域经济合作。中亚各国均采取措施，吸引外资对石油、石化等油气下游加工企业进行改造更新，提高油气和高附加值产品的加工能力。哈、乌、吉、塔四国积极参与各类区域性经济合作组织，如欧亚经济共同体、统一经济空间、欧亚经济联盟、中亚合作组织以及上海合作组织的区域经济合作。另外，吉尔吉斯斯坦于1998年加入世界贸易组织。2012年12月，塔吉克斯坦正式加入世界贸易组织，成为其第158个成员国。2015年11月底，哈萨克斯坦也正式“入世”，成为其第162个成员国。乌兹别克斯坦尚在积极推动加入世界贸易组织的进程。

二、哈萨克斯坦经济发展概况

（一）哈萨克斯坦总体概况

哈萨克斯坦共和国（the Republic of Kazakhstan），位于亚洲中部，横跨欧、亚两大洲，北邻俄罗斯，南与乌兹别克斯坦、土库曼斯坦、吉尔吉斯斯坦接壤，西濒里海（海岸线长 1 730 千米），东接中国，全境东西长约 3 000 千米，南北宽约 1 700 千米，国土面积 272.49 万平方千米，居世界第九位，为中亚面积最大的国家，也是世界上最大的内陆国家。

哈萨克斯坦境内多平原和低地，60% 的土地为沙漠和半沙漠。哈萨克斯坦最北部为平原，中部为东西长 1 200 千米的丘陵，西南部多低地，东部多山地。哈萨克斯坦位于北温带，属典型的大陆性气候，夏热冬寒，各地气候差异也较大，位于北方的少数城市（如彼得罗巴甫洛夫斯克、科克奇塔夫和努尔苏丹等）因接近西伯利亚，气候较为寒冷；南部地区（如希姆肯特、克孜勒奥尔达等地）气候则相对比较温和。

公元前 3 世纪，在今哈萨克斯坦的领土上就出现了月氏、乌孙等游牧政权。汉代时，其东南部曾隶属于汉西域都护府。6—8 世纪，建立了突厥汗国。9—12 世纪曾建乌古斯汗国、哈拉汗国。11—13 世纪，契丹人和蒙古鞑靼人先后入侵并建立政权。15 世纪末，建立哈萨克汗国，分为大帐、中帐、小帐（哈萨克语中称“玉兹”）三个主要族群。16 世纪初，基本形成现代哈萨克民族。十八世纪三四十年代，小帐和中帐哈萨克并入俄罗斯帝国。19 世纪中叶以后，哈萨克全境处于俄罗斯的统治之下。1917 年建立苏维埃政权阿拉什自治共和国。1925 年 4 月，改称哈萨克苏维埃社会主义自治共和国。1936 年，作为加盟共和国加入苏联。1990 年 10 月 25 日，通过《主权宣言》。1991 年 12 月 10 日，改名为哈萨克斯坦共和国，同年 12 月 16 日正式宣布独立。

目前，哈萨克斯坦全国划分为 14 个州、2 个直辖市。分别为阿克莫拉州、阿克纠宾斯克州、阿拉木图州、阿特劳州、南哈萨克斯坦州、东哈萨克斯坦州、江布尔州、西哈萨克斯坦州、卡拉甘达州、克兹勒奥尔达州、科斯塔奈州、曼格斯套州、巴甫洛达尔州、北哈萨克斯坦州、努尔苏丹市和阿拉木图市。首都为努尔苏丹市。

截至2012年末,哈萨克斯坦总人口为1 685万,人口密度每平方千米仅6.18人。哈萨克斯坦全国共有131个民族,其中,作为主体民族的哈萨克族占总人口的64%,俄罗斯族占23.7%,此外还有乌克兰族、乌兹别克族、日耳曼族和鞑靼族等。以哈萨克语为国语,哈萨克语和俄语同为官方语言。全国50%以上居民信奉伊斯兰教(逊尼派),此外则信奉东正教、天主教、佛教等。

哈萨克斯坦的矿产资源丰富,已探明的矿藏有90多种。其中,钨矿储量居世界第一(200万吨),铀矿储量居世界第二(150万吨),铬和磷矿石居世界第二位。哈萨克斯坦的石油、天然气等储量居世界前列,为世界主要油气出口国之一,石油储量和产量居独联体地区第二位。此外,铜、铅、锌、锑、汞、金等稀有和贵重金属储量也位居世界前十位。

(二)哈萨克斯坦经济发展状况

1. 独立之后的经济下滑阶段

哈萨克斯坦早期经济以游牧经济为主。在苏联时期,哈萨克苏维埃社会主义共和国作为苏联的加盟共和国在联盟中央统一领导下建立了高度集中的中央计划经济体制。根据苏联生产力布局理论和区域分工理论,哈萨克重点发展原材料采掘、初级矿产品加工及相关工业,成为苏联原材料、矿产供应基地,而日用品则由中央统一调拨。最终使哈萨克斯坦形成了原料采掘工业发达、机械制造和轻工业薄弱的畸形经济结构。

1991年独立后,哈萨克斯坦实行“休克疗法”,大力推行私有化改革,开放对外贸易,向市场经济过渡,但“休克疗法”改革并不成功。1992—1995年,哈萨克斯坦经济出现大幅度下滑:与1990年相比,1995年哈萨克斯坦国内生产总值下降了约1/4①,工业产值只有1990年的48%,机器制造业、金属加工业、轻工业和食品工业在工业中的比重由1991年的52.4%下降到1995年的16.2%,原材料产品比重则大幅上升。这一时期,哈萨克斯坦农牧业生产领域也出现严重下滑,并产生了严重的通货膨胀,人民生活水平急剧下降。

在经历独立初期经济的动荡下滑后,哈萨克斯坦经济逐步企稳回升。1996年,经济首次实现了独立后的正增长,1997年继续小幅增长。1998年,受俄罗斯金融危机的影响,哈萨克斯坦经济再度出现衰退。但从1999年起,哈萨克斯坦经济进入快速增长轨道,增长速度逐步加快。

2.2000年之后的经济快速增长阶段

进入21世纪后,在国际能源、矿产等大宗商品价格不断上涨的有利条件下,哈萨克斯坦经济连续多年高速增长。自1999年以来,哈萨克斯坦连续8年保持9%以上的经济增长速度,并成为世界上发展最快的三大经济体(中国、印度、哈萨克斯坦)之一。从经济总量来看,哈萨克斯坦早已是中亚五国经济的领头羊,其经济总量比中亚其他四个国家经济总量之和还要多。2007年,哈萨克斯坦的GDP达到1 041.47亿美元,首次超过千亿美元大关;2008年,哈萨克斯坦GDP约为1 350亿美元,人均GDP为8 400美元。

2008年以后,哈萨克斯坦经济经历了由高速增长到受严重冲击再到恢复增长的过程,经济增长呈现“V”字形走势。2008年,受金融危机的影响,国际能源价格大幅下滑,哈萨克斯坦GDP增长率由2007年的8.9%下降到2008年的3.2%,2009年GDP增长率进一步下跌至1.2%。

2009年,受哈本币坚戈大幅贬值的影响,按美元折算的哈萨克斯坦GDP下降到1 153.09亿美元。

2010和2011年,随着全球经济复苏,石油、天然气、矿产等大宗产品价格上升,哈萨克斯坦经济再次出现了恢复性增长。2010年,哈萨克斯坦的GDP为1 460亿美元,同上年相比增长7%,人均GDP为8 885.3美元。2011年,哈萨克斯坦GDP达到1 880.5亿美元,同上年相比增长7.5%,人均GDP达11 300美元。2012年,哈萨克斯坦GDP为2 016.8亿美元,同上年相比增长

①资料来源:根据世界银行网站公布的数据整理而成。

5%。2011年,哈萨克斯坦人均GDP突破1万美元大关,表明哈萨克斯坦步入中高收入水平国家行列。根据亚洲开发银行的报告,2012—2013年,哈萨克斯坦经济增速分别为5%和6%。在俄罗斯和欧洲国家经济增长放缓的背景下,2014年,哈萨克斯坦GDP增速4.3%。(表2-2)①

表2-2　2000—2014年中亚五国实际GDP增长率

国家	2000—2014年实际GDP增长率(%)									
	2000—2005年平均	2006	2007	2008	2009	2010	2011	2012	2013	2014
哈萨克斯坦	10.3	10.7	8.9	3.2	1.2	7.3	7.5	5	6	4.3
吉尔吉斯斯坦	4.1	3.1	8.5	7.6	2.9	-0.5	6	-0.1	10.9	3.6
塔吉克斯坦	9.2	7	7.8	7.9	3.9	6.5	7.4	7.5	7.4	6.7
土库曼斯坦	16.6	11	11.1	14.7	6.1	9.2	14.7	11.1	10.2	10.3
乌兹别克斯坦	5.1	7.5	9.5	9	8.1	8.5	8.3	8.2	8	8.1

资料来源:根据《2015年亚洲发展展望报告》整理而成。

2007—2011年,哈萨克斯坦对外贸易保持较快增长。对外贸易总额由2007年的805.1亿美元增长到2011年的1 246.6亿美元,5年间增长了54.8%。其中,出口由382.5亿美元增长到876.0亿美元,进口由236.7亿美元增长到370.6亿美元。哈萨克斯坦对外贸易一直保持较大顺差,贸易顺差额从2007年的150亿美元增长到2011年的505.5亿美元。2013年,哈萨克斯坦进出口总额为1 314亿美元,同比下降1.1%,其中,出口825亿美元,进口489亿美元,实现贸易顺差336亿美元,同比下降约30%。哈萨克斯坦的主要出口国分别是意大利、中国、荷兰,主要进口国分别是俄罗斯、中国、德国、乌克兰。

哈萨克斯坦出口商品以矿产品为主,矿物燃料、矿物油产品是最主要出口产品,其次为贱金属及制品。此外,化学工业及其相关工业产品,植物类产品和珠宝、贵金属及制品也占有一定份额。在进口商品结构中,机电、音像设备及其零件、附件为主要进口类产品,交通运输设备、贱金属及制品和化工产品也占有较大份额。

①资料来源:根据《2015年亚洲发展展望报告》整理而成。

总体上，哈萨克斯坦经济结构单一，能源和原材料为支柱产业，该产业产值占哈萨克斯坦国内生产总值的50%以上，其中油气开采业产值占30%，世界主要石油公司都已进入哈石油开采领域。哈萨克斯坦农业基础较好，发展潜力大，地广人稀，可耕地面积2 400多万公顷，为苏联时期的“粮仓”。2007年，哈萨克斯坦粮食产量达2 010万吨，出口粮食900万吨。哈萨克斯坦畜牧业较发达，平均每头牲畜的牧场面积居世界第一位。为改变经济结构单一的状况，哈萨克斯坦提出了工业创新发展战略、跻身世界最具竞争力国家50强计划和30个领军企业计划等，旨在采取措施发展非资源行业，推行经济多元化战略，提高经济综合竞争力。

三、吉尔吉斯斯坦经济发展概况

吉尔吉斯斯坦位于中亚东北部，属内陆国家，也是转型中的发展中国家。吉尔吉斯斯坦总面积19.85万平方千米，3/4以上的国土在海拔1 500米以上，素有“山地之国”之称。至2012年底，吉尔吉斯斯坦总人口为564.6万人，其中吉尔吉斯族（居于中国境内的称为“柯尔克孜族”）约占70%。吉尔吉斯斯坦境内河流湖泊众多，水资源丰富，蕴藏量在独联体国家中居第三位。吉尔吉斯斯坦矿产资源较丰富，已探明储量的优势矿产有黄金、钨、锡、汞、锑、铁等。其中，黄金是吉尔吉斯斯坦最主要的出口产品，库姆托尔金矿是世界十大金矿之一；锑产量居世界第三位，锡和汞的产量居独联体第二位；煤产量在中亚国家中首屈一指，被誉为“中亚煤斗”。吉尔吉斯斯坦具有发展畜牧业的良好自然条件，种植业、畜牧业在其经济中占有重要地位。

（一）吉尔吉斯斯坦经济发展状况

在苏联时期，吉尔吉斯斯坦就是最贫困的加盟共和国之一，经济基础薄弱，独立性差，其大部分工业品和生活消费品则由其他加盟共和国供应。苏联解体后，吉尔吉斯斯坦经济陷入困境，工农业生产大幅下滑，人民生活水平急剧下降。据世界银行统计，1992—1996年，吉尔吉斯斯坦国内生产总值下降了21.1%。为了摆脱困境，吉尔吉斯斯坦政府采取了开放物价、调整产业结构、鼓励农业发展等一系列经济改革措施。

1993 年,吉尔吉斯斯坦在独联体国家中第一个发行了本国货币。1996 年开始实行农业私有化改革,但受 1998 年俄罗斯金融危机的影响,1999 年吉尔吉斯斯坦经济再次严重下滑,2000 年之后,经济出现恢复性增长。GDP 总量五年内下降了 13.73% ,外贸总额从 13.13 亿美元下降至9.43亿美元。这一时期,吉尔吉斯斯坦开始重点发展电力能源工业、矿产业、交通运输业和农产品加工业,但其国内资金严重不足,为此,吉尔吉斯斯坦积极改善投资环境,开放国内自然资源领域吸引外资进入。1998 年,吉尔吉斯斯坦成功加入了世界贸易组织(WTO),成为独联体国家第一个加入世贸组织的国家。

2002—2006 年,经过一系列经济结构改革,吉尔吉斯斯坦经济出现较快增长,5 年间,GDP 从 16.06 亿美元上升到 28.34 亿美元,增长76.5% ;外贸总额从 10.72 亿美元增长到 28.22 亿美元,增长 163.3% 。这一时期,吉尔吉斯斯坦与 100 多个国家建立了贸易往来,其贸易伙伴由以独联体国家为主逐步转变为与非独联体国家并重。

2007—2011 年,吉尔吉斯斯坦继续推行以私有化为中心的经济体制改革,稳步向市场经济转轨。据亚洲开发银行的统计,2007 和 2008 年,吉尔吉斯斯坦实际国内生产总值(GDP)增长率分别为 8.5% 和 8.4% ,2008 年通胀率高达 24.5% 。受国际金融危机的影响,2009 和 2010 年,吉尔吉斯斯坦经济增长连续两年下滑,分别为 2.9% 、-0.5% 。2010 年之后,吉尔吉斯斯坦经济出现恢复,2011 年国内生产总值 2 731 亿索姆(约 58.7 亿美元),同 2010 年相比增长 6% ,通胀率上升至 16.6% 。2012 年,吉尔吉斯斯坦 GDP 同比下降0.1% ,成为中亚国家中唯一经济增长下降的国家。(表 2 -3)其主要原因是库姆托尔金矿大幅减产 46% ,工业降幅达到 20.2% 。①

自吉尔吉斯斯坦独立 20 年以来,其经济结构从“农业 - 工业”二元经济结构逐步演变成“农业 - 服务业”为主导,农业部门以自然经济成分为主,服务业则以转口贸易为主。吉尔吉斯斯坦每年国内市场的货物周转量为 80 亿美元至 100 亿美元,其中向独联体国家的成衣出口额约为 11 亿美元。国际货币基金组织(IMF)认为,吉尔吉斯斯坦是高加索和中亚地区最开放的经济体之一,其经济主要由黄金出口、侨汇(主要来自俄罗斯)及中国与独联体国家间的转口贸易三方面支撑。与其他中亚国家相比,吉尔吉斯斯坦经济总

①资料来源:2013 年 1 月 17 日吉尔吉斯斯坦国家统计委员会公报。库姆托尔金矿由加拿大公司与吉尔吉斯斯坦政府合资成立。该项目自 1997 年进行商业开发,年产值约占吉尔吉斯斯坦 GDP 的 10% ,黄金出口占吉尔吉斯斯坦出口总额的 40% 左右,是吉尔吉斯斯坦政府的主要收入来源。

量小，经济结构单一，能源缺乏，债务负担重。2013 年，吉尔吉斯斯坦人均 GDP 约为64 100索姆(约 1 323 美元)，只有当年哈萨克斯坦人均 GDP 的 1/10。

表 2 - 3　2008—2014 年吉尔吉斯斯坦经济发展主要指标状况

经济发展主要指标	年份						
	2008	2009	2010	2011	2012	2013	2014
GDP 增长率(%)	8.4	2.9	-0.5	6	-0.1	10.9	3.6
通胀率(%)	24.5	6.8	7.8	16.6	2.8	6.6	7.5
出口增长率(%)	40.1	-9.6	5	27.7	-13.1	3.8	-6.3
进口增长率(%)	43.6	-25	5.9	32	26.2	13	-4.3
贸易逆差(亿美元)	18.8	11.2	12.02	16.65	29.93	35.65	34.53

资料来源：根据《2015 年亚洲发展展望报告》整理而成。

多年以来，吉尔吉斯斯坦政局动荡，其在中亚开创通过暴力夺取政权的先例，这种暴力政治文化的示范效应造成国家政权权威的弱化。例如：2005 年爆发的“颜色革命”推翻了阿卡耶夫政权；2010 年 4 月的政局突变使巴基耶夫政权在民众掀起的抗议风潮中垮台；2010 年 4 月至 6 月的种族暴力冲突加剧了南北对立和吉乌两族矛盾，造成近 10 万人伤亡，此次暴乱还给近 3.5 万中国华商造成巨大财产损失，迫使大量华商回国。此外，吉尔吉斯斯坦国内经常出现恐怖活动，社会秩序混乱，官僚主义和腐败严重。根据世界腐败监督机构“透明国际”2008 年的报告，在 180 个国家和地区中，吉尔吉斯斯坦腐败指数排名为第 166 位，在中亚成为腐败程度最高的国家。

(二)吉尔吉斯斯坦对外贸易发展状况

近年来，吉尔吉斯斯坦的对外贸易实现较快增长。2007—2012 年，吉尔吉斯斯坦外贸总额从 41.1 亿美元增长至 72.7 亿美元，由于进口增长远高于出口增长，贸易逆差不断扩大，2012 年贸易逆差为 29.9 亿美元。根据吉尔吉斯斯坦统计委员会的数据，2013 年，吉尔吉斯斯坦外贸进出口总额为 80.9 亿美元，同上年相比增长 7.8%，其中出口额 20.2 亿美元，进口额 60.7 亿美元，贸易逆差高达 40.5 亿美元。2013 年，吉尔吉斯斯坦前五大贸易伙伴国分别是俄罗斯、中国、哈萨克斯坦、瑞士和土耳其。其中,俄罗斯稳居第一(占吉尔吉斯斯坦外贸总额的27.9%,进口额的33.6%),中国位居第二(占吉尔吉斯斯坦外贸总额的18.9%,进口额的23.9%),哈萨克斯坦居第三(占吉尔吉斯斯坦外贸总额的12.3%,出口额的22.1%),瑞士和土耳其分别占其外贸总额的6.8%和3.8%;瑞士是吉尔吉斯斯坦最大的黄金出口对象国,占吉尔吉斯斯坦出口额的28.7%。(表2-4)

表2-4 2012—2013年吉尔吉斯斯坦前五大贸易伙伴及其所占比例

2012年				2013年			
国家	占吉贸易总额比重(%)	占吉出口贸易额比重(%)	占吉进口贸易额比重(%)	国家	占吉贸易总额比重(%)	占吉出口贸易额比重(%)	占吉进口贸易额比重(%)
俄罗斯	27.6	13.0	33.2	俄罗斯	27.9	8.6	33.6
中国	17.5	3.6	22.5	中国	18.9	2.0	23.9
哈萨克斯坦	12.7	24.1	9.7	哈萨克斯坦	12.3	22.1	9.4
瑞士	7.7	32.6	0.2	瑞士	6.8	28.7	0.2
美国	3.5	0.04	4.7	土耳其	3.8	4.8	3.5

资料来源:根据吉尔吉斯斯坦国家统计委员会公布的数据整理而成。

总体上,独联体国家仍是吉尔吉斯斯坦最主要的贸易伙伴,其中,2013年俄、哈两国占吉尔吉斯斯坦出口额的30.7%和进口额的43%。在商品结构上,吉尔吉斯斯坦从俄罗斯主要进口石油及其制品,从哈萨克斯坦进口谷物和天然气,从中国进口纺织服装和机电产品等。

吉尔吉斯斯坦的经济自由度、市场开放程度较高,贸易保护措施较少,关税税率远低于其他中亚国家,2010年其平均关税税率仅为4.6%,不到俄白哈关税同盟平均关税的一半。另外,吉尔吉斯斯坦的外贸和关税政策较为稳定和透明,大批从事边境贸易的商人将货物出口到吉尔吉斯斯坦,然后利用吉尔吉斯斯坦的两大国际性巴扎(集市),将货物分销到其他中亚国家。

目前,中亚地区的外贸有三种形式,即标准(正式)外贸、巴扎贸易(集市贸易)和边境贸易。巴扎贸易是中亚地区独有的贸易方式,这种形式的贸易额占了中亚国家总贸易额的20% ~30% ,但并未纳入各国的海关统计。中亚各国的边境贸易以不同的巴扎为平台连接成贸易网络。中亚地区四个国际级别的巴扎:Barakholka(位于阿拉木图)、Dordoi(位于比什凯克)、Karasuu(位于奥什)和Korvon(位于杜尚别),其每月的贸易额分别达到2.1亿美元、3.3亿美元、0.94亿美元和0.2亿美元。其中,位于吉尔吉斯斯坦的Dordoi(多尔多伊)和Karasuu(卡拉苏)两大巴扎,已经成为吉尔吉斯斯坦对俄、哈、乌、塔再出口的重要平台。[①] 吉尔吉斯斯坦经济发展的主要动力来自其已成为中国与中亚国家间的转口贸易平台,原因在于其加入世界贸易组织(WTO)后较低的关税水平以及开放的贸易政策等"软条件"形成的优势。另外,边境贸易和巴扎贸易对解决吉尔吉斯斯坦就业问题起到了良好的促进作用。[②]

四、 塔吉克斯坦经济发展概况

(一)塔吉克斯坦经济资源禀赋

塔吉克斯坦是中亚五国中面积最小的内陆国家,人口约780万,塔吉克族人约占人口总数的80% ,90% 的人信仰伊斯兰教。塔吉克斯坦的山地占国土面积的93% ,一半地区在海拔3 000米以上,交通不便。境内水能资源丰富,水能储藏量5 270亿千瓦,居世界第八位,人均拥有量居世界第一位,但水电开发不足蕴藏量的6% ,水电发展潜力巨大。塔吉克斯坦有色金属和煤炭资源储量丰富,其中银、铅、锌等矿产资源的储量位居中亚第一位。

塔吉克斯坦是传统的农业国,农牧业在国民经济中占有十分重要的地位,农村集中了全国73.5% 的人口和64.8% 的劳动力资源。农业以种植棉花、粮食作物、蔬菜和水果为主,尤以出产优质细纤维棉花闻名于世,40% 的可耕地用于种植棉花。此外,果园业、养蚕业和葡萄种植业也占据了重要地位,畜牧

①再出口又称复出口,是指使用总贸易体系记录和编制进出口统计的国家,将外国商品输入本国后未经加工而再向国外输出。

②王维然、吴唯君:《对外贸易在吉尔吉斯斯坦经济中的影响》,《新疆大学学报》(哲学·人文社会科学版)2013年第6期,第92~93页。

业发展较落后。塔吉克斯坦耕地面积有限,经济上对外依赖性很强。

塔吉克斯坦工业结构单一,生产技术相对落后,主要工业有煤炭、石油天然气开采、炼铝、化肥、纺织等,其支柱产业包括铝锭生产和加工(非本地原材料)、棉花种植及加工、食品工业。在苏联时期的国民经济体系中,塔吉克斯坦是一个以种植棉花、开采有色金属和稀有金属、经营食品工业为主的地区,也是苏联时期地理位置最边远、经济最不发达的加盟共和国之一。

(二)塔吉克斯坦经济发展状况及特点

1. 经济下滑和恢复阶段

1992 年塔吉克斯坦独立以后,由于传统的经济联系中断,又没有完整的工业体系,经济基础十分薄弱,成为最贫穷的独联体国家之一。1992 年 3 月,塔吉克斯坦爆发内战并持续 6 年,工业生产遭受严重的破坏,经济损失总计超过 70 亿美元。塔吉克斯坦经济陷入深刻危机,工厂大部分停产或半停产,燃料、部分粮食及日用消费品都依赖进口,工业产值急剧下滑,直至 1997 年才出现缓慢复苏。据统计,1991 年塔吉克斯坦国内生产总值为27.58亿美元,1994 和 1995 年分别为 13.77 亿美元、12.34 亿美元,到 1996 年只有10.44亿美元,较 1991 年下降了约 60.91% 。如此大的降幅,在中亚国家和独联体国家内都是空前的。

1997 年,随着内战的停止和冲突的解决,塔吉克斯坦经济开始走出低谷,呈现出恢复性增长。据联合国统计,1997 年塔吉克斯坦名义 GDP 为5.184亿索莫尼,实际 GDP 同比增长 1.7% ;1998—2001 年,实际 GDP 同比增长分别为5.3% 、3.7% 、8.3% 、9.6% 。2000 年,塔吉克斯坦成功发行国家新币——索莫尼,开始初步建立财政、税收和金融体系。2003 年,塔吉克斯坦政府制定了国家工业发展政策,其经济政策主要方向是重点扶持和发展本国优势行业,着重发展水利、水电、轻工、食品和农产品加工业等,目标是有效利用国家资源优势,加大生产技术革新力度,逐步提高产品竞争力。

2. 经济持续增长阶段

2002—2006 年期间,塔吉克斯坦经济出现了高速增长态势,GDP 年平均增长率超过 9% 。据联合国统计,2002 年,塔吉克斯坦名义 GDP 为 33.753

亿索莫尼,实际 GDP 同比增长 10.8%;2003 和 2004 年,名义 GDP 分别上升至 47.614 亿索莫尼、61.672 亿索莫尼,实际 GDP 同比分别增长 11% 和 10.3%;2005 和 2006 年,名义 GDP 分别为 72.066 亿索莫尼、93.352 亿索莫尼,实际 GDP 同比分别增长 6.7% 和 7%。(表 2-5)

表 2-5　1995—2014 年塔吉克斯坦经济增长状况

年　份	经济增长指标		
	名义 GDP(亿索莫尼)	实际 GDP 指数(1995 年 = 100)	实际 GDP 增长率(%)
1995	0.698	100.0	-12.5
1996	3.085	83.3	-16.7
1997	5.184	84.7	1.7
1998	10.252	89.2	5.3
1999	13.450	92.5	3.7
2000	17.867	100.2	8.3
2001	25.638	109.8	9.6
2002	33.753	121.7	10.8
2003	47.614	135.0	11.0
2004	61.672	149.0	10.3
2005	72.066	158.9	6.7
2006	93.352	170.1	7.0
2007	128.044	183.3	7.8
2008	177.069	197.8	7.9
2009	206.285	205.5	3.9
2010	247.047	218.9	6.5
2011	300.693	235.1	7.4
2012	361.610	252.7	7.5
2013	405.250	271.4	7.4
2014	456.050	289.6	6.7

资料来源:根据联合国统计部门网站和塔吉克斯坦国家统计署公布的数据整理而成。

塔吉克斯坦经济的强劲增长成为发展对外贸易的重要动力，该国外贸也出现了快速增长。2002 年，塔吉克斯坦外贸进出口总额只有 14.6 亿美元；2005 年，对外贸易总额上升到 22.38 亿美元，同比增长 6.3%；2006 年，外贸总额达到 31.2 亿美元，同比增长 39.4%，其中出口额 14 亿美元，进口额 17.2 亿美元。贸易结构仍以出口能源和矿产资源，进口机械设备和轻纺产品为主。

2007—2011 年，塔吉克斯坦经济继续保持较高增长。2007 和 2008 年，塔吉克斯坦名义 GDP 分别为 128.044 亿索莫尼、177.069 亿索莫尼，实际 GDP 同比分别增长7.8% 和 7.9%。2009 年实际 GDP 增长率下滑至 3.9%，2010 年实际 GDP 增长率回升至6.5%。2011 年，塔吉克斯坦名义 GDP 为 300.693 亿索莫尼，实际 GDP 同比增长7.4%。这一时期，塔吉克斯坦通货膨胀始终维持高位，2008—2010 年通胀率分别为 20.4%、6.5%、6.5%。① 2011 年，受俄罗斯粮食出口禁令和上调燃油出口关税等因素影响，塔吉克斯坦食品价格出现较大上涨，整体通胀率上升至 12.5%。根据亚洲开发银行的报告，2012 年，塔吉克斯坦 GDP 增速为 7.5%，通胀率下降为 5.8%，2013 和 2014 年，塔吉克斯坦 GDP 增速分别为 7.4% 和 6.7%。②

2007—2011 年，塔吉克斯坦对外贸易仍然呈现高速增长态势。2007 和 2008 年进出口总额分别达到了 40.2 亿美元和 46.8 亿美元，创 1992 年独立以来的最高水平。但贸易逆差也不断扩大，2008 年贸易逆差高达 18.6 亿美元。受金融危机影响，2009 年对外贸易陡然下降，之后虽稳步回升，但直至 2011 年仍未达到 2008 年水平。2010 年，塔吉克斯坦外贸总额为38.5亿美元。2011 年，外贸总额为 44.6 亿美元，同比增长 15.4%，其中出口额12.6亿美元，进口额 32 亿美元，外贸逆差上升到 19.5 亿美元，约占其 GDP 的 30%。2013 年，该国对外贸易总额为 52.8 亿美元，同比增长 2.9%，其中出口额 11.6 亿美元，进口额 41.2 亿美元，贸易逆差高达 29.6 亿美元。

3. 劳务移民侨汇收入的重要作用

长期以来，塔吉克斯坦由于安全和经济的因素而更为倚重俄罗斯，一直

①资料来源：《2012 年亚洲发展展望报告》。

②资料来源：《2015 年亚洲发展展望报告》。

将对俄罗斯的关系置于外交优先位置。特别是,该国在俄罗斯等独联体国家的劳务移民汇回的收入是塔吉克斯坦外汇的主要来源。塔吉克斯坦国内就业环境不佳,失业率较高,为获得较好的教育和高收入,塔吉克斯坦的青壮年公民纷纷出国上学或打工,据初步统计,目前有200万塔吉克斯坦侨民外出务工求学,仅俄罗斯和哈萨克斯坦两国就有100多万人。同时,侨汇收入也已成为塔吉克斯坦国家预算收入的重要来源之一。

2012年11月,世界银行发布了劳务移民现金汇款在发展中国家国内生产总值中所占比例的数据,塔吉克斯坦的这项指标位居世界首位,其国内生产总值的47%来自在国外务工的劳务移民的现金汇款。从绝对数字来看,2008年,从俄罗斯汇往塔吉克斯坦的汇款为25亿美元,占当年塔吉克斯坦国内生产总值的45%。2009年,在外务工的约100万塔吉克斯坦人向其国内汇款约22.9亿美元,占当年塔吉克斯坦GDP的40.6%。2011年,在俄罗斯打工的塔吉克斯坦人汇款额高达29.6亿美元。

五、乌兹别克斯坦经济发展概况

(一)乌兹别克斯坦经济资源禀赋

乌兹别克斯坦是世界上仅有的两个双内陆国家之一,领土面积44.9万平方千米,人口约3 000万,是中亚地区人口最多的国家,约占中亚五国总人口的一半,由130多个民族组成,乌兹别克族占人口总数的78.8%。乌兹别克斯坦首都塔什干位于其国土东北部,是中亚地区最大的城市之一,也是中亚地区的交通枢纽。

乌兹别克斯坦自然资源丰富,其支柱产业是黄金、石油和天然气、棉花。黄金探明储量2 100吨,前景储量3 350吨,居世界第四位,穆伦塔乌(Muruntau)金矿是世界上储量最大的金矿之一;石油预测储量53亿吨,已探明5.84亿吨,年开采量540万至720万吨;天然气预测储量5.43万亿立方米,已探明2.055万亿立方米,居世界第十四位,年开采量为650亿立方米左右;铀探明储量为5.5万吨,预测储量23万吨,占世界第七位。乌兹别克斯坦是世界第六大产棉国、第三大棉花出口国,年均产籽棉约360万吨、皮棉平均年产100万至120万吨,出口80万至100万吨。

(二)乌兹别克斯坦经济发展状况及特点

1.经济平稳过渡阶段

在苏联时期,乌兹别克斯坦主要向各地供应棉花、矿产和农产品等原材料,相对应地,绝大部分日用品和工业制成品则依靠其他加盟共和国提供。自1991年独立以来,乌兹别克斯坦把维护社会稳定作为首要任务,注重社会保障,实行渐进式的市场经济改革,在经济发展中较大程度上采取了行政干预手段。乌兹别克斯坦的工业体系比较齐全,拥有健全的机械制造、汽车、化工、食品加工等产业。由于采取了循序渐进的改革措施,与中亚其他国家相比,独立之初的乌兹别克斯坦政治和社会形势总体保持稳定,经济下滑幅度有限。

据世界银行统计,1992年,乌兹别克斯坦GDP为129亿美元,同比下降11.2%;1996年,GDP为139亿美元,基本恢复到1991年的水平,人均国民收入为601美元,只比1991年下降8.8%。[①] 乌兹别克斯坦积极开展对外经济活动,据世界贸易组织统计,1994年乌兹别克斯坦外贸进出口总额为52亿美元,1996年外贸进出口总额达到89.2亿美元,同比增长44.3%。

1997—2001年,乌兹别克斯坦政府继续进行经济改革,但其经济发展并不稳定。据世界银行统计,1997年,乌兹别克斯坦GDP为147亿美元,同比增长5.2%;1999年GDP为171亿美元,同比增长14%。但从2000年开始,乌兹别克斯坦经济状况出现恶化,2001年,GDP下滑至114亿美元,同比下降17.3%,比1997年下降22.4%。这一时期,乌兹别克斯坦外贸进出口额不断下滑。1997年,外贸总额为82.1亿美元,同比下降8%;至2001年,外贸总额下滑到55.2亿美元,与1997年相比下降32.8%。

---

①资料来源:根据世界银行网站公布的数据整理而成。

2. 经济高速增长阶段

2002 年以后，乌兹别克斯坦结束了独立 10 年来经济的波动，各项经济指数均出现好转。据乌兹别克斯坦国家统计委员会统计，2002 年，工业产值为 65 亿美元，农业产值为46 亿美元。到 2006 年，工业产值为 118.9 亿美元，与 2002 年相比增长 82.9%；农业产值为 59.9 亿美元，与 2002 年相比增长30.2%。这一时期，乌兹别克斯坦连续提高进口关税，严格限制进口，出口显著提高。据世界贸易组织统计，2002 和 2003 年，乌兹别克斯坦进出口贸易额分别为 49.4 亿美元和 68.5 亿美元；2006 年进出口总额为 100 亿美元，同比增长 19%，与 2002 年相比增长了102%。

2007—2011 年，乌兹别克斯坦进入经济发展快车道，GDP 连续 5 年保持高速增长。2008 年爆发的国际金融危机对乌兹别克斯坦经济的影响较小。据亚洲开发银行统计，2007 年，乌兹别克斯坦 GDP 同比增长 9.5%，2008 年 GDP 总额为 279 亿美元，同比增长 9%；2009 和 2010 年，GDP 增速分别为8.1% 和 8.5%；到 2011 年，乌兹别克斯坦 GDP 达到 454 亿美元，同比增长 8.3%，与 2007 年相比增长了 103.6%，人均 GDP 为 1 510 美元，与 2007 年相比增长了 81.9%。

2012 年，乌兹别克斯坦 GDP 为 483 亿美元，同比增长 8.2%，其中，工业总产值增长 7.7%，农业总产值增长 7%，零售贸易额增长 13.9%。由此，乌兹别克斯坦 GDP 增长已连续6 年超过 8%，高于独联体国家平均水平。据亚洲开发银行的报告，2013 和 2014 年，乌兹别克斯坦 GDP 增长率分别为 8% 和8.1%。（表 2－6）

2007—2011 年，乌兹别克斯坦对外贸易继续保持较快增长，贸易顺差不断扩大。据乌兹别克斯坦国家统计委员会统计，2007 年，乌兹别克斯坦外贸额为 142.27 亿美元，其中出口额 89.92 亿美元，进口额 52.35 亿美元，贸易顺差 37.57 亿美元；2011 年，乌兹别克斯坦外贸额已达到 255.37 亿美元，其中出口额 150.27 亿美元，进口额 105.10 亿美元，实现贸易顺差 45.17 亿美元。在贸易结构上，乌兹别克斯坦主要出口商品有能源产品、棉花、黑色及有色金属、汽车及设备、化工产品、食品等。进口商品主要是机械设备（占乌兹别克斯坦 2011 年进口额的 41.3%）、化工产品、黑色及有色金属等。

在经济形势好转的同时，乌兹别克斯坦也存在着一些经济风险，如物价上涨压力大，据亚洲开发银行统计，2007—2012 年，乌兹别克斯坦平均通胀率高达 12.4% ，通胀率为中亚地区最高。另外，乌兹别克斯坦行政管理机构的腐败问题突出，严重制约了其经济发展和外商投资。据世界反腐败组织"透明国际"公布的 2009 年国际清廉指数，乌兹别克斯坦的腐败程度位列中亚和独联体国家之首，在调查的 180 个国家和地区中，排名第 174 位。

表 2-6　2007—2014 年乌兹别克斯坦经济发展主要指标状况

经济发展主要指标	年份							
	2007	2008	2009	2010	2011	2012	2013	2014
GDP 增长率(%)	9.5	9	8.1	8.5	8.3	8.2	8	8.1
通胀率(%)	12.3	12.7	14.1	9.4	13.1	12.9	11.2	8.4
出口增长率(%)	43.1	40.5	-4.2	4.7	20.3	-7.6	6.5	-2
进口增长率(%)	44.6	48.5	-2.7	-4.8	23.4	8.2	9	3
贸易顺差（亿美元）	37.57	22.05	19.8	30	45.17	15.6	14	7.9

资料来源：根据《2015 年亚洲发展展望报告》整理而成。

六、土库曼斯坦经济发展概况

（一）土库曼斯坦经济资源禀赋

土库曼斯坦位于中亚西南部，是一个领土面积为 49.12 万平方千米的内陆国家。北部和东北部与哈萨克斯坦、乌兹别克斯坦接壤，西濒里海，与阿塞拜疆、俄罗斯相望，南邻伊朗，东南与阿富汗交界。土库曼斯坦人口约 683 万（截至 2011 年底），共有 40 多个民族，其中土库曼族占 90% 以上。

土库曼斯坦能源矿产资源丰富，主要有石油、天然气、芒硝、碘、有色金属及稀有金属等，特别是石油和天然气的远景储量丰富，分别为 208 亿吨和 24.6 万亿立方米。天然气储量名列世界第四位，仅次于俄罗斯、伊朗和卡塔尔。据英国石油公司（BP，British Petroleum）统计，截至 2010 年，土库曼斯坦探明的天然气储量约为8.1万亿立方米,约占世界天然气总储量的4.3%,在独联体国家中居第二位。① 目前,土库曼斯坦全境已发现149个天然气田,其中,陆上气田139个,里海大陆架气田10个,有54个气田处于开采阶段。

(二)土库曼斯坦经济发展状况及特点

与其他中亚国家一样,1992年独立后的土库曼斯坦也经历了一段经济衰退时期。根据土库曼斯坦《中立报》的报告,1992—1995年,土库曼斯坦经济连续4年出现下滑,1993和1994年,GDP同比下降分别为12%和15%,1995年GDP同比下降9.3%,直到1996年土库曼斯坦经济才出现好转。独立后,土库曼斯坦明确宣布暂不搞全面私有化,并且规定了私有化的方向,向市场过渡也不采用休克疗法,而是采取平稳的过渡方式,市场关系由国家调控。

在对外关系方面,土库曼斯坦奉行永久"中立国"地位,承诺不与任何国家结盟,不参与军事同盟,不参加带有硬性规定职能或要承担集体责任的跨国同盟,土库曼斯坦既不是欧亚经济共同体成员国,也不是上海合作组织成员国。1997年,土库曼斯坦允许跨国公司参与其石油和天然气资源的开发,至2001年,已有20个国家的140个外国公司在土库曼斯坦投资。在农业方面,土库曼斯坦大力兴修农田水利,从1998年起,首次从粮食进口国转为出口国。土库曼斯坦具有较丰富的纺织原料,如棉花、蚕茧、羊毛等。2005年,棉花产量达73.7万吨。

土库曼斯坦在中亚五国中经济发展水平仅次于哈萨克斯坦,石油和天然气工业为其支柱产业,天然气主要用于出口。1999年以来,得益于石油与天然气能源价格的攀升,土库曼斯坦经济出现较快增长,GDP每年持续保持两位数的增幅。据国际货币基金组织(IMF)统计,2000—2005年,GDP平均年增长率高达16.6%。② 近年来,土库曼斯坦经济结构日趋合理,国家财政

①资料来源:《BP世界能源统计年鉴(2010年)》。
②资料来源:IMF,《区域经济展望——中东及中亚》。

收支基本平衡,石油、天然气资源开采和加工能力不断增强,粮食产量连年增长,纺织工业迅速发展,对外贸易连续实现贸易顺差,外商投资也不断增加。

据亚洲开发银行统计,2007 和 2008 年,土库曼斯坦经济增速分别为 11.1% 和 14.7% ,2009 和 2010 年略有下降,分别为 6.1% 和 9.2% ;2011 年,因天然气出口大幅增长,土库曼斯坦经济增速达 14.7% 。① 2012 年,土库曼斯坦经济发展速度继续领跑中亚五国,GDP 同比增长 11.1% ,其中投资总额同比增长了 38% 。2010—2012 年,通货膨胀率始终保持在 5% 左右的平稳水平。2011 和 2012 年,土库曼斯坦外贸出口分别增长 46.9% 和27.6% ,分别实现贸易顺差 62.7 亿美元和 65.3 亿美元。2007—2012 年,土库曼斯坦 GDP 总值增长了约 3.5 倍,人均 GDP 增长 1.9 倍,世界银行专家小组认为,土库曼斯坦人均国民收入已达到世界中等偏上水平。② 2013 和 2014 年,土库曼斯坦国内生产总值分别同比增长 10.2% 和 10.3% ;已连续四年保持经济两位数增长,其经济增速在中亚各国中保持领先。(表 2 -7)

近年来,土库曼斯坦加快寻求天然气出口多元化的步伐,其能源发展战略成效显著。特别是 2009 年,中国 - 中亚天然气管线的建成拓宽了其天然气出口渠道,打破了俄罗斯长期以来对其天然气运输的垄断。土库曼斯坦还与伊朗开辟了第二条天然气管道,而在积极筹建中的纳布科管道和跨里海天然气管道打开了土库曼斯坦天然气通往欧洲国家的通道。另外,土库曼斯坦—阿富汗—巴基斯坦—印度(TAPI)天然气管道的修建将缓解南亚地区能源短缺的问题,建成后,土库曼斯坦每年将通过 TAPI 管道向印度和巴基斯坦出口 330 亿立方米天然气。在农业方面,土库曼斯坦将棉花产业作为战略性产业进行大规模投资,形成了相对完整的棉花产业链。2012 年,棉花产量达到 120 万吨,同比增长 12.6% 。③ 总体上看,土库曼斯坦农业生产已

①资料来源:《2013 年亚洲发展展望报告》。

②资料来源:根据中华人民共和国驻土库曼斯坦大使馆经济商务参赞处网站公布的数据整理而成。

③孙力、吴宏伟:《中亚国家发展报告(2013)》,北京:社会科学文献出版社,2013 年,第 341 页。

达到自给自足。

在经济高速发展的同时，土库曼斯坦政府高度注重居民生活水平的提高，加大对居民生活消费的补贴力度，不断提高工资、养老金和助学金水平。土库曼斯坦是中亚地区唯一一个实行高福利政策的国家，目前居民在国内免费使用水、电、盐和天然气，每车每月可免费领取120升汽油，对住房、通信和客运只保持象征性的低收费。这种高福利政策在很大程度上减少了民怨，有利于维持国家政治稳定和预防极端主义思想的滋生与蔓延。

表2-7　2007—2014年土库曼斯坦经济发展主要指标状况

经济发展主要指标	年份							
	2007	2008	2009	2010	2011	2012	2013	2014
GDP增长率(%)	11.1	14.7	6.1	9.2	14.7	11.1	10.2	10.3
通胀率(%)	6.3	14.5	-2.7	4.4	5.3	5.3	6.8	6
出口增长率(%)	26.7	29.3	-24.1	8.0	46.9	27.6	11.7	1.8
进口增长率(%)	36.1	41.9	50.5	-8.0	40.6	27.6	11.7	1.8
贸易顺差(亿美元)	46	64.2	8.75	22.3	62.7	65.3	40.3	43.9

资料来源：根据《2015年亚洲发展展望报告》整理而成。

七、小结

中亚国家具有丰富的能源、矿产资源，在苏联解体后，中亚五国各自选择了不同的经济改革模式，都经历了从计划经济向市场经济转轨的历程。中亚五国经济发展的共同特点是结构较为单一，以能源、原材料出口为主，制造业和加工业相对落后。中亚五国经济发展水平存在较大差异，哈、乌、土三国经济实力相对更强，发展速度更快；塔、吉两国资源禀赋较差，经济实力弱。2000年以来，中亚五国经济基本上保持了持续、快速增长的态势。

哈萨克斯坦矿产资源丰富，钨矿、铀矿、石油、天然气等储量居世界前列。哈萨克斯坦是中亚五国经济的领头羊，其经济总量比中亚其他四个国家的经济总量之和还要多。自1999年以来,哈萨克斯坦连续8年保持9%以上的经济增长,并已成为这一时期世界上发展最快的三大经济体之一。

吉尔吉斯斯坦是中亚地区最开放的经济体之一,其经济主要由黄金出口、侨汇及中国与独联体国家间的转口贸易三方面支撑。吉尔吉斯斯坦政局动荡,其在中亚开创通过暴力夺取政权的先例。

塔吉克斯坦独立后经济基础十分薄弱,是最贫穷的独联体国家之一,近年来塔吉克斯坦的经济继续保持较高增长。

乌兹别克斯坦自然资源丰富,是中亚地区人口最多的国家,乌兹别克斯坦的工业体系比较齐全,并采取循序渐进的改革措施。自2007年以来,乌兹别克斯坦GDP增长已连续6年超过8%,高于独联体国家平均水平。

土库曼斯坦在中亚五国中经济发展水平仅次于哈萨克斯坦,石油和天然气工业为其支柱产业,生产的大部分天然气用于出口。1999年以来,土库曼斯坦经济出现较快增长,2011至2014年GDP每年持续保持两位数增幅,其人均国民收入已达到世界中等偏上水平,也是中亚地区唯一一个实行高福利政策的国家。

第三章

中国与中亚五国经贸合作关系的回顾与发展现状

一、丝绸之路时代中国与中亚地区的商贸关系

（一）丝绸之路的形成和发展历史

1. 丝绸之路概念的由来

丝绸之路全长7 000余千米，横贯欧亚两大洲。从公元前2世纪到公元19世纪中叶，这2 000多年间，丝绸之路一直是欧亚大陆上东西方经济文化交流的主要通道，它为促进中亚、南亚、西亚、欧洲各国与中国的友好往来做出了不可替代的历史性贡献。

最早提出“丝绸之路”的是德国地质学家李希霍芬（Ferdinand von Richthofen，1833—1905），在他的《中国亲程旅行记》一书中，首次称中国经中亚到两河流域和印度之间的交通路线为“丝绸之路”（Silk Road）。其后，德国历史学家赫尔曼（A. Herrmann）进一步把丝绸之路延伸到地中海西岸和小亚细亚，并确定了丝绸之路是中国古代经由中亚通往南亚、西亚以及欧洲的陆上贸易交往的通道，因为大量的中国丝织品经此西传，故称作“丝绸之路”。[①] 此后，“丝绸之路”这一名称家喻户晓，其含义也愈发广泛，其中包括玉石之路、宗教之路、彩陶之路、绿洲丝绸之路、草原丝绸之路、南方丝绸之路、海上丝绸之路等众多提法。一般来说，丝绸之路是指西北绿洲丝绸之路，即2 000多年前，西汉张骞两次出使西域后逐渐形成的这条线形文化历史古道。

2. 丝绸之路的形成

丝绸之路的形成是古代东西方文明寻求相互交流、对话与合作的共同需要。实际上，中西方交流在远古时期就已存在，草原之路与绿洲之路就是丝绸之路的前身。[②] “草原之路”通常是指始于中国北方，经蒙古高原过阿尔泰山脉、准噶尔盆地进入中亚北部哈萨克草原，再经里海、黑海北岸到达多

①高伟江、徐新荣：《基于经济合作的丝绸之路开发》，《改革与管理》2005年第3期，第1～3页。

②张国刚：《丝绸之路与中西文化交流》，《西域研究》2010年第1期，第1～3页。

瑙河流域的通道，这是古代游牧民族经常迁徙的通道。“绿洲之路”位于“草原之路”的南部，由分布于大片沙漠、戈壁之中的绿洲城邦国家开拓出的、连接各个绿洲的一段段道路，这条通道逐渐成为欧亚大陆间东西往来的交通干线。据《穆天子传》记载，公元前 10 世纪，西周周穆王西巡就沿着这条道路到达中亚的吉尔吉斯草原。① 另外，在丝绸之路出现前，在这条道路上的商队运载的不是丝绸而是玉石，那时候这条道路被称作“玉石之路”，产自阿富汗的青金石是这条道路上流通的主要商品之一。

尽管作为中西方的贸易通道在很早以前就已存在，但丝绸之路真正的辉煌和繁荣则始于西汉时期。公元前 139 年，为了联络大月氏共击匈奴，汉武帝派遣张骞出使西域，此为张骞第一次出使西域，司马迁的《史记》将此称为“凿空”之举。张骞历时 13 年，于公元前 126 年返回长安（今西安）。公元前 119 年，张骞第二次出使西域时，携带大量丝绸、金银、牲畜等，足迹到达大宛（今乌兹别克斯坦费尔干纳）、康居（今哈萨克斯坦东南）、大月氏（今阿富汗阿姆河流域）等地。从此以后，经过汉代数十年的征战与经营，西域各国实际上都已归附了汉朝，丝绸之路的东段和中段得以畅通。赴西域的汉使和商贾从长安出发，经河西走廊，出玉门关，进入新疆，再前往西域各国；西亚、中亚的商队也通过这条道路进入中国进行贸易。但在汉代的丝绸之路上，中国人并没有到达欧洲的罗马。

3. 丝绸之路贸易的兴衰

丝绸之路贸易兴起于西汉，发展于魏晋南北朝，至唐代达到鼎盛。隋唐政府沿着丝绸之路商道在西域和中亚地区建立了许多有军队把守的驿站，稳定的商品流通秩序和安全促进了唐代丝绸之路贸易的发展，出现了“无数铃声遥过碛，应驮白练到安西”的繁荣商贸景象。② 唐代是中国历史上的繁盛时代，大唐的高度文明与富足吸引了欧亚各国的商人、匠人、艺人和留学生。当时西域各国对唐朝均有大量进贡，唐朝对进贡的各国使者一律回赠丝绸等物品。安史之乱后，唐朝势力内缩，吐蕃占据丝绸之路中段，中国与

①《穆天子传》，又名《周穆王游行记》，是西周的历史神话典籍之一。

②唐朝张籍《凉州词》：“边城暮雨雁飞低，芦笋初生渐欲齐。无数铃声遥过碛，应驮白练到安西。”

中亚、西亚和欧洲各国的交往开始借助于海上航运。晚唐五代以后，随着中国经济重心的南移，以及海运事业的发展，亚欧大陆的丝绸之路贸易逐渐衰落。至宋朝时期，由于西北地区民族割据政权的阻隔，陆上丝绸之路贸易一度基本中断。

元代时期，蒙古大军摧毁了丝绸之路上设立的大量收费关卡，使商品流通变得比较顺畅，加之元朝统治者继续推行宋朝以来的对外开放政策，鼓励对外贸易，并实施了驿站制度、钞币制度及官营手工业制度，曾一度因战乱阻塞而萧条的丝路贸易再现兴旺景象。但元代沿丝绸之路大多是以宗教信仰及文化交流为使命，而不再是以商人为主导的丝绸之路了，《马可·波罗游记》①就说明了这一点。明代以后，随着明朝和清朝中央政权实施“禁海”与闭关的政策，陆上丝绸之路贸易逐渐衰落。另外，不断恶化的自然环境也使西域地区不再适合人类居住，丝绸之路基本处于荒废状态。19 世纪初，丝绸之路大规模绢马贸易在国际形势变化与沙俄的不平等条约控制下被迫停止，丝绸之路贸易逐渐走向了衰落。

（二）丝绸之路路线的演变

丝绸之路的走向基本定位于两汉时期，一般可分为三段（东、中、西段），并且每一段都可分为北、中、南三条路线。从长安出发经过河西走廊到玉门关、阳关的这一段被称为丝绸之路东段；玉门关、阳关以西到帕米尔和巴尔喀什湖以东以南地区的这一段被称为丝绸之路中段；西域道以西，南到印度，西到欧洲的中国境外路段通常被称为丝绸之路西段。在西汉时期，丝绸之路的起点是都城长安（今西安），经陇西或固原西行至金城（今兰州），通过河西走廊的武威、张掖、酒泉、敦煌四郡，出玉门关或阳关（今敦煌西），穿过白龙堆到罗布泊地区的楼兰。汉代丝绸之路分南道北道，南北两道的分岔点就在楼兰。

①马可·波罗（Marco Polo，1254—1324），世界著名的旅行家、商人。马可·波罗 17 岁时跟随父亲途经中东，历时 4 年多来到中国，在中国游历了 17 年。回国后出了一本《马可·波罗游记》（又名《马可·波罗行记》《东方闻见录》），记述了他在东方最富有的国家——中国的见闻，激起了欧洲人对东方的强烈向往之情。

1. 东段——从长安到玉门关、阳关(陕西、甘肃境内)

丝绸之路东段的三条线路均从西安出发,到武威、张掖会合,再沿河西走廊至敦煌,河西走廊是丝绸之路的必经之道。其中,丝绸之路东段的南线是西安—凤翔—天水—陇西—临夏—乐都—西宁—张掖(甘州)—酒泉(肃州)—敦煌(沙州);中线是西安—泾川—平凉—会宁—兰州—武威(凉州)—张掖—酒泉—敦煌;北线是西安—泾川—固原(原州)—靖远—武威—张掖—酒泉—敦煌。① 另外,需要指出的是,“唐蕃古道”青海段也是唐代丝绸之路的重要干道之一,即经青海西宁、柴达木,到甘肃敦煌和新疆,是公元6世纪到9世纪前半叶古代丝绸之路的一段重要干线。

2. 中段——从玉门关、阳关以西至帕米尔(新疆境内)

丝绸之路中段又被称为“西域道”,主要是中国新疆境内的三条路线,它们随绿洲和沙漠的变化而时有变迁,三条线在中途多有分岔和支路。

中线,起自玉门关,沿塔克拉玛干沙漠北缘,经罗布泊(楼兰)—吐鲁番(高昌)—焉耆(尉犁)—库车(龟兹)—阿克苏(姑墨)—喀什(疏勒)—费尔干纳盆地(大宛)。西汉时期张骞第一次出使西域,经大宛、大月氏至大夏,所走的就是中线(北道),返回时走的是南线。汉代丝绸之路的南北两道都在天山以南,狭义的丝绸之路是指张骞两次出使西域形成的基本干道。

南线,又称“于阗道”,东起阳关,沿塔克拉玛干沙漠南缘,经罗布泊(楼兰)—若羌(鄯善)—且末—民丰(精绝、尼雅遗址)—和田(于田)、莎车—喀什(疏勒)—帕米尔高原(葱岭)。

北线,又称“天山北路”,起自安西(瓜州),经哈密(伊吾)—吉木萨尔(庭州)—伊宁(伊犁)—碎叶(今吉尔吉斯斯坦楚河州)。北道从甘肃酒泉向西北行,到达哈密市的巴里坤草原,沿天山北麓,经过昌吉、奎屯、博尔塔拉蒙古自治州,翻越天山果子沟进入伊犁地区,向西行经吉尔吉斯斯坦的伊塞克湖,最终到达黑海、地中海沿岸。

①梁雪松:《遗产廊道区域旅游合作开发战略研究——以丝绸之路中国段为例》,博士学位论文,陕西师范大学旅游管理系,2007年。

3. 西段——从帕米尔往西经过中亚、西亚直到欧洲(中国境外)

自帕米尔以西直到欧洲都是丝绸之路的西段,主要指在中亚、西亚、南亚和欧洲等地区的陆路交通线路,西段的北、中、南三线分别与中段的三线相接对应。其中,经里海到伊斯坦布尔(土耳其首都)的路线是在唐朝中期开辟的。从喀什西行,越帕米尔至大月氏(阿富汗)、大宛(乌兹别克斯坦费尔干纳),由此西行可至大夏(阿富汗或巴基斯坦)、粟特(乌兹别克斯坦)、安息(伊朗)、伊斯坦布尔。

南线,起自喀什或喀什噶尔—帕米尔山—克什米尔—巴基斯坦—印度,也可从白沙瓦—喀布尔—马什哈德—巴格达—大马士革—伊斯坦布尔—欧洲。

中线,自喀什—费尔干纳盆地—撒马尔罕—布哈拉—马什哈德(伊朗),与南线会合。

北线,沿咸海、里海、黑海的北岸,经过伊宁—阿拉木图—托克玛克(碎叶)—江布尔城—阿斯特拉罕(伊蒂尔)—萨莱(俄罗斯)—萨克尔—伊斯坦布尔。

(三)丝绸之路时代的商贸和文化交流

丝绸之路历史之悠久,分布国家和地区之广泛,线路之长、沿线文化和自然遗产之多都为世所罕见。丝绸之路被喻为"世界历史展开的主轴""世界主要文化的母胎""东西方文明的桥梁"。中外学者将"古代张骞通西域"与"近代哥伦布航行到美洲"并称为影响人类历史进程的两大历史事件。①因此,就对人类文明交流的贡献而言,无论怎样评价丝绸之路所起的巨大作用都不显得过分。正如我国著名学者季羡林所说:"横亘欧亚大陆的丝绸之路,稍有历史知识的人没有不知道的。它实际上是在极其漫长的历史时期东西方文化交流的大动脉,对沿途各国、对我们中国,在政治、经济、文化、艺术、宗教、哲学等方面影响既广且深。倘若没有这样一条路,这些国家今天

①南宇、李兰军:《丝绸之路中国段跨国申报世界遗产理论与实践的意义和价值》,《宁夏大学学报》(人文社会科学版)2010 年第 10 期,第 201 ~205 页。

发展的情况究竟如何，我们简直无法想象。”①

1. 丝绸之路与商贸往来

在相当长的历史时期内，丝绸之路一直是欧亚大陆各国、各民族经贸往来和科技文化交流的主要通道，丝绸之路的兴旺与发展促进了东西方国家的贸易往来。丝绸之路贸易源于胡商组成商队进行的长途贩运，其性质属于一种转运贸易。② 胡商的商业活动包括朝贡贸易和互市贸易两种形式。古代各国到中原王朝的使节一般都要进贡“方物”，中原王朝对各国使节相应地馈赠丝绸彩帛等礼品，“进贡”与“馈赠”实质上就是一种国家贸易；另一种形式是大量的民间贸易，即各国商人组织人数较多的商队进行长途贩运。③ 胡商在丝绸之路沿线建立很多商贸据点，这些贸易据点逐渐发展成为聚落。

很多民族都是丝路贸易的参与者和经营者，包括粟特人、波斯人、突厥人、阿拉伯人、波斯人等。在各民族商人的努力下，中国中原地区的丰富物产和先进的生产技术源源不断地传入西域、中亚地区、印度、波斯、阿拉伯和地中海区域；大量工艺精美、品种繁多的丝绸和瓷器、茶叶、铁器、纸张等输入西方。自古罗马以来，西方国家的王宫贵族都以产自中国的丝绸、瓷器作为富贵的象征和时尚奢侈之物。

交流总是双向的，通过丝绸之路贸易，西方的物质文化或作为“贡品”的各类物种也传入中国。例如，草原民族的羊马类牲畜、畜产皮毛、毛织品和服饰；西亚的珊瑚、翡翠、珠宝、琉璃器、各种香料等。胡桃、石榴、葡萄、苜蓿、芝麻（胡麻）、黄瓜（胡瓜）、豌豆等各种作物成为中国人饮食文化中的新选择。原产西域的葡萄酒传至中国以后，成为中国酒文化中不可或缺的商品之一。

2. 丝绸之路与文化交流

丝绸之路不仅是一条商贸通道，也是沟通东西方文化交流的重要桥梁。

①季羡林：《〈丝绸之路贸易史研究〉序》，《兰州商学院学报》1990 年第 4 期，第 1 页。

②在唐代，“胡”的称谓特指一种外来的人种和生活文化。从西域各民族、中西亚各国，乃至欧洲，一切来自西方的人与文化全部在“胡”的概念之内。

③李瑞哲：《古代丝绸之路商队的活动特点分析》，《兰州大学学报》（社会科学版）2009 年第 5 期，第 37 ~ 44 页。

它把古代的中国文化、印度文化、波斯文化、阿拉伯文化和古希腊、古罗马文化连接了起来,对促进东西方文化交流发挥了巨大的作用。丝绸之路开通之后,中国与中亚、西亚和欧洲各民族的文化交流日益密切,欧亚各国的音乐舞蹈、宗教艺术等也都沿丝绸之路逐渐传入中国。例如,中国与西域各国的乐舞交流在汉代达到一个高潮,形成了汉代突出的历史乐舞——“百戏”。隋唐时代的宫廷乐舞中也包含了大量的外来因素,西域的服饰和乐器等曾风靡一时。《后汉书》记载:“灵帝好胡服、胡帐、胡床、胡饭、胡箜篌、胡笛、胡舞,京都贵戚皆竞为之。”①

两千多年来,丝绸之路在欧亚大陆广阔的区域一直是“东西文化交流的大动脉”。自公元初以来,由于草原民族的活动,欧亚大陆持续着数个世纪的民族大迁徙浪潮。丝绸之路的开辟几乎是与民族迁徙同时发生的,丝绸之路成为民族融合和文化交流的渠道和纽带,特别是在中亚及中国新疆地区汇聚了人类历史的几个主要文化体系:中国文化、印度文化、伊斯兰文化和希腊罗马文化。古代塞族人、匈奴、大月氏、粟特、突厥、波斯、吐蕃、鲜卑、党项、回鹘、羌族等在这一地区建立的许多王国,其历史遗迹也成为世界文明史的重要部分。由于各民族的文明荟萃,欧亚大陆腹地呈现了多元的社会和文化结构特征。

二、中国与中亚五国经贸合作关系回顾

自中亚五国独立以来,中国与中亚五国的经贸合作已经有 20 多年的历史,双边经贸合作呈良好发展的态势,贸易和投资规模不断扩大,在交通、能源、矿产资源开发、电信、农业等领域的合作全面展开。中国与中亚国家的经贸关系发展可以划分为两大时期和四个发展阶段,即起始发展和稳步发展时期、巩固扩大和深化拓展时期。

(一)起始发展和稳步发展时期

中国与中亚国家的经贸合作的第一大时期就是建交前十年,即 1992—

①[南朝·宋]范晔:《后汉书》,北京:中华书局,2006 年,第 200 页。

2001 年。这一时期又分为两个阶段。

1. 起始发展阶段(1992—1996 年)

(1)双边贸易概况

这一时期,中亚五国忙于在政治上独立之后的国家机构的构建,其经济上尚未摆脱苏联时期高度集中的计划经济,未摆脱之前的生产力布局理论,以及分工与交换理论的指导下形成的各加盟共和国之间的直接经济联系。也就是说中亚五国经济上对外依赖性强,特别是对俄罗斯的经济依赖性还很强。

1992—1996 年,中国与中亚五国的经贸关系仅限于贸易关系的往来,且中国与中亚五国贸易规模较小,双边贸易占中亚各国贸易总额的比例较低。在贸易总量上,1992 年,中国与中亚五国的贸易总额仅为 4.65 亿美元,1996 年达到 7.74 亿美元,贸易规模五年间增长了 66.8% 。其中,1996 年,中国对哈萨克斯坦双边贸易额达到 4.59 亿美元,占中国与中亚五国贸易总额的 59.3% 。(表 3 - 1)

表 3 - 1　1992—1996 年中国对中亚五国贸易状况

(单位:亿美元)

国　家	1992 年	1993 年	1994 年	1995 年	1996 年
中哈贸易额	3.69	4.34	3.35	3.90	4.59
中吉贸易额	0.35	1.02	1.05	2.31	1.05
中塔贸易额	0.03	0.12	0.03	0.24	0.12
中乌贸易额	0.53	0.54	1.24	1.19	1.87
中土贸易额	0.05	0.05	0.11	0.18	0.11
合　计	4.65	6.07	5.78	7.82	7.74

资料来源:根据中华人民共和国海关总署网站和《中国统计年鉴》公布的数据整理而成。

在贸易结构上,由于中亚各国独立不久,国内商品十分短缺,进口中国的轻工业产品弥补了其国内市场的严重不足。这一时期,中国对中亚各国出口的商品主要是纺织品、服装、鞋类、食品饮料、轻工业制成品等。中亚各国对中国出口的商品主要是原材料、废金属、矿产品、钢铁、化工产品、棉花、皮毛等。

这一时期,边境贸易占据中国与中亚国家双边贸易的主导地位。中国与中亚国家的经贸关系建立之初的最大特点就是无历史包袱,没有像苏联时期那样的政府间协定贸易,是纯粹的民间贸易,如边民互市、边境小额贸易、由边境口岸地区往内部延伸的国际承包工程和劳务输出,以及有限的直接投资等。这一切均源于中国所采取的边境贸易政策。

(2)投资技术合作状况

1992—1996 年,中国与中亚五国初步建立了保护双边投资的法律机制,签订了《关于鼓励和相互保护投资协定》等文件,构建了中国与中亚国家促进和保护投资的基本框架。这一时期,中国与中亚国家双边经济技术合作还处于起步阶段,双方投资额较少,以中小企业居多,投资领域也主要在商贸领域和服务业。有部分中小型中国公司开始在中亚国家进行投资,开办合资企业,经营范围主要集中在轻工产品生产、商贸和部分服务业领域。至 1995 年,在哈萨克斯坦正式登记的中资合资企业有 150 余家;到 1996 年,在乌兹别克斯坦注册中资企业为 80 多家;1996 年,在吉尔吉斯斯坦的中吉合资企业和中国独资企业达到 138 家。这段时期,中国对土库曼斯坦的投资项目较少;由于塔吉克斯坦爆发内战等各种因素,中国对塔吉克斯坦的投资很少,几乎处于空白状态。

(3)标志性事件

1992—1996 年,中国与中亚国家经贸合作的标志性事件主要有以下三个。

中国与中亚各国建交。1992 年,时任外经贸部部长的李岚清,作为中国国家主席的特使遍访中亚五国,与各国签署了建交的协议。1992 年 1 月 2 日,李岚清率中国政府代表团访问乌兹别克斯坦,两国建立外交关系;1992

年1月3日,中国政府代表团访问哈萨克斯坦,双方签署了两国建交公报,中哈正式建交;1992年1月4日,中国与塔吉克斯坦签署建交联合公报;1992年1月5日,中国与吉尔吉斯斯坦签署中吉建交联合公报;1992年1月6日,中国与土库曼斯坦建立正式的外交关系。

开通中国与哈萨克斯坦、吉尔吉斯斯坦、塔吉克斯坦等国的边境口岸。20世纪80年代末,中国在沿海开放成功推进的基础上,开始实施沿边开放战略,同时制定了一系列边境贸易优惠政策,进一步放宽边境贸易经营主体,放宽边境贸易进出口管制。中国与中亚各国口岸设施的建设在这一时期进入高潮。中亚各国独立后,中国陆续开通了新疆与哈萨克斯坦、吉尔吉斯斯坦、塔吉克斯坦等国的边境口岸。1992年中国开放的边境口岸主要包括巴克图口岸、吉木乃口岸、都拉塔口岸、木扎尔特口岸等。

第二座亚欧大陆桥的正式开启。1990年,第二座亚欧大陆桥(新亚欧大陆桥)全线贯通,新疆阿拉山口铁路口岸正式开通。“第二亚欧大陆桥”是从中国江苏连云港市出发,到荷兰鹿特丹港口的铁路联运线,全长10 900千米,辐射世界30多个国家和地区。新亚欧大陆桥比西伯利亚大陆桥缩短陆上运距2 000～2 500千米,到中亚、西亚各国的优势更为突出。自此中国与中亚各国的经贸货物往来有了独立的国际大通道。

2. 稳步发展阶段(1997—2001年)

(1)双边贸易概况

在贸易总量上,1997年,中国与中亚五国的双边贸易总额为8.71亿美元,2000年增长到18.19亿美元。2001年,中国与中亚五国的贸易总额达到15.07亿美元,是1997年的1.73倍。在国别方面,2001年,中国对哈萨克斯坦的双边贸易额增长到12.87亿美元,占当年中国与中亚五国贸易总额的85.40%,是1997年中哈贸易额的2.44倍。除哈萨克斯坦之外,中国与中亚其他国家的双边贸易规模和所占比重都较小。(表3-2)

表 3-2　1997—2001 年中国对中亚五国贸易状况

（单位：亿美元）

国　家	1997 年	1998 年	1999 年	2000 年	2001 年
中哈贸易额	5.27	6.35	11.38	15.57	12.87
中吉贸易额	1.06	1.98	1.35	1.78	1.18
中塔贸易额	0.20	0.19	0.08	0.17	0.11
中乌贸易额	2.03	0.90	0.40	0.51	0.58
中土贸易额	0.15	0.13	0.09	0.16	0.33
合　计	8.71	9.55	13.30	18.19	15.07

资料来源：根据中华人民共和国海关总署网站和《中国统计年鉴》公布的数据整理而成。

在贸易结构上，中国对中亚五国出口商品仍是以纺织、服装、食品和轻工业产品为主，但针对不同的国家也略有变化。这一时期，中国对哈萨克斯坦出口商品层次有了一定提升，由食品饮料类和轻工业产品为主过渡到以机电产品和纺织品为主，其中，机电产品贸易增长迅速。中国从中亚五国的进口商品结构变化也不大。例如，从哈萨克斯坦进口钢铁、铜、铝等贱金属及其制品，从乌兹别克斯坦进口棉花、丝、皮革、化工产品等，从吉尔吉斯斯坦和塔吉克斯坦进口废金属、矿产品、棉花、铜铝及其制品、生丝等，从土库曼斯坦进口棉花和棉纱线等产品。

在贸易方式上，这一时期，中国对中亚五国仍以边境贸易为主。边境贸易继续发挥重要作用，易货贸易方式基本消失。例如，边境贸易方式占中国与吉尔吉斯斯坦双边贸易的比例基本都在 80% 以上。中国与中亚五国的贸易主体仍然是以个体工商户和中小企业为主。

在贸易对象方面，这一时期，由于中国与中亚国家的贸易规模较小，中国还不是中亚各国的主要贸易伙伴。例如，1997 年和 2001 年，中土双边贸易额分别仅占土库曼斯坦对外贸易总额的 0.3% 和 0.7%；2001 年，中国只是乌兹别克斯坦的第九大进口来源国。但由于中国与哈萨克斯坦的贸易增速更快,至 2001 年,中国就成为哈萨克斯坦第四大出口市场和第五大进口来源地。

(2)投资技术合作状况

1997—2001 年,中国与中亚国家的经贸合作最大特点是以贸易为主导,投资开始进入。在中亚各国经历了成为独立主权国家初期的喜悦和混乱之后,力图摆脱俄罗斯的控制,开始寻求经济上独立的发展之路。为此,各国均寻求贸易投资多元化,与中国、美国、欧盟、加拿大、日本、韩国、土耳其、伊朗等国建立良好的关系。中国在这一时期不仅打开了中亚的商品市场,还成功地进入了其投资领域。资源开发、建筑工程、制造业等方面的直接投资均取得了一定的成效。

在国别方面,1997 年,中国对哈萨克斯坦直接投资达到 3.1 亿美元,超过 1992—1996 年的总和。特别是,1997 年中国石油天然气集团公司与哈方签订了购买阿克纠宾斯克油气股份公司 60.3% 股权的协议,标志着中哈能源合作的开始。至 2001 年底,中国对哈萨克斯坦累计投资金额已达 7.6 亿美元。

这一时期,中国对中亚其他国家的投资规模都较小。至 2001 年,中国对乌兹别克斯坦投资总额约为 600 万美元,注册中资企业 106 家,主要是贸易公司。中国企业在吉尔吉斯斯坦和塔吉克斯坦投资主体以小企业为主,主要集中于商业、轻工业、食品加工业等领域,有实力的中国大企业基本没有进入这两个国家的市场。这段时期,中国与土库曼斯坦两国在油井维修方面开始合作。2000 年 7 月,签署《中土在石油天然气领域合作的谅解备忘录》,两国开始探索在能源领域的合作。

(3)标志性事件

这一时期,中国与中亚国家经贸合作的标志性事件主要有以下两个。

上海合作组织的成立。上海合作组织的成员国包括中国、俄罗斯、哈萨克斯坦、乌兹别克斯坦、吉尔吉斯斯坦和塔吉克斯坦,2001 年 6 月 15 日,这 6 个成员国签署了《上海合作组织成立宣言》《关于打击恐怖主义、分裂主义和宗教激进主义公约》等文件。上海合作组织的成立是中国与中亚区域合作的一个里程碑式的事件,中国通过该组织逐渐推进与中亚区域经济合作的发展。

中亚国家之间探讨建立区域经济合作机制,形成了欧亚经济共同体等区域性组织。欧亚经济共同体成立于2000年10月,成员国包括俄罗斯、哈萨克斯坦、吉尔吉斯斯坦、塔吉克斯坦等。创立欧亚经济共同体的主要目标是分阶段推动一体化,推动成员国建立统一空间框架下的关税同盟和建立统一的经济空间(共同市场)。2015年1月1日欧亚经济联盟成立之后,已全面替代其所有功能。当前,欧亚经济联盟已经成为中亚地区经济领域合作程度最高、涉及面最广的合作机制,是俄罗斯和中亚国家对外经济合作的优先选择。

(二)巩固扩大和深化拓展时期

中国与中亚国家经贸关系发展的第二大时期就是21世纪的前10年,即2002—2011年。这一时期也可分为两个阶段。

1. 巩固扩大阶段(2002—2006年)

(1)双边贸易概况

这一时期是中国与中亚国家经贸合作的大发展阶段。在贸易总量上,2002年,中国与中亚五国的贸易总额为22.86亿美元,2006年,双边贸易额达到120.56亿美元,5年间贸易总额增长了4.27倍。其中,中哈双边贸易额由2002年的18.55亿美元增长到2006年的83.58亿美元,增长了3.5倍,年均增长率达到47.2%;中乌贸易总额5年间增长了6.5倍,这主要是由中方进口额大幅增加所带动;中吉双边贸易额5年间增长了10倍以上,年平均增幅高达70%以上;2006年,中塔双边贸易总额是两国2002年的26倍多,其中,中方出口贸易额增长了47倍;2002—2006年,中土双边贸易额也增长了一倍多。哈萨克斯坦和吉尔吉斯斯坦是中国在中亚地区的主要贸易伙伴,2006年,中哈双边贸易额占当年中国与中亚五国贸易总额的69.3%;中吉贸易额占中国与中亚五国贸易总额的18.5%。(表3-3)

表 3-3　2002—2006 年中国对中亚五国贸易状况

（单位：亿美元）

国　家	2002 年	2003 年	2004 年	2005 年	2006 年
中哈贸易额	18.55	32.86	44.98	68.10	83.58
中吉贸易额	2.01	3.14	6.02	9.72	22.26
中塔贸易额	0.12	0.39	0.69	1.58	3.24
中乌贸易额	1.30	3.50	5.80	6.80	9.70
中土贸易额	0.88	1.13	0.98	1.10	1.78
合　计	22.86	41.02	58.47	87.30	120.56

资料来源：根据中华人民共和国海关总署网站和《中国统计年鉴》公布的数据整理而成。

这一时期，由于贸易增长迅速，中国与中亚国家的双边贸易额占中亚各国外贸总额的比重迅速上升。2006 年，中国成为哈萨克斯坦的第四大出口国和第二大进口国；中乌贸易占乌兹别克斯坦对外贸易总额的 6.5%，中国成为乌兹别克斯坦的第四大贸易伙伴；中塔双边贸易额占塔吉克斯坦外贸总额的 10.4%，位列塔吉克斯坦外贸伙伴的第三位；中吉双边贸易额达 22.26亿美元，中国成为吉尔吉斯斯坦的第一大贸易伙伴国。

在贸易结构方面，这段时期，中国对中亚各国出口的商品以纺织服装、食品、轻工产品为主，机电产品、高科技产品在贸易中的比重逐步提高，中国的程控电话和移动通信设备等机电产品开始进入中亚各国市场。同时中国从中亚国家进口商品的结构也有一些变化。中哈原油管道建成之后，中国自哈萨克斯坦进口的能源类产品大幅增长；乌兹别克斯坦对中国出口的主要商品有棉花、肥料、乙烯聚合物和石油产品；吉尔吉斯斯坦和塔吉克斯坦向中国出口的商品主要是废旧金属、矿产品、羊毛、棉花等产品。

在贸易方式上，这一时期，中国对中亚各国双边贸易仍以边境贸易为主，但贸易方式更趋多元化发展，主要包括现汇贸易、旅游购物、寄售、租赁等。新疆已经成为中国对中亚各国开展贸易中的主要承担区。

(2)投资技术合作状况

2002—2006 年,中国对中亚各国投资出现显著增长,越来越多的中国公司赴中亚国家投资,投资规模增长迅速。在国别方面,中国对哈萨克斯坦的直接投资存量从 2003 年的 0.19 亿美元增加到 2006 年的 2.76 亿美元;2006 年,中国对乌兹别克斯坦非金融类直接投资存量为 1 497 万美元,与 2003 年相比增长了 3.6 倍;2006 年,中国对吉尔吉斯斯坦投资额达到 1.25 亿美元,直接投资流量每年递增 100% 以上;2006 年初,中国对塔吉克斯坦实际投资额近 1 200 万美元;中国对土库曼斯坦的投资主要集中于石油天然气和运输通讯领域。

这一时期,中哈在能源合作领域取得重大突破,其标志为中哈原油管道的建成。此外,中国和土库曼斯坦天然气合作也出现了较大进展,2006 年,中、土两国签署了《关于实施中土天然气管道项目和土向中出口天然气的协议》。土库曼斯坦计划每年将经中亚天然气管道,向中国输送天然气 300 亿立方米。

中国在乌兹别克斯坦的投资改变了以往局限于商贸领域的状态,开始逐渐向农业、石油、机械设备、化工及基础设施建设等领域倾斜。中国在吉尔吉斯斯坦的投资还涉及矿产资源开发和冶炼、承包工程、通信服务、运输、餐饮服务等多个领域。至 2006 年底,中国与塔吉克斯坦签订工程承包和对外劳务合同额 4.44 亿美元,完成营业额 6 465 万美元,这些工程项目的融资大部分以中国提供优惠贷款或无偿援助为主。这一时期,中国继续向中亚各国提供多次无偿经济援助和贷款,其中包括向上海合作组织成员国提供金额为 9 亿美元的优惠出口买方信贷等项目。

(3)标志性事件

2002—2006 年,中国与中亚国家经贸合作的标志性事件主要有三个。

2003 年《上海合作组织多边经贸合作纲要》的正式签署。《纲要》明确了区域经济合作的近、中、远期目标,提出上海合作组织经贸合作的远期(2020 年前)目标是:在互利基础上,最大效益地利用区域资源,为贸易投资创造有利条件,以逐步实现货物、资本、服务和技术的自由流动。这标志着该组织区域经济合作开始有序启动,贸易投资便利化和经济合作取得初步成效。

中国大企业逐渐成为开拓中亚市场的主力军。随着中国与中亚国家在交通、能源、矿产资源开发、电讯、农业等领域的项目合作逐步展开，中国石油、电信、承包工程等领域有实力的大企业逐步进入中亚市场，并逐渐成为中国开拓中亚市场的主力军。这些大企业主要包括：中石油、中石化、中化集团、中兴通讯、华为公司、中国水电、中国地质工程公司、中建总公司、中国路桥集团、国家开发银行、工商银行等。

中哈霍尔果斯国际边境经济合作中心开始建设，这也标志着中哈双边经贸关系中跨境合作迈上新台阶。

2. 深化拓展阶段（2007—2014 年）

（1）双边贸易概况

这一时期，中国与中亚国家的经贸关系取得了突破性的进展。在贸易总量上，2007 年，中国与中亚五国的贸易总额为 196.6 亿美元。2011 年贸易额达到 396.5 亿美元，贸易总额增长了一倍多。其中，中哈双边贸易额由 2007 年的 138.8 亿美元增长到 2011 年的 249.5 亿美元，增长了 79.8% 。随着中哈石油管线的建成，中国自哈萨克斯坦进口石油大幅增长，中国对哈萨克斯坦贸易出现逆差。中吉双边贸易额从 2007 年的37.8亿美元增加到 2011 年的 49.8 亿美元，增长了 31.7% ，特别是，2008 年中吉双边贸易额甚至达到了创纪录的 93.3 亿美元。

2007 年，中乌双边贸易额为 11.3 亿美元，2011 年两国双边贸易额为 21.7 亿美元，增长了 92% 。中塔双边贸易额由 2007 年的 5.2 亿美元上升到 2011 年的 20.7 亿美元，增长了2.98倍。中土双边贸易额增长更显著，由 2007 年的 3.5 亿美元上升到 2011 年的 54.8 亿美元，增长了 14.6 倍。（表 3－4）

2012 年，中国与中亚五国的贸易总额上升至 459.6 亿美元，同比增长 15.9% ；2013 年，中国与中亚五国的贸易总额达到历史新高 502.5 亿美元，同比增长 9.3% ；2014 年，中国与中亚五国的贸易总额为 449.99 亿美元，同比下降 10.5% 。（表 3－4）目前，中国是哈萨克斯坦和土库曼斯坦的最大贸易伙伴，是乌兹别克斯坦、吉尔吉斯斯坦和塔吉克斯坦的第二大贸易伙伴。

表 3－4　2007—2014 年中国对中亚五国贸易状况

（单位：亿美元）

年　份	中哈贸易额	中吉贸易额	中塔贸易额	中乌贸易额	中土贸易额	合　计
2007	138.8	37.8	5.2	11.3	3.5	196.6
2008	175.5	93.3	15	16.1	8.3	308.2
2009	140	53.3	14.1	19.1	9.6	236.1
2010	204.1	42	14.3	24.8	15.7	300.9
2011	249.5	49.8	20.7	21.7	54.8	396.5
2012	256.9	51.6	18.57	28.8	103.7	459.6
2013	285.9	51.38	19.58	45.3	100.34	502.5
2014	224.2	52.98	25.41	42.7	104.7	449.99

资料来源：根据中华人民共和国海关总署网站和《中国统计年鉴》公布的数据整理而成。

在多数情况下，中国对中亚五国的出口大于进口。但由于连接中国与中亚五国的石油和天然气管道陆续开通运营，2006 年中哈原油管道建成运营，2009 年土库曼斯坦—乌兹别克斯坦—哈萨克斯坦—中国的天然气管道建成，这样极大促进了中亚五国向中国的出口。2010 年以后，中国对哈萨克斯坦和土库曼斯坦均出现较大贸易逆差。

在贸易对象方面，2011 年，中国成为哈萨克斯坦第一大出口对象国和第二大进口来源国。在乌兹别克斯坦的贸易伙伴排名中，中国从 2007 年的第五位上升为 2011 年的第三位。2010—2011 年，中国成为塔吉克斯坦第二大贸易伙伴和最大出口市场。2011 年，中、土双边贸易额占土库曼斯坦总贸易额的 19.5%，中国成为土库曼斯坦最大的贸易伙伴国。吉尔吉斯斯坦作为中亚五国的"自由港"，目前已经成为中国出口商品的集散地，中国已经是吉尔吉斯斯坦的第二大贸易伙伴。

在贸易结构上，这一时期，中国对中亚五国出口商品仍以纺织、轻工产品和机电产品为主，机电产品和高新技术产品出口份额有所上升。中国从哈萨克斯坦进口仍以能源、矿产等资源产品为主，石油进口所占比重进一步上升；中国从乌兹别克斯坦进口商品主要是棉花、金属、塑料等；中国从吉尔吉斯斯坦进口商品依然以原材料和初级产品为主；中国从塔吉克斯坦进口的主要商品有矿产品、农产品、贱金属等。自2009年中亚管线通气后，中国从土库曼斯坦进口商品90%以上是天然气等矿物燃料。

在贸易方式上，2010年俄白哈关税同盟成立后，由于哈萨克斯坦提高了关税税率，严格实施了海关边检措施，严打“灰色清关”，中国对哈边境贸易受到一些负面影响。这一时期，边境贸易占中吉和中塔双边贸易比重也有所减少，一般贸易所占比重开始上升。

（2）投资技术合作状况

至2013年，中国对中亚五国的直接投资存量超过88.9亿美元。如果将能源资源开发和金融类投资包括在内，中国对中亚五国的投资超过500亿美元（包括直接投资和间接投资）。这些投资涉及油气、交通、电信、农业、化工、铁路和电站设备、基础设施等多个领域，尤其是在工程承包领域取得较大进展，一系列大型合作项目已顺利实施。

在国别方面，据中华人民共和国商务部统计，2011年，中国对哈萨克斯坦直接投资流量与存量分别为5.81亿美元和28.58亿美元；2013年，中国对哈萨克斯坦直接投资流量与存量分别达到8.1亿美元和69.6亿美元，中国对哈萨克斯坦直接投资存量占中国对中亚五国直接投资总额的78.2%，位列中国对中亚五国直接投资额的第一位。（表3-5）2007—2011年，中哈能源合作取得重大进展，其标志为中哈原油管道二期工程、中哈天然气管线一期工程的建成通油、通气，以及中哈天然气管道二期工程的开工建设。另外，2011年12月，中哈霍尔果斯国际边境合作中心建成并开始运营。

2007—2011年，中国对吉尔吉斯斯坦直接投资流量增加了9倍，至2013年，中国对吉尔吉斯斯坦直接投资流量与存量分别为2.03亿美元和8.86亿美元，位列中国对中亚五国直接投资额的第二位。至2013年，中国对乌兹别克斯坦的直接投资存量为1.98亿美元，对乌总投资额已超过40亿美元，成为乌兹别克斯坦的第一大投资国。2011年，中乌天然气管道乌兹别克斯坦段已开工建设。至2013年，中国对塔吉克斯坦直接投资存量为5.99亿美元。2006年之后，中国对土库曼斯坦直接投资增长加快。至2013年，中国

对土库曼斯坦直接投资存量为2.53亿美元。(表3-5)

表3-5 2010—2013年中国对中亚五国直接投资额一览表

(单位:亿美元)

国家	2010年		2011年		2012年		2013年	
	投资流量	投资存量	投资流量	投资存量	投资流量	投资存量	投资流量	投资存量
中国对哈萨克斯坦	0.36	15.9	5.81	28.58	29.96	62.5	8.1	69.6
中国对吉尔吉斯斯坦	0.82	3.94	1.45	5.25	1.61	6.62	2.03	8.86
中国对塔吉克斯坦	0.15	1.92	0.22	2.16	2.34	4.76	0.72	5.99
中国对乌兹别克斯坦	-0.04	0.83	0.88	1.56	-0.27	1.46	0.44	1.98
中国对土库曼斯坦	4.5	6.58	-3.83	2.76	0.12	2.88	-0.32	2.53
合计	5.79	29.17	4.53	40.31	33.76	78.22	10.97	88.96

资料来源:根据2010—2013年《中国对外直接投资统计公报》公布的数据整理而成。

(3)标志性事件

2007—2011年间,中国与中亚国家经贸合作的标志性事件主要有三个。

中哈石油管线的开通运营。这是中国能源领域国际合作的重大进展,具有里程碑意义。石油管线的开通不仅拓展了中哈双边的合作,而且对于中国与俄罗斯能源领域的合作也是巨大的外部推动力量。自2006年5月中哈原油管道投入商业运营以来,中国通过该管道进口原油量以年均20%的速度递增,至2012年底,中国通过该管线已累计进口管输原油5 080万吨,贸易值达328.5亿美元,成为名副其实的"中国西部能源大动脉"。

中国与中亚天然气管线的开通运营。中国-中亚天然气管道是中国修建的第一条跨国天然气管道,西起土库曼斯坦和乌兹别克斯坦边境,穿越乌兹别克斯坦中部和哈萨克斯坦南部地区,经新疆霍尔果斯口岸入境。该管道线路总长度为1 830千米,年设计输气量为300亿至400亿立方米,工程总造价约为200亿美元,境内与中国西气东输二线管道相连。这条从土库曼斯坦起始经乌兹别克斯坦、哈萨克斯坦到新疆的输气管线,使中国与中亚最重要的几个资源富集国家牢牢地联结在一起,对于推动中国与各国双边其他领域的合作起到了示范作用。

2010 年中国召开了第一次中央新疆工作座谈会。乌鲁木齐商品贸易洽谈会升格为中国 - 亚欧博览会,成为中国与中亚、西亚等地区经贸合作交流的重要平台。此外,中国还建立了欧亚论坛(西安主办)等具有一定影响的交流平台。

三、中国与哈萨克斯坦经贸合作历史与现状

(一)中国与哈萨克斯坦双边贸易

1. 贸易规模及差额

据中国海关统计,从 1992 年中哈贸易开始单独统计以来,两国贸易总额从 1992 年的 3.7 亿美元增长到 2011 年的 249.5 亿美元,20 年间增长了66.4 倍。其中,中国出口额由 1992 年的 2.3 亿美元增长到 2012 年的 95.7 亿美元,增长了 40.6 倍;中国自哈萨克斯坦进口贸易总额由 1992 年的 1.41 亿美元增长到 2011 年的 153.9 亿美元,增长了 108.9 倍。据中方统计,1992—2010 年,哈萨克斯坦与中国的进出口贸易额平均占中亚五国与中国贸易总量的66% 。[①] 2011 年、2012 年,中哈双边贸易额分别为 249.5 亿美元、256.9 亿美元。2013 年,中哈双边贸易总额达到历史新高 285.9 亿美元,同比增长11.3% ,其中,中方出口贸易总额 125.5 亿美元,进口贸易总额 160.5 亿美元。2014 年,中哈双边贸易额大幅下降至 224.2 亿美元,同比下降 21.6% ,其中,中方出口额为 127.1 亿美元,进口额为 97.1 亿美元。(表 3 -6)

在贸易平衡方面,据中方统计,2009 年前,中国对哈萨克斯坦保持有小幅贸易顺差。2010 年后,随着中哈石油管线的建成,中国自哈萨克斯坦进口石油大幅增长,中方贸易逆差规模不断扩大。2011 年中方贸易逆差达到 58.2 亿美元。之后中方贸易逆差有所减少,2014 年中方实现贸易顺差 30 亿美元。

①资料来源:根据 2013 年中国海关公布的统计数据整理而成。

表 3－6　2007—2014 年中国与哈萨克斯坦双边贸易状况

年　份	贸易总额（亿美元）	总额增长（%）	出口额（亿美元）	出口增长（%）	进口额（亿美元）	进口增长（%）	贸易差额（亿美元）
2007	138.8	66	74.5	57.7	64.3	78.3	10.2
2008	175.5	26.5	98.2	31.9	77.3	20.2	20.9
2009	140	－20.2	77.5	－21.1	62.6	－19.1	14.9
2010	204.1	44.5	93.2	19	110.9	76.1	－17.7
2011	249.5	22	95.7	2.6	153.9	38.2	－58.2
2012	256.9	3	114.4	19.5	140.8	－8.5	－26.4
2013	285.9	11.3	125.5	9.7	160.5	14	－35
2014	224.2	－21.6	127.1	1.3	97.1	－39.5	30

资料来源：根据中华人民共和国海关总署网站公布的数据整理而成。

哈萨克斯坦的主要贸易伙伴一直是俄罗斯等独联体国家、欧盟国家、中国等。2006 年，中国是哈萨克斯坦的第四大出口国和第二大进口国。2011 年，中国成为哈萨克斯坦第一大出口对象国和第二大进口来源国。据哈萨克斯坦统计委员会统计，2010 年哈中贸易额为 140.9 亿美元，其中出口额为 101.2 亿美元，同比增长 71.9%；进口额为 39.6 亿美元，同比只增长11.1%，哈对华贸易顺差 61.6 亿美元。2011 年，哈中的双边贸易额为 213.1 亿美元，同比增长 51.1%，其中，哈对中国出口额为 162.9 亿美元，在哈出口总额中的占比为 18.5%，排名第一位。哈自中国进口额为 50.21 亿美元，在哈进口总额中的占比为 13.2%，排名第二位。2011 年，哈对华贸易顺差 112.7 亿美元，同比增长 82.9%。哈中贸易额在哈外贸总额中的占比为 16.9%，中国是哈国第二大贸易伙伴，仅次于俄罗斯。①

据哈萨克斯坦海关统计，2012 年哈中双边贸易额为 216 亿美元，同比增长 1.8%，占哈进出口贸易总额的 16.3%；其中哈方出口额为 142 亿美元，哈方进口

①哈方统计数据小于中方的主要原因是：哈方没有统计边境贸易方式下的纺织品、服装日用品项目。

额为74亿美元。2013年哈中贸易总值达225.2亿美元,同比增长3.9%。其中,哈向中国出口额为143.3亿美元;哈从中国进口额为81.9亿美元。中国仍是哈第二大贸易伙伴国。2014年哈中双边贸易进出口额为172.5亿美元,同比下降23.4%。其中,哈国对中国出口额为98.1亿美元,同比下降31.7%,占其出口总额的13.4%;哈国自中国进口额为74.4亿美元,同比下降9.2%,占其进口总额的27.5%。哈国贸易顺差为23.7亿美元。(表3-7)

表3-7 1999—2014年哈萨克斯坦与中国双边贸易状况

(单位:亿美元)

年份	出口金额	出口占比(%)	出口增幅(%)	进口金额	进口占比(%)	进口增幅(%)	进出口总额		哈国贸易顺差
							金额	增幅(%)	
1999	4.7	8	—	0.8	2.2	—	5.5	—	3.9
2000	6.7	7.6	43.4	1.5	3	89.2	8.2	50	5.2
2001	6.6	7.6	-2.1	1.7	2.7	13.9	8.3	0.8	4.9
2002	10.2	10.6	55.1	3.1	4.7	82	13.3	60.7	7.1
2003	16.5	12.8	61.6	5.2	6.2	67.3	21.7	62.3	11.3
2004	19.7	9.8	19	7.6	5.9	44.8	27.3	25.2	12.1
2005	24.2	8.7	23.2	12.5	7.2	65.1	36.7	34.9	11.7
2006	35.9	9.4	48.2	19.2	8.1	53.8	55.1	50.1	16.7
2007	56.4	11.8	57	35.1	10.7	82.2	91.5	65.8	21.3
2008	76.8	10.8	36.1	45.7	12	30.3	122.5	33.8	31.1
2009	58.9	13.6	-23.3	35.7	12.6	-21.8	94.6	-22.7	23.2
2010	101.2	17.1	71.9	39.6	13.3	11	140.8	48.9	61.6
2011	162.9	18.5	60.9	50.2	13.2	26.8	213.1	51.1	112.7
2012	142	16.5	-12.8	74	16.1	47.4	216	1.8	68
2013	143.3	17.4	0.7	81.9	16.8	10	225.2	3.9	61.4
2014	98.1	13.4	-31.7	74.4	27.5	-9.2	172.5	-23.4	23.7

资料来源:根据哈萨克斯坦国家调节署公布的2003—2007年统计年鉴,及哈萨克斯坦海关统计的2008—2014年的对外贸易数据整理而成。

2. 贸易结构

在贸易结构上,中国对哈国出口以纺织、轻纺类产品和机电产品为主,近年来,机电产品出口增长较快。哈萨克斯坦出口商品以矿产品为主,矿物燃料、矿物油产品(主要为石油)为哈最主要出口产品,其次为贱金属及制品。例如,2011 年,中国从哈国进口石油占全部进口总额的 62.81% ,中国自哈进口的其他类产品主要是钢铁、铜、锌等贱金属和部分化学品。据中华人民共和国商务部统计,2014 年,哈萨克斯坦对中国出口矿产品金额为 63.7 亿美元,占哈对中国出口总额的 64.9% ,为哈萨克斯坦对中国出口的第一大类商品;出口额大的还有贱金属及制品,2014 年出口额为 19.5 亿美元,占哈萨克斯坦对中国出口总额的 19.9% ;化工产品对中国出口额为 11.9 亿美元,占对中国出口总额的12.2% 。哈萨克斯坦自中国进口的主要商品是机电产品,2014 年进口额为 31.6亿美元,占哈萨克斯坦自中国进口总额的 42.5% ;贱金属及其制品进口额为 8.5 亿美元,占自中国进口总额的 11.4% ;纺织品及原料进口额为 6 亿美元,占哈萨克斯坦自中国进口总额的 8.1% 。(表 3 –8)

表 3 – 8　2014 年中国对哈萨克斯坦贸易额前五位商品及其金额

中方出口状况			中方进口状况		
HS 编码	商品名称	金额(亿美元)	HS 编码	商品名称	金额(亿美元)
第 84 章	核反应堆、锅炉、机械器具及零件	19.9	第 27 章	矿物燃料、矿物油及其产品;沥青等	51.7
第 85 章	电机、电气、音像设备及其零附件	11.73	第 28 章	无机化学品;贵金属等化合物	11.94
第 73 章	钢铁制品	5.65	第 74 章	铜及其制品	11.54
第 64 章	鞋靴、护腿和类似品及其零件	4.72	第 26 章	矿砂、矿渣及矿灰	11.05
第 87 章	车辆及其零附件,但铁道车辆除外	3.61	第 72 章	钢铁	3.7

资料来源:根据中华人民共和国商务部公布的《2014 年国别贸易报告》整理而成。

（二）中国与哈萨克斯坦投资合作

1. 中国对哈萨克斯坦投资规模

中国对中亚国家的投资主要集中在哈萨克斯坦和吉尔吉斯斯坦两国。据哈萨克斯坦投资委员会和央行统计，1993—2010 年，对哈萨克斯坦投资排名前十位国家的累计投资总额达 996.35 亿美元，占哈萨克斯坦引进对外直接投资（FDI）①总额的 78.67%。其中，荷兰第一位（占总额的 21.76%），美国第二位（占总额的 16.14%），英国第三位（占总额的 8.18%）。哈萨克斯坦累计自中国引进直接投资额为 45.897 亿美元，占到同期哈萨克斯坦累计引进外资总额的 4 %，排名第七位。② 2011 年哈萨克斯坦自中国引进的直接投资额为11.618 亿美元，同比增长 30.7%。至 2011 年底，中方累计对哈直接投资额为 57.51 亿美元，占哈累计吸引对外直接投资总额的 3.92%。（表3－9）

表 3－9　2000—2011 年中国对哈萨克斯坦直接投资额一览表

年　份	当年投资额（亿美元）	同比增长（%）	累计投资额（亿美元）
2000	0.901	81.7	5.514
2001	2.119	135.2	7.633
2002	0.647	－69.5	8.28
2003	2.486	281.5	10.748
2004	3.878	57.1	14.626
2005	2.161	－44.3	16.787
2006	3.629	67.9	20.416
2007	3.582	－1.3	24.020
2008	6.925	93.3	30.95
2009	6.063	－12.4	37.01
2010	8.889	46.6	45.897
2011	11.618	30.7	57.510

资料来源：根据哈萨克斯坦国家银行网站公布的数据整理而成。

①对外直接投资（FDI）：以控制企业部分产权、直接参与企业管理为特征，以获取利润为目标的资本对外输出，可分为创办新企业和控制外国企业股权两种形式。

②资料来源：根据哈萨克斯坦国家银行网站公布的数据整理而成。

俄白哈关税同盟建立后，中国对哈萨克斯坦投资出现大幅增长。据哈萨克斯坦中央银行统计，2012 和 2013 年，哈自中国引进的直接投资额分别为 24.2 亿美元和 22.5 亿美元。至 2013 年底，外国对哈萨克斯坦直接投资存量为 1 240.75 亿美元，中国对哈萨克斯坦直接投资存量为 56.7 亿美元，占外国对哈萨克斯坦直接投资存量总额的4.57%，排名第四位。① 据《2013 年度中国对外直接投资统计公报》数据，2011—2013 年，中国对哈萨克斯坦的直接投资流量分别为 5.81 亿美元、29.96 亿美元和 8.11 亿美元。至 2013 年底，中国对哈萨克斯坦的非金融类直接投资存量为69.57亿美元，位列中国对中亚五国直接投资额的第一位。（图 3－1）②

另据哈萨克斯坦央行统计，截至 2013 年底，哈萨克斯坦对中国各类投资总额为 23.98 亿美元，其中对华直接投资额为 1.4 亿美元，主要集中在中国新疆地区。

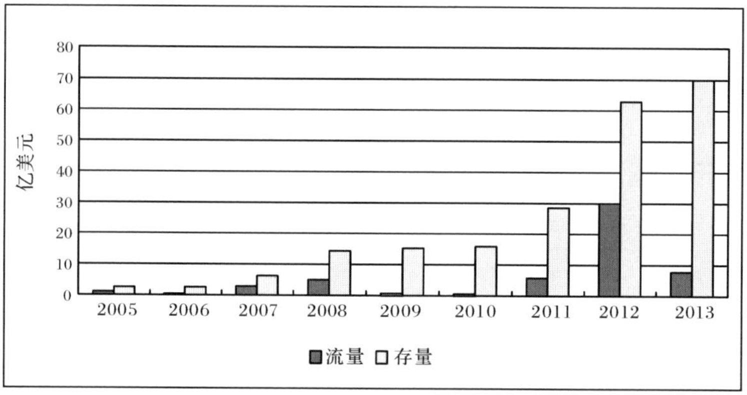

图 3－1　2005—2013 年中国对哈萨克斯坦直接投资状况

资料来源：根据《2013 年度中国对外直接投资统计公报》发布的数据整理而成。

①资料来源：《对外投资合作国别（地区）指南——哈萨克斯坦（2014 年版）》。

②中华人民共和国商务部、中华人民共和国国家统计局、国家外汇管理局：《2013 年度中国对外直接投资统计公报》，北京：中国统计出版社，2004 年，第 46 页。

2. 中国对哈萨克斯坦投资的主要企业

据哈方统计，截至2013年，在哈萨克斯坦注册的中资企业有2 800家，主要涉及石油、矿产资源开发、建筑、建材、通信、餐饮等行业。中国企业对哈萨克斯坦直接投资的产业分布较广，中国大型跨国企业在哈萨克斯坦投资主要分布于采矿业（如中石油、中石化、中海油等）、制造业（如中兴通讯、华为、中化集团等）、地质勘探业（东方物探、中石化国际勘探开发公司等）、金融业（如国家开发银行、中国银行、工商银行等）、建筑业（如中国水电、中国地质工程公司、中石油工程建设公司、中建总公司等）。特别是在能源领域，当前中国公司已占哈萨克斯坦石油开采额的23% ~24%，天然气开采额的11% ~12%。

另外，还有一些中小企业在哈萨克斯坦的制造业、批发和零售业进行了卓有成效的投资，其中，新康番茄加工厂、茂林有限公司、亚联中国商贸城等企业，已经在哈萨克斯坦形成了较稳定的市场和知名度。新疆在哈注册企业300多家，总投资额4.3亿美元，目前实际运作的企业约60家。

3. 中国对哈萨克斯坦投资的重大项目

中国在哈萨克斯坦投资的主要项目有中哈原油管道、中哈天然气管道、哈萨克斯坦阿克纠宾斯克油田、卡布扎奇油田、哈萨克斯坦PK石油公司、里海盆地东缘中区石油勘探、巴甫洛达尔电解铝厂、中兴CDMA 450项目、阿斯塔纳北京大厦、中哈金矿开采项目、马伊纳克水电站等。

其中，中哈原油管道是我国第一条陆上原油进口管道。2004年7月，中国石油天然气勘探开发公司和哈萨克斯坦国家石油运输股份公司各参股50%成立了中哈管道有限责任公司，负责中哈原油管道的项目投资、工程建设、管道运营管理等业务。中哈原油管道分三期实施：前期工程“阿特劳—肯基亚克”输油管线全长448.8千米，于2003年底建成投产；一期工程“阿塔苏—阿拉山口”段，西起哈萨克斯坦阿塔苏，东至我国阿拉山口，全长965千米，于2006年5月实现全线通油；二期工程“肯基亚克—库姆克尔”段，全长794千米，于2009年10月建成投产。中哈原油管道设计年输油能力为2 000万吨，建成后，哈萨克斯坦西部里海地区阿克纠宾的原油将直接输往我国，与新疆阿拉山口—独山子原油管道相连。

中哈石油管线的开通运营是中国能源领域国际合作的重大进展，具有里程碑意义。该石油管线的开通不仅拓展了中哈双边的合作，而且对于中俄能源合作也是巨大的外部推动力量。自 2006 年 5 月中哈原油管道投入商业运营以来，中国通过该管道进口原油量以年均 20% 的速度递增。截至 2013 年 12 月 31 日，中哈原油管道累计向我国输油 6 360 万吨，保障了我国中西部地区能源的平稳供应，满足了新疆独山子炼油厂原油加工需求，成为名副其实的“中国西部能源大动脉”。①

4. 中哈劳务及工程承包合作

哈萨克斯坦是中资企业进行海外投资及工程承包最多的中亚国家。据中华人民共和国商务部统计，2013 年，中方在哈萨克斯坦新签工程合同 279 个，合同金额为 21.4 亿美元，完成营业额 29.2 亿美元，年末在哈各类劳务人员为 6 109 人。新签大型工程项目包括：中石油天然气管道局承建的中亚天然气管道 C 线哈萨克斯坦段、中国石油集团长城钻探工程公司承建的哈萨克斯坦扎那诺尔肯基亚克钻井项目、中国石油集团工程设计公司承建的 45 号自备电站扩建工程项目等。

在交通和通信领域，2013 年，哈萨克斯坦国家铁路公司与江苏省连云港市政府签署了通过连云港码头出口货物的合作协议，合作建设“达斯德克—阿拉山口”和“霍尔果斯—阿尔德科尔”铁路。中哈还将建立联合农业合作示范区，在和平探索并利用宇宙空间等领域开展合作。

（三）中哈主要口岸及霍尔果斯国际边境合作中心发展现状

1. 中国对哈萨克斯坦主要口岸发展现状

中国新疆对哈萨克斯坦开放口岸包括阿拉山口口岸、霍尔果斯口岸、都拉塔口岸、吉木乃口岸、巴克图口岸等。其中，阿拉山口口岸是中国西部最大的、也是铁路、公路、管道“三位一体”的口岸，口岸距博乐市 79 千米，距乌鲁木齐市 477 千米，距哈萨克斯坦多斯特克口岸 12 千米。多年来阿拉山口口岸占全

①资料来源：根据国家能源局网站公布的数据整理而成。

疆口岸过货量的 90% 以上,口岸的装卸能力和仓储能力都比较强,拥有大型的装卸作业机械,主要以进口金属矿石、原油等国家紧缺的能源资源为主。2008年,阿拉山口口岸进出口货物 1 898.3 万吨,实现贸易额 109.1 亿美元。2010年,口岸过货量达 2 524 万吨,连续 15 年位居全国陆路口岸第二位,出口货物量连续三年保持中国第一位,上缴海关税收 103 亿元。2011 年,阿拉山口口岸过货量约为 2 600 万吨,超过满洲里成为全国第一大陆路口岸。2012 年,阿拉山口口岸实现过货 2 706 万吨,完成进出口贸易额和海关税收分别达到 163 亿美元和 134 亿元,3 项指标继续位居全国陆路口岸前列。

阿拉山口综合保税区①于 2011 年 5 月 30 日正式批准设立,是全国第十六个综合保税区和新疆首个综合保税区。保税区总体规划面积 5.6 平方千米,预计监管和基础设施投资额为 8 亿元,分两期建设成。综合保税物流园区具有国际中转、国际配送、国际采购、转口贸易、商品展销、进出口加工等功能,是连接利用国际国内两个市场、两种资源的重要桥梁纽带,通过申请设立综合保税物流园区实施国家保税港区政策,为周边及内陆腹地加工贸易企业创造一个良好的物流平台。其所产生的聚集效应,对新疆承接加工贸易产业转移具有一定的推动作用。设立阿拉山口综合保税区有利于吸引国内大企业落户口岸开展进口货物落地加工,其重点发展木材、钢铁冶炼、废旧金属等进口加工业,产品主要供给国内市场和出口。阿拉山口综合保税区将成为中国西部战略性矿产资源的储备加工基地、新疆对外贸易的先导区、博尔塔拉蒙古自治州经济发展的突破口。

霍尔果斯口岸的自然条件优于阿拉山口,是我国西部最大的公路口岸。2011 年,该口岸进出口过货量为 1 091 万吨,实现过货贸易额 70.8 亿美元。2012 年,霍尔果斯进出口货物量达 1 763.25 万吨,同比增长

①综合保税区是经国务院批准设立在内陆地区具有保税港区功能的海关特殊监管区域,享受保税港区的税收和外汇政策,是中国开展对外贸易、促进现代物流发展的外向型特殊经济功能区,是目前中国对外开放层次最高、政策最优惠、经济功能最齐全、区位优势最明显的特殊经济区。

61.6%。目前，精伊霍铁路①已通达霍尔果斯口岸，2011年底已完成与哈萨克斯坦铁路的对接，新形成的这一国际运输通道，缓解了进出口商品对阿拉山口口岸运输的压力。随着中国首条跨国输气管道——中亚天然气管道的开通及运行，霍尔果斯也发展成为铁路、公路、管道三种运输方式并举的综合性口岸，与阿拉山口口岸共同构成新疆陆路口岸发展的“双核”，发展潜力巨大。

位于伊犁地区的都拉塔口岸距离哈萨克斯坦最大城市阿拉木图只有247千米，交通十分便利。1998—2009年，该口岸累计进出口货物超过100万吨，进出口贸易额36.3亿美元，已经形成了顺畅的客货转运和集散通道。2013年，都拉塔口岸进出口货运量为39.5万吨，同比增长63%，进出口贸易额为37.5亿美元，占新疆对哈萨克斯坦贸易总额的14%。

吉木乃口岸位于新疆阿勒泰地区吉木乃县境内，也是一个有着百年通商历史的老口岸。吉木乃口岸是我国距哈萨克斯坦首都努尔苏丹最近的口岸，是新疆对哈萨克斯坦陆路的第三大口岸。2006—2010年，吉木乃口岸共完成进出口货物67.9万吨，进出口贸易额26.2亿美元，口岸贸易呈逐年上升态势。另外，吉木乃口岸边民互市贸易市场已经发展成为继霍尔果斯互市贸易区之后的新疆第二大对哈边民互市市场。

塔城地区的巴克图口岸自然地理条件较好，距塔城市区较近，公路运输便利，这为出口果蔬等农产品创造了良好条件。巴克图口岸也是新疆唯一一个以城市为依托的边境陆路口岸，并形成了市区、合作区、口岸“三位一体”的空间格局。近年来，塔城地区大力建设绿色蔬菜出口基地，成为全疆果蔬出口重要的集散地。塔城地区2009年外贸进出口总额9.2亿美元，其中蔬菜出口占全疆一半以上。

2. 中哈霍尔果斯国际边境合作中心

2003年6月，时任中国国家主席胡锦涛访哈期间，哈萨克斯坦纳扎尔巴耶

①精伊霍铁路位于新疆西部博尔塔拉蒙古自治州和伊犁哈萨克自治州境内，线路全长286.212公里。总投资60亿元，于2009年12月竣工。它从兰新铁路西段的精河站引出，沿天山北麓西行，跨尼勒克河，穿越北天山进入伊犁河谷，经过尼勒克县、伊宁县、伊宁市、霍城县和可克达拉市，最终到达霍尔果斯边境口岸。

夫总统正式提出建立“中哈边境自由贸易区”的建议。2004 年 9 月，中哈两国政府在新疆伊宁市签订了《中华人民共和国与哈萨克斯坦共和国建立霍尔果斯国际边境合作中心的协议》和关于中哈霍尔果斯《国际边境合作中心活动管理的协定》。2006 年 3 月，中国政府下发了《国务院关于中国 – 哈萨克斯坦霍尔果斯国际边境合作中心有关问题的批复》，对“中心”及其配套区的功能定位、优惠政策等做了明确的批复。2008 年 10 月，中哈政府发表《联合公报》，将推动中哈霍尔果斯国际边境合作中心尽早建成并运营。中哈霍尔果斯国际边境合作中心实行封闭式管理，总面积为 5.28 平方千米，其中，中方区域为 3.43 平方千米，哈方区域为1.85平方千米。其主要功能是贸易洽谈、商品展示和销售、仓储运输、宾馆饭店、商业和金融服务以及举办各类区域性国际经贸洽谈会等。

中哈霍尔果斯国际边境合作中心项目自 2007 年开工建设，到 2015 年 10 月已累计完成基础设施建设投资额 11.8 亿元，完成商业项目投资额 60 多亿元，引进重点招商项目 26 个，入驻商户 4 000 多家，日均销售额 500 余万元。主要基础设施工程已完工，合作中心运营主体先后成立并运作。2011 年 5 月，合作中心有 6 个项目启动，总共投资金额为 108 亿元。2011 年 12 月，中哈霍尔果斯国际边境合作中心建设基本完成并封关运营，并且在合作中心启动了中哈铁路对接仪式。2012 年 4 月 18 日，连接中哈双方合作中心的通道正式开启，便利双方公民出入。

霍尔果斯国际边境合作中心不同于以往的边境经济合作区，它采用了特殊管理模式，具体措施包括：边境线不设边检机构，“一关两检”等进出境查验机构退至合作中心入口处，进行“二线”管理；中、哈两国公民、第三国公民（需持有国际旅行的相关文件）及货物、车辆可以在合作中心内跨境自由流动，可免签在中心内停留 30 天；中哈双方区域全部实行封闭管理，由横跨中哈两国的通道相连形成一个整体；合作中心各自一侧受本国司法管辖，适用本国现行法律及有关国际条约、中哈协议；中心区域内的货物及服务贸易项下的资金支付和转移，遵循经常项目可自由兑换原则办理，中心双方区域内设立的银行或其他机构，根据本国法律提供现钞兑换服务。

中哈霍尔果斯边境合作中心所享有的优惠政策包括：由本国内进入中心的基础设施建设物资和中心内企业自用设备，按照出口贸易政策，予以退税；企业从哈方进口基础设施建设物资和区内设施自用设备进入中心中方区域，按照保税区政策，免征关税及进口环节增值税；从中心进入中方境内的货物，按一般贸易税收管理规定照章征收关税和进口环节增值税；区内企业之间的货物交易，不征收增值税和消费税；旅客从中心进入中方境内，每人每日一次可携带金额为 8 000 元人民币的免税物品。

2012 年 4 月，哈方区域封关运营，通道正式开启。哈方还另外启动建设 60 平方千米的霍尔果斯工业经济特区，并赋予相应优惠政策。根据哈方《经济特区法》，在该区域内实行自由保税区制度，免企业所得税（20%）、免土地税（1.5%）、免短期（不超过 10 年的）土地租赁费、免财产税（0.05% ~1%），并根据哈方政府制定的经济特区内实行零增值税的商品、劳务和服务名单，返还企业在区内商品流通、提供劳务和服务中征收的增值税（12%），同时，哈萨克斯坦简化了海关程序。这些都是前所未有的便利化政策，对中国与哈萨克斯坦、中国与中亚国家之间的贸易会有极大的促进作用。

中哈霍尔果斯国际边境合作中心将建设成为投资自由、贸易自由、人员出入自由、高度开放的综合性国际经济交流区域，成为中国西部边境重要的商品集散地、商贸城、旅游观光城。中哈霍尔果斯国际边境合作中心的建立对促进中哈乃至中亚地区的贸易发展将产生深远影响。这也是哈萨克斯坦首次提出并积极推动的合作项目，这种“一区跨两国”的边境合作模式是新型经贸合作的重大尝试，对中哈两国和上海合作组织区域经济合作具有重要的示范意义。

四、中国与吉尔吉斯斯坦经贸合作的历史与现状

早在 2000 多年前，中国与吉尔吉斯斯坦就建立了贸易往来，悠久的交往历史、边界相连、同民族跨境居住使得中吉两国关系密切。自 1992 年建交以来，中吉经贸关系 20 多年的发展历程可以划分为三个阶段（图 3 -2）：1992—2001 年为第一阶段，起始和曲折发展阶段；2002—2008 年为第二阶

段，快速增长阶段；2009—2014 年为第三阶段，深化合作发展阶段。

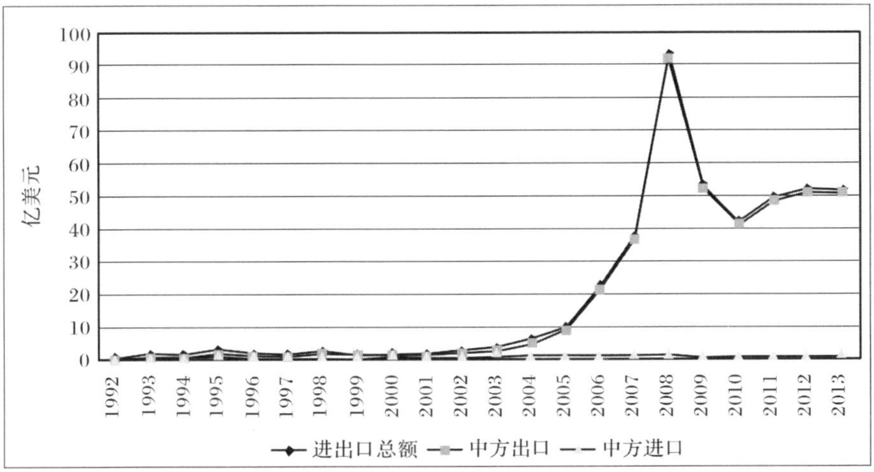

图 3－2　1992—2013 年中国对吉尔吉斯斯坦双边贸易状况

资料来源：根据中华人民共和国海关总署网站公布的数据整理而成。

（一）起始及曲折发展阶段（1992—2001 年）

1. 中吉双边贸易状况

1992 年 1 月 5 日，中吉签署建交《联合公报》，两国政府签署了经济贸易协定、科技合作协定、进出口商品质量认证协定等一系列协议，并建立了中吉政府间经贸合作委员会，这些协议为两国开展经贸合作奠定了良好的基础。据中国海关统计，1992 年，中吉双边贸易额仅为 3 548 万美元，1993 年增长到1.02 亿美元，1995 年两国贸易额达到阶段性高点 2.31 亿美元。1996 年以后，中吉双边贸易出现大幅下滑，两国贸易额 1997 年下降至 1.06 亿美元，1998 年回升至 1.98 亿美元，1999—2001 年，两国双边贸易额分别只有 1.35 亿美元、1.78 亿美元和 1.18 亿美元。总体上，这段时期，中吉两国双边贸易规模较小，并且波动较大，1996 年以后中方才出现贸易顺差且金额较小。（表 3－10）

这一时期，边境贸易是中吉双边贸易的主要形式，一直占两国贸易 80% 以上的份额。在商品结构上，中方的主要出口产品是纺织服装、酒精饮料、鞋类产品等日用消费品,还有部分工业原料及电信设备等中高档制成品。中国从吉尔吉斯斯坦进口的主要商品是棉花、生皮、有色金属废料等原材料,其中,废金属占据首位。从贸易主体看,这段时期,吉尔吉斯斯坦的中国商品基本由个体“倒爷”和私营小公司所主宰,贸易量小,品种杂,经营分散,并且出口了许多假冒伪劣产品,严重影响了中国产品的信誉。

1998 年,吉尔吉斯斯坦成为独联体第一个加入世界贸易组织的国家,并根据世界贸易组织的要求对其贸易管理体制进行改革,其总体关税水平降到 10% 以下。2001 年中国也加入了世界贸易组织。从此,中吉开展双边贸易有了共同的规则和机制,变得更加规范和透明,这为下一个阶段两国贸易的高速增长奠定了良好的制度平台。

表 3-10　1992—2001 年中国对吉尔吉斯斯坦进出口贸易状况

(单位:亿美元)

年　份	进出口		出　口		进　口	
	金额	增长率(%)	金额	增长率(%)	金额	增长率(%)
1992	0.35	—	0.19	—	0.17	—
1993	1.02	188.2	0.37	93.9	0.66	295.9
1994	1.05	2.7	0.3	-18.1	0.75	14.5
1995	2.31	120	1.07	257.5	1.24	64.4
1996	1.05	-54.5	0.68	-36.5	0.37	-70.2
1997	1.06	1	0.71	0.95	0.36	-2.7
1998	1.98	86.8	1.72	177.4	0.26	-27.8
1999	1.35	-31.8	1.03	-40.1	0.32	23.1
2000	1.78	31.9	1.1	6.8	0.67	109.4
2001	1.18	-33.7	0.77	-30.0	0.42	-37.3

资料来源:根据中华人民共和国海关总署网站公布的数据整理而成。

2. 中吉投资与经济技术合作

在中吉建交后的前十年间,中国企业在吉尔吉斯斯坦的投资很少,影响力小。1993 年在吉境内的中国企业只有 18 家,到 1996 年初达到 138 家。这一时期,中国在吉尔吉斯斯坦投资以小企业为主,主要集中在农业、轻工业、食品加工业等领域。例如,吉尔吉斯斯坦农工联合企业与新疆国际经济合作公司签订了合同,邀请中国农民赴吉尔吉斯斯坦种植蔬菜;新疆和吉尔吉斯斯坦奥什州签署商业和技术合作协定,双方共同建立毛皮加工合资企业、面包糖果点心合作社和商店,开办建筑材料厂以及吉尔吉斯斯坦奥什州向新疆提供良种羊等合作项目。

2000 年 8 月,一座由中国人出资兴建和管理经营的贸易商城——中国国英商品城在吉尔吉斯斯坦首都比什凯克正式营业,这改变了中国商家此前单打独斗的劣势,使中国商品形成集团优势进军中亚市场,并逐步发展成为中国商品出口中亚和独联体国家的中转基地。此外,2001 年成立的上海合作组织对中吉扩大双边投资合作奠定了良好基础,两国经济合作在上海合作组织制度框架内开始深化,铁路、公路、航空和能源领域开始出现在中吉两国的双边合作框架内。

(二)快速增长阶段(2002—2008 年)

1. 中吉双边贸易状况

这一时期,中吉双方签订了一系列促进经贸合作的协定,两国双边贸易和投资合作都进入了一个快速增长时期,并未受到 2005 年吉尔吉斯斯坦内"颜色革命"的影响。① 据中方统计,2002—2006 年,中吉双边贸易出现大幅增长态势,其间,两国贸易额增长了 10 倍以上,年平均增幅高达 70% 。2002 年,中吉双边贸易额只有 2.01 亿美元;2005 年,两国双边贸易额上升为 9.72 亿美元;2006 年,双边贸易额达 22.26 亿美元,同上年相比增长 129% ,其中,中方出口额为 21.13 亿美元,进口额为 1.13 亿美元。2007 年,中吉双边贸易额再上升至 37.79 亿美元,同上年相比增长约 70% 。2008 年,两国贸易额达到了创纪录的 93.33 亿美元,同上年相比增长 147% ,其中,中方出口额高

①2005 年 3 月,吉尔吉斯斯坦议会选举期间,反对派发动群众进行所谓的"颜色革命",致使阿卡耶夫总统被迫辞职。

达92.1亿美元,出口额超过了当年中国对哈萨克斯坦的出口。总体上看,2002—2008年,中国对吉尔吉斯斯坦出口额增长了62倍,而进口额仅增长了一倍多,导致中国对吉尔吉斯斯坦贸易顺差规模不断扩大,2008年中方贸易顺差高达90.9亿美元。(表3－11)

在贸易结构方面,这一时期,中国出口的主要商品仍是服装及纺织品、日用消费品等,吉尔吉斯斯坦出口中国的商品仍是废旧金属、原皮、羊毛、棉花等农副产品及其初级加工品。例如,2006年,中国出口吉尔吉斯斯坦金额前五位的商品有:鞋类产品(2.92亿美元)、男式针织纺织服装(2.5亿美元)、织物及人造织物(2.05亿美元)、服装纺织面料(1.88亿美元)、服装配件及面料(1.72亿美元)。吉尔吉斯斯坦市场上80%的进口纺织品、日用品来自中国,中低档的进口电器、通信产品、机电产品等也主要来自中国。2006年,吉尔吉斯斯坦出口中国金额前五位的商品包括:有色金属废料(0.29亿美元)、生皮(0.18亿美元)、皮革(0.12亿美元)、废钢铁(0.1亿美元)、石油或沥青矿物(0.03亿美元)。①

表3－11　2002—2014年中国对吉尔吉斯斯坦进出口贸易状况

(单位:亿美元)

年　份	进出口		出　口		进　口	
	金额	增长率(%)	金额	增长率(%)	金额	增长率(%)
2002	2.01	70.3	1.46	89.6	0.55	31
2003	3.14	56.2	2.45	67.8	0.69	25.5
2004	6.02	91.7	4.93	101.2	1.10	59.4
2005	9.72	61.5	8.67	75.9	1.05	－4.5
2006	22.26	129	21.13	143.7	1.13	7.6
2007	37.79	69.8	36.67	73.5	1.12	－0.9
2008	93.33	147	92.10	151.2	1.20	7.1
2009	53.30	－42.9	52.28	－43.2	0.48	－60

①资料来源:根据联合国贸易与发展会议网站公布的数据整理而成。

续表

年份	进出口		出口		进口	
	金额	增长率(%)	金额	增长率(%)	金额	增长率(%)
2010	42.0	-21.2	41.30	-21	0.70	45.8
2011	49.76	18.5	48.48	17.4	0.98	40
2012	51.6	3.7	50.70	4.6	0.90	-8.2
2013	51.38	-0.5	50.75	0.1	0.62	-30
2014	52.98	3.1	52.43	3.3	0.55	-11.3

资料来源:根据中华人民共和国海关总署网站公布的数据整理而成。

这段时期,中吉双边贸易一个显著特点是中国向吉尔吉斯斯坦出口额接近甚至超过了吉尔吉斯斯坦的 GDP 总量,这种非常规的出口缘于过境贸易和转口贸易。吉尔吉斯斯坦推行贸易自由化政策,拥有发展转口贸易的良好条件,虽是内陆国家,但实际上已成为中亚五国的“自由港”。中国已经把吉尔吉斯斯坦作为出口中亚及独联体国家的主要商品集散地,这也是中吉双边贸易区别于中国与中亚其他国家的主要特征。

2. 中吉投资与经济技术合作

这一时期,中国对吉尔吉斯斯坦的直接投资出现快速增长。2003—2006 年,中国对吉尔吉斯斯坦直接投资流量每年递增 100% 以上;2003 年,中国对吉尔吉斯斯坦直接投资存量只有 0.158 亿美元,2006 年增长至 1.248 亿美元;2007—2008 年,中国对吉尔吉斯斯坦直接投资增速下降,2008 年底中国在吉尔吉斯斯坦直接投资存量为 1.468 亿美元。(表 3-12)

表 3-12 2003—2013 年中国对吉尔吉斯斯坦的直接投资流量和存量

指标	年份										
	2003	2004	2005	2006	2007	2008	2009	2010	2011	2012	2013
投资流量(亿美元)	0.024	0.053	0.137	0.276	0.15	0.071	1.369	0.825	1.451	1.61	2.034
增速(%)	—	118.4	157.8	101.2	-45.8	-52.9	1839	-39.8	75.9	11	26.33
投资存量(亿美元)	0.158	0.193	0.451	1.248	1.398	1.468	2.837	3.943	5.251	6.62	8.86
增速(%)	—	22	134	176.9	12	5.1	93.3	39	33.2	26.1	33.8

资料来源:根据《2013 年度中国对外直接投资统计公报》公布的数据整理而成。

这段时期，中国在吉尔吉斯斯坦的投资开始涉及矿产资源、工程承包、通信服务、运输、房地产等多个领域和行业，虽然多数项目规模较小，但单个项目投资额超过百万美元的中方企业也有10余家。这些投资合作项目包括中国贷款援建的中吉合资造纸厂、萨尔肯－乌苏啤酒厂、楚河禽业公司、疆德斯果汁厂、西部公司的煤矿和黄金开发等项目。此外，吉方多次将建设中吉乌公路和铁路、库姆巴拉金斯克水电站、尾矿处理、农产品加工项目等纳入上海合作组织框架内进行探讨。

这一时期，中国政府还向吉尔吉斯斯坦提供了总值2亿元人民币各种形式的无偿经济援助（不包括中国向上海合作组织成员国提供的优惠买方信贷）。如2006年，中国向吉方提供了总值为1亿元人民币的农机设备，包括1 205台拖拉机及配件，这是吉尔吉斯斯坦独立以来获得的最大一批农机援助。

（三）深化合作发展阶段（2009—2014年）

1. 中吉双边贸易状况

2009—2010年，受国际金融危机和吉尔吉斯斯坦政局动荡的影响，中吉双边贸易额出现大幅下滑，分别下降至53.3亿美元和42亿美元。① 2011年，两国贸易额回升至49.76亿美元，同上年相比增长18.5%。2012年，中吉双边贸易额为51.6亿美元，同上年相比增长3.7%。2013年，两国双边贸易额小幅下滑至51.38亿美元，其中，中方出口额50.75亿美元，进口额0.62亿美元，中方贸易顺差为50.13亿美元。2014年，中吉双边贸易额小幅回升至52.98亿美元，同上年相比增长3.1%。这一时期，中吉双边贸易增速明显放缓，边境贸易方式仍占两国双边贸易的较大比例，如2010和2011年，吉尔吉斯斯坦边境贸易占中吉双边贸易的比例分别为63.3%和76.5%。

在贸易结构上，吉尔吉斯斯坦出口商品仍以原材料和初级产品为主，有色金属等资源类产品出口有所增加。如2011年，吉尔吉斯斯坦出口中国金

①2010年4月，吉尔吉斯斯坦政局突变使巴基耶夫政权在民众掀起的抗议风潮中垮台，此次暴乱还给近3.5万中国华商造成巨大财产损失，迫使大量华商回国。

额位列前五位的商品有:有色金属废料(0.27 亿美元)、皮革(0.19 亿美元)、贵金属矿石和精矿废料(0.18 亿美元)、废钢铁(0.17 亿美元)、生皮(0.15 亿美元)。[1] 中国出口吉尔吉斯斯坦的商品结构变化不大,主要是纺织服装类产品。2011 年,中国出口吉尔吉斯斯坦金额前五位的商品有:男式针织纺织服装(5.9 亿美元)、纺织材料制品(4.6 亿美元)、鞋类产品(4.07 亿美元)、针织或钩编织物(3.5 亿美元)、女式针织纺织衣服(3.1 亿美元)。

2. 中吉投资与经济技术合作

2009 年,由于在吉尔吉斯斯坦境内的纳伦河谷发现了资源量为 54 亿吨的杰提姆铁矿,中国对吉直接投资出现爆发式增长。[2] 据中方统计,2009 年中国对吉直接投资流量为 1.369 亿美元,同比增长了 18 倍多。2011 年和 2012 年,中国对吉直接投资存量分别达到 5.25 亿美元和 6.62 亿美元,位列中国对中亚五国直接投资额的第二位。2013 年,中国对吉直接投资存量达到 8.86 亿美元,同比增长 33.8%。(表 3-12) 据吉尔吉斯斯坦国家统计委员会统计,2012 年中国成为吉第二大直接投资来源国,中国对吉直接投资占吉当年吸引外国直接投资总额的 22%。2013 年,中国对吉直接投资额为 4.55 亿美元,同上年相比增长 2.2 倍,占吉引资总额的 45.8%,成为吉第一大投资国。

这一时期,中国对吉尔吉斯斯坦投资主体也一改以往以民营小企业为主的特点,中国国有大企业开始进入吉尔吉斯斯坦。例如,2011 年 7 月,吉尔吉斯斯坦南部电网改造项目 500 千伏变电站建设是由中国政府提供优惠贷款、新疆特变电工股份有限公司承建的。2012 年 8 月,中吉两国最大的能源合作项目——吉尔吉斯斯坦南北输变电通道工程“达特卡-克明”50 万伏输变电工程开工建设,此项工程合同金额为 3.89 亿美元,项目建成后将极大提升吉尔吉斯斯坦南部电网的供电能力,实现南北电网的全线贯通。2012 年,中国企业在吉尔吉斯斯坦新签工程合同金额为 1.5 亿美元,完成营业额

①资料来源:根据联合国贸易和发展会议网站公布的数据整理而成。

②杰提姆铁矿预测资源量为 54 亿吨,远景资源量超过 100 亿吨,为亚洲单一矿带上最大的铁矿。据获得探矿权的中国美林公司透露,杰提姆铁矿可“保证一个年产 3 000 万吨的钢铁企业 100 年以上的铁矿石需求”。

3.51亿美元。①

目前,中国在吉注册企业约260家,在吉投资千万美元以上的中国企业和主要项目有中国路桥工程有限公司在吉尔吉斯斯坦执行的公路修复项目、河南灵宝黄金公司的伊士坦别尔德金矿项目、神州矿业金矿项目——"库鲁-捷盖列克"铜金矿项目、克兹勒基亚水泥厂项目等。另外,华为公司在吉尔吉斯斯坦占据了极大的市场份额,吉尔吉斯斯坦98%以上的通信产品由华为公司提供。

3.新疆与吉尔吉斯斯坦经贸现状

多年来,吉尔吉斯斯坦一直是新疆排名第二位的贸易伙伴,新疆与吉尔吉斯斯坦的贸易额占中吉贸易总额的较大比例,基本在60%~85%。2008年之前,新疆与吉尔吉斯斯坦贸易增长速度较快,2008年新疆与吉尔吉斯斯坦贸易额高达79.7亿美元,占中吉双边贸易总额的85.4%,但2009年之后有所回落。2011年,新疆与吉尔吉斯斯坦的贸易额为38亿美元,占中吉贸易总额的76.5%。2013年,新疆与吉尔吉斯斯坦贸易额增长至41.73亿美元,占中吉贸易总额的81.2%。此外,在新疆举办的中国-亚欧博览会及喀什贸易投资洽谈会已经成为促进中吉经贸合作的重要平台。

新疆对吉尔吉斯斯坦开放的口岸是吐尔尕特口岸和伊尔克什坦口岸,分别位于喀什克孜勒苏柯尔克孜自治州、阿克苏地区与吉尔吉斯斯坦接壤处。吉尔吉斯斯坦与新疆在资源、市场等方面互补性较强,对新疆打击"三股势力"也至关重要。目前,中吉乌铁路②已列入国家前期规划论证,中吉乌公路改造也已经纳入新疆近年的基础设施建设规划,这些工程的建设将为新疆开展对吉尔吉斯斯坦经贸合作构筑完备的交通运输网。

①资料来源:《对外投资国别(地区)指南——吉尔吉斯斯坦(2014年版)》。

②该铁路起自新疆喀什,经中吉边境的伊尔克什坦吐尔尕特山口,再经吉尔吉斯斯坦的卡拉苏,至乌兹别克斯坦的安集延。中吉乌铁路的修建将为吉尔吉斯斯坦打开出海口,使吉方转变为物流运输中转国,吉方与中方就轨距等问题进行磋商。

五、中国与塔吉克斯坦经贸合作的历史与现状

塔吉克斯坦是中国的近邻，自 1992 年建交以来，中塔两国睦邻友好与互利合作关系稳步发展，各领域合作成果显著。作为双边关系的重要组成部分，中塔经贸合作快速发展，双边贸易额和投资规模逐步扩大。中塔建交 20 多年来的经贸关系发展历程分为三个阶段。

（一）起始发展和曲折发展阶段（1992—2001 年）

1. 起始发展阶段（1992—1996 年）

1992—1996 年是中国与塔吉克斯坦经贸合作的起始发展阶段。中塔两国建交之初，双边贸易规模非常小，并且波动较大。1992 年，中塔双边贸易额仅 280 万美元，1994—1996 年，双边贸易额分别为 317 万美元、2 386 万美元和 1 170 万美元。（表 3 - 13）在塔吉克斯坦内战期间，由于政局不稳定等各种因素，中国对塔吉克斯坦的投资几乎处于空白状态。

这段时期，塔吉克斯坦国内商品十分短缺，进口中国的轻工业产品弥补了其国内市场的严重不足，中国的纺织服装等商品具有物美价廉的优点，非常符合当时塔吉克斯坦居民的消费需求。独立之初，包括塔吉克斯坦在内的中亚各国都普遍缺乏外汇，于是易货贸易成为主要贸易方式。由于易货贸易履约率较低，从 1994 年起，中国与中亚各国开始实行现汇贸易，旅游购物这种新贸易方式出现，由于这种贸易方式供需之间直接见面，管理相对宽松，因此发展十分迅速。但由于监管不到位，使少数质量低劣的中国产品进入中亚市场，败坏了中国出口商品的信誉。

2. 曲折发展阶段（1997—2001 年）

这一时期，中塔经贸合作在上海五国会晤机制框架内开始深化，两国政府签署了一系列经济、技术合作协定，还成立了中塔经贸合作委员会。1997 和 1998 年，中塔双边贸易额分别为 2 023 万美元和 1 923 万美元，1999 年下降到 804 万美元，2000 和 2001 年分别只有 1 717 万美元和 1 076 万美元。

1999—2001 年，中国还连续 3 年出现了贸易逆差，但数额不大。中国出口塔吉克斯坦的主要商品有纺织服装、机电产品、机械及交通设备、瓷器、家具、灯具等；中国从塔吉克斯坦进口的主要商品有矿产品、棉花、铝铜及其制品、生丝等。边境贸易及旅游购物仍然是双方主要的贸易方式。

1997—2001 年，中国企业在塔吉克斯坦的投资处于探索和起步阶段，这些企业规模较小，投资少，技术水平较低，有实力的中国大企业基本没有进入塔吉克斯坦市场。中国在塔吉克斯坦投资项目主要包括中塔合资企业利事达纺织厂（由于经营不善，企业长期处于亏损状态）、新疆国际经济合作公司与杜尚别人民卷烟厂成立的中塔合资卷烟厂、喀什农垦进出口公司在塔投资设立的纯净水厂等。

表 3-13　1992—2001 年中塔双边贸易状况

（单位：万美元）

年份	进出口总额		中方出口		中方进口	
	金额	增长率(%)	金额	增长率(%)	金额	增长率(%)
1992	275.7	—	195.3	—	80.4	—
1993	1 235	348	648	232	588	631
1994	317.7	-74	67.5	-90	250.2	-57
1995	2 385.9	651	1 461.7	2 066	924.2	269
1996	1 171.5	-51	764	-48	407.5	-56
1997	2 023	73	1 105	45	918	125
1998	1 923	-5	1 104	-0.1	819	-11
1999	804	-58	230	-79	574	-30
2000	1 717	114	679	196	1 038	81
2001	1 076	-37	531	-22	545	-48

资料来源：根据 1993—2002 年公布的《中国统计年鉴》整理而成。

（二）制度化发展阶段（2002—2006 年）

1. 中塔双边贸易状况

这一时期，随着中塔经贸合作法律机制的进一步完善，以及 2004 年两国卡拉苏 - 阔勒买边境口岸的正式开通，中塔双边贸易出现了大幅度增长。2002 年，中塔双边贸易额为 1 239 万美元。2003 和 2004 年分别上升至3 882万美元和 6 893 万美元。2005 和 2006 年，中塔双边贸易额分别增长到1.58 亿美元和 3.24 亿美元。2006 年，中塔双边贸易总额是 2002 年的 26 倍多，其中，中方出口增长了 47 倍，中方从塔吉克斯坦进口增长了约 3 倍。除铝和棉花外，塔吉克斯坦其他的出口产品也捉襟见肘，中塔贸易发展不平衡，塔吉克斯坦逆差十分严重。2006 年，塔中贸易逆差高达 2.88 亿美元。（表 3 - 14）

这段时期，中国对塔吉克斯坦出口商品贸易结构不断优化，除服装、纺织品等传统贸易商品外，中国的程控电话和移动通信设备等机电产品开始进入塔吉克斯坦市场。例如，2005 年中国出口塔吉克斯坦排名前五位的商品分别为：服装及衣着附件（占出口总额的 10.90%）、程控电话或电报交换机（占出口总额的 9.73%）、玻璃制品（占出口总额的 8.11%）、移动通信基地站（占出口总额的 7.14%）、纺织纱线、织物及制品（占出口总额的6.68%）。中国进口塔吉克斯坦排名前五位的商品分别为：矿砂、矿渣及矿灰（占进口总金额的 35.51%）、棉花（占进口总额的34.05%）、铝及其制品（占进口总额的 16.1%）、废铜（占进口总额的 6.41%）、废钢（占进口总额的 1.95%）。

2. 中塔投资与经济技术合作

2002—2006 年，中塔经济技术合作逐步深化，双方在输变电线建设、道路交通、电信等领域的合作上取得了较大进展，一系列大型合作项目开始启动实施。塔吉克斯坦也制定了一系列相关法律，以保障在塔投资企业的合法权益，并给予免税、减税等多项优惠措施。据中方统计，2004—2006 年，中国对塔直接投资流量分别为 499 万美元、77 万美元和 698 万美元。① 到

①资料来源：根据《2007 年度中国对外直接投资统计公报》公布的数据整理而成。

2006 年初，在塔注册的中资企业共有 35 家，中国对塔实际投资额近 1 200 万美元，主要分布在通信领域和废旧金属加工等方面。而塔吉克斯坦在华投资项目 3 个，合同外资金额 68 万美元，实际使用外资 21 万美元。

这段时期，中塔两国的工程承包和劳务合作有较大进展。至 2006 年底，中国与塔吉克斯坦签订的工程承包和对外劳务合同金额为 4.44 亿美元，完成营业额 6 465 万美元。中国在塔承包的主要工程项目包括：2004 年中方水电公司中标的亚行贷款的塔吉公路修复项目一期工程（1 570 万美元）、中兴通讯公司中标的欧行贷款的塔通讯现代化改造项目（1 100 万美元）；2006 年利用中国向上海合作组织成员国提供的金额为 9 亿美元优惠出口买方信贷实施的“杜尚别—洽奈克”公路项目、500 千伏南北输电线路项目以及对塔援建的“沙尔－沙尔隧道”项目、中国企业开发的“阿尔登－托普坎铅锌矿”项目等。特别是新疆特变电工与塔吉克斯坦签订的 500 千伏南北输电线路项目，合同金额高达 3.4 亿美元，该项目连接塔南部与北部电网，缓解了塔吉克斯坦南部冬季用电紧张的难题。另外，华为公司的移动设备、数据通信及手机等都进入塔吉克斯坦市场并成为塔移动设备供应商第一品牌；中兴通讯与塔吉克斯坦 CETTL 公司合资成立了中塔移动通讯公司，成为塔吉克斯坦第一大 CDMA 运营商。

表 3－14　2002—2013 年中塔双边贸易状况

（单位：亿美元）

年　份	进出口总额		中方出口		中方进口	
	金额	增长率（%）	金额	增长率（%）	金额	增长率（%）
2002	0.124	15	0.065	23	0.059	8
2003	0.39	214.5	0.21	223	0.18	205
2004	0.69	76.9	0.54	157	0.15	－17
2005	1.58	129	1.44	167	0.14	－7
2006	3.24	105	3.06	113	0.18	29
2007	5.2	60.5	5.1	67	0.1	－44

续表

年　份	进出口总额		中方出口		中方进口	
	金额	增长率(%)	金额	增长率(%)	金额	增长率(%)
2008	15	189	14.8	190	0.2	100
2009	14.1	-6	12.2	-18	1.9	850
2010	14.3	1	13.77	13	0.56	-71
2011	20.7	45	19.97	45	0.72	29
2012	18.57	-10.3	17.48	-12.5	1.09	51.3
2013	19.58	5.5	18.69	6.9	0.89	-18.5

资料来源:根据2003—2014年公布的《中国统计年鉴》整理而成。

(三)深入发展阶段(2007—2014年)

1. 中塔双边贸易状况

2007—2011年,随着中塔经贸合作基本法律机制的构建完成,中塔双边贸易继续高速增长。2007年,中塔贸易额为5.2亿美元;2008年,贸易额首次突破了10亿大关,达15亿美元,同上年相比增长189%,其中,中国出口额为14.8亿美元。受国际金融危机的影响,2009和2010年,中塔双边贸易额分别为14.1亿美元和14.3亿美元,出现小幅下降;2011年,中塔双边贸易上升至20.7亿美元,同上年相比增长45%。其中,中方出口额为19.97亿美元,进口额为7 200万美元。2012年,中塔贸易额为18.57亿美元,同比下降10.3%,其中中方出口17.48亿美元,同比下降12.5%,进口1.09亿美元,同比增长51.3%。2013年,中塔贸易额为19.58亿美元,同比增长5.5%,其中中方出口额为18.69亿美元,进口额为0.89亿美元。(表3-14)2014年,中塔双边贸易额上升至25.4亿美元,同比增长29.7%。

在商品贸易结构上,中国向塔吉克斯坦出口的主要商品有轻纺产品、机电产品、高新技术产品等。据联合国贸发会议统计,2008—2011年,中国出口塔吉克斯坦商品金额位列前十位的主要包括:服装及配件用品、针织或钩编、非针织或钩编、鞋类产品、机械、锅炉、电气和电子设备、汽车、玻璃及玻璃制品、家具和照明产品、皮革、马具用品和旅游用品等。其中,纺织服装和鞋类产品占中国向塔吉克斯坦出口总金额的比例最大,2011 年占比为 51.7% 。(表 3 – 15)

中国自塔吉克斯坦进口的主要商品有矿产品、农产品、贱金属等。2008—2011 年,中国进口塔吉克斯坦商品金额位列前七位的包括矿石、炉渣和粉煤灰、棉花、铝及其制品、生皮和皮革、丝绸、种子油、水果、谷物、种子等。(表 3 – 16)其中,矿石、炉渣和粉煤灰占中国从塔吉克斯坦进口商品总金额的比重最大,2011 年约占 90% 。

表 3 – 15 2008—2011 年中国对塔吉克斯坦出口前十位商品及其金额

(单位:万美元)

2008 年		2009 年		2010 年		2011 年	
商品	金额	商品	金额	商品	金额	商品	金额
服装及配件用品、针织或钩编	39 360	服装及配件用品、针织或钩编	24 813	服装及配件用品、针织或钩编	31 274	服装及配件用品、针织或钩编	50 959
服装及配件用品、非针织或钩编	20 865	鞋类产品及鞋用材料	14 114	鞋类产品及鞋用材料	13 611	鞋类产品及鞋用材料	26 252
鞋类产品及鞋用材料	17 807	其他纺织用品、旧衣服等	9 877	服装及配件用品、非针织或钩编	12 546	其他纺织用品、旧衣服等	15 144
电气、电子设备	10 393	机械、核反应堆、锅炉等	6 435	其他纺织用品、旧衣服等	11 229	服装及配件用品、非针织或钩编	10 957
铁路车辆之外的汽车	6 209	铁路车辆之外的汽车	6 183	铁路车辆之外的汽车	8 192	机械、核反应堆、锅炉等	9 265

续表

2008 年		2009 年		2010 年		2011 年	
商品	金额	商品	金额	商品	金额	商品	金额
特种机织物或簇绒织物、花边、挂毯等	5 294	家具、照明、标志、预制品	5 938	机械、核反应堆、锅炉等	5 685	棉花	9 087
铁或钢制品	5 293	电气、电子设备	5 691	电气、电子设备	5 491	电气、电子设备	8 949
其他纺织用品、旧衣服等	4 141	服装及配件用品、非针织或钩编	5 672	玻璃及玻璃制品	4 077	皮革、动物内脏、马具用品、旅游用品	7 097
机械、核反应堆、锅炉等	4 049	铁或钢制品	4 725	家具、照明、标志、预制品	4 074	铁路车辆之外的汽车	6 881
人造短纤维	4 049	玻璃及玻璃制品	4 653	塑料及其制品	3 766	家具、照明、标志、预制品	5 501

资料来源：根据联合国贸易和发展会议数据库网站公布的数据整理而成。

表 3－16　2008—2011 年中国对塔吉克斯坦进口前七位商品及其金额

（单位：万美元）

商　品	金　额			
	2008 年	2009 年	2010 年	2011 年
矿石、炉渣和粉煤灰	656	439	2031	6 534
棉花	45	0	265	125
铝及其制品	931	17 625	2 654	272
生皮和皮革（毛皮除外）	354	283	262	173

续表

商　品	金　额			
	2008 年	2009 年	2010 年	2011 年
丝绸	14	58	16	4
塑料及其制品	7	1	16	9
种子油、水果、谷物、种子等	0	0	81	36

资料来源:根据联合国贸易和发展会议数据库网站公布的数据整理而成。

2. 中塔投资与经济技术合作

2007—2011 年,中塔投资与经济技术合作规模继续不断扩大,领域逐步拓宽,一系列大型合作项目顺利实施。据中方统计,2010 和 2011 年,中国对塔吉克斯坦直接投资流量分别为 1 500 万美元、2 200 万美元,直接投资存量分别为 1.92 亿美元、2.16 亿美元,位列中国对中亚五国直接投资的第四位,远小于中国对哈萨克斯坦(28.58 亿美元)和对吉尔吉斯斯坦(5.25 亿美元)的直接投资存量。① 这段时期,中塔经贸合作主体也发生了变化,在塔吉克斯坦市场上不仅有中小型贸易公司,而且中国一些有实力的大型企业逐步进入塔吉克斯坦,如中兴通讯、华为公司、特变电工、中国路桥集团、紫金公司等。

随着中国向上合组织成员提供 9 亿美元优惠买方贷款的实施,塔吉克斯坦几个大项目陆续上马并完工。2008 年 11 月,由中国水电集团承建的杜尚别 - 洽奈克公路一期工程顺利完工;2009 年 8 月,由中国铁路工程总公司承建的对塔无偿援建项目沙尔 - 沙尔隧道竣工;2009 年 11 月,由新疆特变电工承建的"500 千伏南北输电线路项目"提前一年竣工。目前,中国与塔吉克斯坦有近 50 个合作项目,已有 40 多家企业在塔吉克斯坦开展业务。

中国对塔吉克斯坦的援助项目在中亚国家中比例较高,集中在交通和基础设施领域中。除了塔—乌公路之外,中国企业以后还将陆续参与卡莱

①资料来源:根据《2011 年中国对外投资统计公报》公布的数据整理而成。

胡姆—霍洛格等3条公路项目以及瓦赫达特—奥什—喀什的铁路项目建设，其他基础设施建设项目有塔吉克斯坦国家博物馆、外交部大楼等。

3. 新疆与塔吉克斯坦贸易状况

由于地缘优势，新疆成为中国与中亚国家合作的桥头堡，新疆在我国东部地区商品进入中亚市场，以及中亚地区的能源、资源进入中国内地市场的双向贸易中起着不可替代的贸易通道作用。新疆与塔吉克斯坦的边境全长为497千米，位于喀什地区中塔边界上的卡拉苏－阔勒买口岸已经成为两国贸易的重要通道，双边贸易的60%以上均通过这一口岸进行。

新疆已经成为中国对中亚国家开展贸易的主要承担区。多年来，新疆与塔吉克斯坦的贸易额占中塔贸易总额的比例较大，基本在65%~85%。例如，2008年，新疆与塔吉克斯坦贸易额为12.5亿美元，约占中塔贸易总额的83.3%。2011年，新疆与塔吉克斯坦贸易额为17.22亿美元，占中塔贸易总额的83.2%。[①] 2002—2011年，新疆与塔吉克斯坦贸易额从0.05亿美元提升到17.2亿美元，增长了344倍，新疆与塔吉克斯坦贸易规模增速是同期新疆与中亚五国中最快的。此外，一年一度的中国－亚欧博览会（原“乌鲁木齐对外经济贸易洽谈会”）及喀什贸易投资洽谈会已经成为促进中塔经贸合作的重要平台，在两届中国－亚欧博览会期间，中国企业就与塔吉克斯坦分别签订了金额为1.44亿美元和9.27亿美元的出口贸易协议。

六、中国与乌兹别克斯坦经贸关系的历史与现状

中国与乌兹别克斯坦的经贸合作已有20多年的历史，近年来，两国经贸合作发展迅速，双边贸易和经济技术合作规模逐年扩大。中乌经贸关系发展可划分为两大时期和四个发展阶段，第一大时期就是建交前十年，即1992—2001年，包括起始发展阶段和曲折发展阶段。第二大时期就是2002—2012年，包括平稳增长阶段和深化拓展阶段。

①资料来源：根据2003—2012年发布的《新疆统计年鉴》整理而成。

（一）起始发展阶段（1992—1996 年）

1992 年 1 月，中乌正式建立外交关系并签署了《中乌政府经贸协定》，两国相互确认给予对方贸易最惠国待遇。这一时期为中乌贸易起步阶段，双边贸易额较小。据中国海关统计，1992 年，中乌双边贸易额为 5 252 万美元，其中，中方出口额为 3 888 万美元，进口额为 1 363 万美元，中乌贸易额只占乌兹别克斯坦当年贸易额的 0.5% 。从 1994 年起，由于中国自乌兹别克斯坦进口化肥、飞机及相关设备等产品增加，两国双边贸易额显著提高。1996 年，中乌双边贸易额达到约 1.9 亿美元，占乌兹别克斯坦当年贸易总额的 2% ，其中，中方进口额 1.5 亿美元，是 1992 年水平的 10.9 倍。（表 3 - 17）

在贸易结构上，1996 年，乌兹别克斯坦对中国出口前五位商品是棉花、肥料、飞机及相关设备、发动机和电动机、金属盐及过氧无机酸；乌兹别克斯坦从中国进口的商品主要有纺织品、食品、轻工业制成品等。在贸易方式上，1995 年之前两国主要是易货贸易，之后逐渐走向现汇贸易。由于中国与乌兹别克斯坦互不接壤，两国没有直接对接的边境口岸，只能依靠过境贸易和转口贸易来完成。

这一时期，中乌经济技术合作还处于起始阶段，中国公司开始在摸索中同乌方合作，开办合资企业，主要涉及食品加工、服装制作、生产电视机和小型拖拉机、商业服务等领域。据统计，1993 年在乌注册中资企业为 20 家，到 1996 年增至 80 多家。[①] 例如，新疆生产建设兵团与乌方共同建立了杜斯特里克服装厂；较大的合作项目是 1992 年新疆航空公司连同机组人员以租用的形式从乌兹别克斯坦引入两架伊尔-86 宽体客机，1993 年又陆续购入 3 架此类客机，这些飞机成为当时新疆民航运输的主力。

①陈联璧：《乌兹别克斯坦的对外经济合作》，《东欧中亚市场研究》1996 年第 2 期，第 28 ~ 31 页。

表 3－17　1992—2001 年中国对乌兹别克斯坦双边贸易状况

年　份	进出口总额		中方出口		中方进口	
	金额（万美元）	增长率（%）	金额（万美元）	增长率（%）	金额（万美元）	增长率（%）
1992	5 251	—	3 888	10	1 363	—
1993	5 425	3.3	4 280	20.2	1 146	－15.9
1994	12 367	127.9	5 146	－7.5	7 221	－57.4
1995	11 855	－4.1	4 756	－19.7	7 099	－1.7
1996	18 725	57.9	3 815	61.2	14 910	110
1997	20 292	6.9	6 153	61.2	14 139	－6.6
1998	9 025	－55.5	5 788	－5.9	3 236	－77.1
1999	4 034	－54.8	2 739	－51.9	1 295	－60
2000	5 147	27.6	3 943	44	1 203	－7.1
2001	5 830	13.3	5 068	28.5	762	－36.7

资料来源：根据中华人民共和国海关总署网站公布的数据整理而成。

（二）曲折发展阶段（1997—2001 年）

1. 中乌双边贸易状况

这一时期，中乌两国双边贸易经历了连续 3 年下滑和缓慢回升的两个阶段。1997—1999 年，随着中国自乌兹别克斯坦进口棉花和飞机等高附加值商品的减少，两国贸易出现明显下滑。据中国海关统计，1997 年，中乌双边贸易总额为 2 亿多美元，其中，中国出口额为 6 153 万美元，进口额为 1.4 亿美元。1998 和 1999 年，两国贸易额下降至 9 025 万美元和 4 034 万美元。1999 年，中方出口额为 2 739 万美元，比 1997 年减少 56%；中方进口额为 1 295万美元，比 1997 年减少 90.8%。2000 年以后，两国双边贸易出现缓慢回升。2000 和 2001 年，中乌双边贸易额分别为 5 147 万美元和 5 830 万美元，同比增长27.6% 和 13.3%。除了 1997 年中方出现贸易逆差之外，

1998—2001 年,中方都保持贸易顺差,并且顺差额逐步扩大。(表 3 - 17)

这一时期,在贸易结构方面,乌兹别克斯坦对中国出口的主要商品是棉花、丝、皮革、化工产品等。其中,棉花是乌兹别克斯坦出口中国的第一大产品。中国对乌兹别克斯坦出口的主要商品有茶叶、纺织机械产品、塑料化工产品、纺织品等。[1] 2001 年,乌兹别克斯坦的主要出口对象国依次是俄罗斯(占出口总额的 16.6%)、瑞士(占出口总额的 8.3%)、英国(占出口总额的 7.2%)、土库曼斯坦(占出口总额的 5.4%)等;乌兹别克斯坦主要进口来源国依次是俄罗斯(占进口总额的 19.2%)、韩国(占进口总额的11.1%)、德国(占进口总额的 8.7%)、美国(占进口总额的 8.7%)和哈萨克斯坦(占进口总额的7.3%)等。同年,中国只是乌兹别克斯坦的第九大进口来源国(占其进口额的 2.9%)。

2. 中乌投资与经济技术合作

1997—2001 年,中乌经贸合作仍然以商品贸易为主,投资和经济技术合作规模仍然较小。至 2001 年,中国对乌兹别克斯坦投资总额约为 600 万美元,注册中资企业 106 家,这些企业主要是贸易公司,生产型企业也开始增多,主要涉及轻工、电子、农业种植等方面。由于乌兹别克斯坦投资政策缺乏连续性,且实行严格的外汇管制,使投资者利润返还较难,大部分在乌的中资企业生产经营困难。

这一时期,中乌双边经济技术合作出现了一些新亮点。1998 年,华为公司向乌兹别克斯坦赠送电信程控交换机,标志着中国公司正式进军乌兹别克斯坦电信市场。同年,中国一拖(宁波)中策汽车有限公司生产的奔野牌拖拉机首次打入乌兹别克斯坦市场,凭借优越的性价比广受乌兹别克斯坦农民欢迎。2001 年 11 月,中国进出口银行向乌兹别克斯坦提供 1 亿元人民币的优惠贷款,从天津拖拉机厂购买 2 500 辆拖拉机的主要部件,

①资料来源:根据联合国贸易和发展会议数据库网站公布的数据整理而成。

并在塔什干联合生产农用小型拖拉机。① 此外，中国国际信托投资集团在塔什干地铁建设和设备供应项目上中标，负责谢尔格力地铁线（全长8 000米）的投资、设计和建设，并提供机车操作系统等设备。

（三）平稳增长阶段（2002—2006 年）

1. 中乌双边贸易状况

这一时期，中乌双方签署了一系列经贸协定，两国双边贸易快速增长，相互投资和经济技术合作出现突破性进展。2002—2006 年，中乌双边贸易总额增长了6.5 倍，这主要是由中方进口大幅增加所带动。据中国海关统计，2002 年，中乌贸易额为1.3 亿美元，其中，中方出口额为1 亿美元，进口额为0.3 亿美元。2003—2005 年，中乌双边贸易额分别为3.5 亿美元、5.8 亿美元和6.8 亿美元，同上年相比增长分别为169%、65.7% 和17.2%。2006 年，两国双边贸易额达到9.7 亿美元，同上年相比增长42.6%，其中，中方出口额为4.06 亿美元，与2002 年相比增长3 倍；中方进口额为5.7 亿美元，与2002 年相比增长了18 倍。在贸易平衡方面，2002 和2003 年，中方保持贸易顺差。但从2004 年开始，中国对乌贸易出现逆差；2005 年，中方逆差规模为2.2亿美元。（表3－18）

在贸易结构上，这一时期，中国对乌出口的高科技、机械和电子产品比重逐步提高。2006 年，中国对乌出口产品中，机械设备占59.2%，化工及塑料制品占14.7%，光学仪器仪表占6.6%。棉花仍是乌方对中国最主要的出口产品，其次是肥料、乙烯聚合物和石油产品等。

在贸易伙伴方面，据乌兹别克斯坦统计，2006 年，中国成为乌兹别克斯坦第四大贸易伙伴，中乌双边贸易占乌外贸总额的6.5%，位列俄罗斯（26.2%）、土耳其（6.7%）和哈萨克斯坦（6.7%）之后。乌兹别克斯坦位列哈萨克斯坦和吉尔吉斯斯坦之后，成为中国在中亚地区的第三大贸易伙伴国。

①资料来源：根据中国农业机械化信息网站公布的数据整理而成。

表 3－18　2002—2014 年中国对乌兹别克斯坦双边贸易状况

年　份	进出口总额		中方出口状况		中方进口状况	
	金额（亿美元）	增长率（%）	金额（亿美元）	增长率（%）	金额（亿美元）	增长率（%）
2002	1.3	124	1	100	0.3	293
2003	3.5	169	1.5	50	0.2	－33.3
2004	5.8	65.7	1.7	13.3	4	190
2005	6.8	17.2	2.3	35.3	4.5	12.5
2006	9.7	42.6	4.06	76.5	5.7	26.7
2007	11.3	16.5	7.66	88.7	3.63	－35.8
2008	16.1	42.5	12.8	67.1	3.27	－9.5
2009	19.1	18.6	15.61	22	3.49	6.2
2010	24.8	29.8	11.78	－24.5	12.99	271.9
2011	21.7	－12.6	13.6	15.4	8.1	－38
2012	28.8	32.8	17.8	31.3	10.9	35.3
2013	45.3	57.62	26.14	46.51	19.18	75.8
2014	42.7	5.76	26.75	2.34	15.96	－16.8

资料来源：中华人民共和国海关总署。

2. 中乌投资与经济技术合作

2002—2006 年，中乌双边投资规模不断扩大，经济技术合作水平显著提高。据中方统计，2006 年，中国对乌兹别克斯坦非金融类直接投资存量为 1 497万美元，与 2003 年相比增长了 3.6 倍。① 另外，中方继续向乌方提供经济援助和贷款。2004 年，中国除向乌方提供金额为 3.7 亿元人民币的贷款和援助之外，还在上海合作组织框架下向乌兹别克斯坦提供 3 亿美元、向上海合作组织成员国提供 9 亿美元的优惠出口买方信贷。

①资料来源：根据《2011 年中国对外投资统计公报》公布的数据整理而成。

这段时期,中国对乌兹别克斯坦投资涉及农业、石油、机械设备、化工及基础设施建设等多个领域。例如,2002 年,中信国际合作公司中标乌兹别克斯坦昆格勒碱厂项目,项目总造价约 2.5 亿美元,设计生产能力为年产 10 万吨纯碱,该项目自 2006 年建成并投入生产,受到卡里莫夫总统的高度评价。2005 年,中石油与乌兹别克斯坦国有石油公司签署价值 6 亿美元的协议,组建合资公司,并取得对乌布哈拉 - 希瓦油气区块及乌斯纠尔特油田 23 个油气区的先期勘探和油气开采权;中石油与乌方及其他国家公司签订协议,共同开发乌兹别克斯坦咸海部分油田;中石化同乌兹别克斯坦国家石油公司成立合资公司,启动安集延油田勘探、恢复和开发石油长期计划。此外,华为公司、中兴通信、中国移动以及中国水电公司在乌兹别克斯坦的业务也取得了突破性进展。

乌兹别克斯坦对中国投资也从这一时期开始起步,至 2006 年,在新疆、上海和北京分别注册成立公司,主要经营食品和展销业务。

(四)深化拓展阶段(2007—2014 年)

1. 中乌双边贸易状况

这一时期,中乌双边贸易仍保持持续增长。据中国海关统计,2007 和 2008 年,两国双边贸易额分别为 11.3 亿美元和 16.1 亿美元。2009 和 2010 年,中乌双边贸易额分别达到 19.1 亿美元和 24.8 亿美元。2011 年,由于中国棉花进口减少,中乌双边贸易额下滑至 21.7 亿美元,同 2010 年相比下降 12.6% ,其中,中方进口额为 8.1 亿美元,出口额为 13.6 亿美元。2012 年,中乌双边贸易额达到 28.8 亿美元,同上年相比增长32.8% 。其中,中方出口额为 17.8 亿美元,同比增长 31.3% ;中方进口额为 10.9 亿美元,同比增长35.3% 。除 2010 年之外,中方一直保持较大的贸易顺差。(表 3 - 18)

2013 年,中乌双边贸易额 45.3 亿美元,同比增长 57.62% 。其中,中方出口 26.14 亿美元,同比增长 46.51% ;中方进口额为 19.18 亿美元,同比增长 75.8% 。中方贸易顺差 6.96 亿美元。2014 年,中乌双边贸易额为 42.7 亿美元，同比下降5.76%。其中，中方出口额为26.75亿美元，同比增长2.34%；中方进口额为15.96亿美元，同比下降16.8%。中方贸易顺差10.79亿美元。（表3－18）

在贸易结构上，两国进出口商品种类进一步多样化，高新技术产品和非资源领域的贸易明显增长。例如，2007年，中国对乌出口的产品为机电产品（4.21亿美元，占出口总额的55%），高新技术产品（1.35亿美元，占出口总额的17.6%），纺织、服装类产品（1.71亿美元，占出口总额的22.3%）。①2012年，中国向乌兹别克斯坦出口主要产品有机械设备及器具（4.69亿美元，占出口总额的26.3%），电机、电气及其零附件（2.46亿美元，占出口总额的13.8%），钢铁制品（2.08亿美元，占出口总额的11.65%）等。

这段时期，乌兹别克斯坦向中国出口主要商品是棉花、铀、石油产品等。例如，2007年，中国自乌兹别克斯坦进口棉花（2.98亿美元，占进口总额的82%）、成品油及其他燃料油（3 850万美元，占出口总额的10.6%）。② 从2009年开始，中国与乌方合作开发铀矿，铀进口贸易显著增加。2010和2011年，中国从乌兹别克斯坦进口价值分别为7.9亿美元和4.66亿美元的铀。2012年，中国自乌进口主要商品有棉花34.4万吨（总金额7.95亿美元，占比72.81%），无机化学、贵金属等（1.27亿美元，占比11.62%），矿物燃料、矿物油及沥青等（6 998万美元，占比6.41%），钾肥（3 677万美元，占比3.37%）等。

随着两国双边贸易额的增加，中国逐渐成为乌兹别克斯坦的主要贸易伙伴之一。据乌方统计，2007年，中国是乌方的第五大贸易伙伴，占乌外贸额的5.3%；2011年，中国成为乌兹别克斯坦的第三大贸易伙伴，占乌外贸额的10.2%；2012年中国成为乌兹别克斯坦的第二大贸易伙伴，占其外贸总额的12.3%。

2. 中乌投资与经济技术合作

首先，中乌双方出现了一批较大的经济技术合作项目，涉及能源、化工、

①资料来源：根据联合国贸易和发展会议数据库网站公布的数据整理而成。

②资料来源：2007年乌兹别克斯坦与中国双边贸易情况，人民网，unn.people.com.cn/GB/135874/8191049.html，2008－10－17。

电信、农业、铁路、电站设备及工程承包等领域。2009 和 2010 年,中国对乌兹别克斯坦投资额分别为 13.8 亿美元和 16.54 亿美元。截至 2011 年,中国对乌兹别克斯坦投资额(包括直接投资和间接投资)超过 40 亿美元,成为乌兹别克斯坦第一大投资国。① 据中方统计,至 2011 年,中国对乌兹别克斯坦的直接投资存量为 1.56 亿美元。至 2012 年 5 月,在乌兹别克斯坦注册中资企业共 360 家,投资领域由能源领域向非能源领域扩展,一些代表性的项目,如昆格勒碱厂、德赫卡纳巴德钾肥厂、鹏胜工业园等已经交付使用。中国企业还成功升级改造了阿汉格朗水电站、安集延 2 号水电站和土库马奇—安格连铁路等。另外,华为公司和中兴通讯利用中国提供的出口买方信贷 1 300 万美元对乌兹别克斯坦电信网络进行现代化改造,华为公司目前成为乌兹别克斯坦第一大电信设备供货商,其设备覆盖了乌兹别克斯坦固话网 70%、移动网 50% 的份额。这一时期,乌兹别克斯坦对中国投资也显著增多,至 2009 年 3 月,其在华投资项目共计 31 个,合同外资金额 2 213 万美元,主要涉及化工、电子、轻工和食品等领域。②

能源合作方面,2006 年,中国与土库曼斯坦签署了中国 - 中亚天然气管道建设协议,该管道全长约 7 000 千米,乌兹别克斯坦境内长 530 千米。2008 年 6 月,乌兹别克斯坦段正式开工建设。2010 年,乌兹别克斯坦 - 中国天然气管道 B 线投入使用。2011 年 4 月,中石油与乌兹别克油气国家控股公司签订了中国 - 乌兹别克斯坦天然气管道建设协议,提出该管线是中国 - 中亚天然气管线的第三条管线(C 线),年输气量为 250 亿立方米,工程造价 22 亿美元,2013 年底建成,2014 年 6 月投入运营。

其次,中乌两国积极开展交通运输基础设施建设合作,开始实施中吉乌公路和铁路建设项目,由于吉尔吉斯斯坦境内进度迟缓,该项目推进缓慢。

①李永全:《乌总统访华将促进两国关系进一步发展》,《光明日报》2012 年 6 月 2 日,第 8 版。

②须同凯:《上海合作组织区域经济合作:发展历程与前景展望》,北京:人民出版社,2010 年,第 99 页。

但随着中吉乌公路中国段的建成，以及2012年吉尔吉斯斯坦与中国路桥工程公司就中吉乌铁路项目签署了合作备忘录，连接中、吉、乌三国的交通动脉有望取得新进展。

最后，中乌双方探索合作建设和开发经济特区。2008年，乌兹别克斯坦在中西部的纳沃伊州建设自由工业经济区，该经济区对外国投资者给予了许多优惠政策。目前入驻该特区内的中国企业有新疆天叶公司、白海华明公司、天津润通油气设备公司、河南南阳红棉集团等，生产涉及农业滴灌和油气钻探设备、通信设施、聚乙烯管、棉纺织品、卫生用品、药品及医疗制品等。① 2011年，中国国家开发银行与乌兹别克斯坦对外经济活动银行签署5亿美元的融资框架合作协议，用于促进中国企业对纳沃伊特区的投资，支持乌国中小企业发展等。

3. 新疆与乌兹别克斯坦经贸合作现状

近年来，新疆与乌兹别克斯坦的贸易一直占中乌双边贸易总额的30%左右。目前在乌经营的新疆公司约20家，其中正式注册公司和成立办事处的近10家，主要有新疆银隆、南方航空、特变电工、天业、天山格冉特、野马、奎屯新西亚、米勒（正义种业）、百海华民等公司。② 其中，对乌兹别克斯坦贸易量最大的是新疆银隆公司，近年来每年自乌进口棉花10万吨左右；最大的生产型独资企业是天山格冉特公司，为2006年宝钢集团新疆八钢公司投资于塔什干的独资企业，年销售收入几百万美元；奎屯新西亚公司与乌兹别克斯坦原料商品交易所合作，在新疆奎屯市建立的乌兹别克斯坦交易所为中国首个交易终端，为两国企业间进行网上贸易提供了中介平台。

新疆对乌兹别克斯坦经贸合作仍以一般贸易为主，新疆企业在乌兹别克斯坦实施的经济技术合作项目规模较小。新疆向乌兹别克斯坦出口的商品轻纺产品所占比重较高，机电产品和高新技术产品所占比重偏低；自乌兹别克斯

①资料来源：根据中华人民共和国商务部网站公布的数据整理而成。

②资料来源：根据中国驻乌兹别克斯坦大使馆经济商务参赞处网站公布的数据整理而成。

坦进口的商品以棉花等原材料产品为主。新疆与乌兹别克斯坦外贸运输受制于哈萨克斯坦的口岸设施能力，口岸压车现象严重。此外，新疆企业在乌兹别克斯坦的经营也面临换汇难、政策多变、海关税务等环节人为因素干扰多的普遍性问题。

七、中国与土库曼斯坦经贸合作历史和现状

中国与土库曼斯坦的经贸合作已有20多年的历史，中土经贸关系发展划分为两大时期和四个发展阶段：第一大时期就是建交前10年，即1992—2001年（起步与探索阶段和曲折发展阶段）；第二大时期就是21世纪的前10年，即2002—2012年（平稳增长阶段和全面深化合作发展阶段）。

（一）起步与探索阶段（1992—1996年）

1992年1月，中国外经贸部部长李岚清率领中国政府代表团访问土库曼斯坦，两国签署了建交《联合公报》《经济贸易协定》等，中土两国相互确认给予对方贸易最惠国待遇。但这一时期，中土双边贸易额总量较小，交易商品较为单一，双边贸易额占两国贸易总额的比例很低。1992年，中土贸易额仅为450万美元；1995年，两国双边贸易额上升为1 760万美元，但仅占土库曼斯坦外贸总额的0.54%；1996年，中土双边贸易额只有1 147万美元。（表3－19）①从贸易结构来看，土库曼斯坦主要从中国进口茶叶、纺织品、服装、鞋、食品及其他日用轻工产品，向中国出口的主要商品有棉花、化肥、硝胺、皮革等。

在投资合作方面，有5家中国公司与土库曼斯坦签订建立合资企业的合同，项目涉及饭店、纺织厂、搪瓷厂、茶叶分包厂、缝纫机组装厂等。但两国1992年签署《中土经济贸易合作纪要》确定的4个合作项目（纺织厂、宾馆、食品罐头厂、化肥和烧碱厂）因种种原因未能落实。

①资料来源：根据中华人民共和国海关总署网站公布的数据整理而成。

表 3－19　1992—2001 年中国对土库曼斯坦双边贸易状况

年　份	进出口总额		中方出口		中方进口	
	金额（万美元）	增长率（%）	金额（万美元）	增长率（%）	金额（万美元）	增长率（%）
1992	450	—	409	—	42	—
1993	465	3.1	385	－5.9	80	93
1994	1 126	142.3	367	－4.5	759	847.9
1995	1 760	56.2	1 127	207.1	633	－16.6
1996	1 147	－34.8	845	－24.9	302	－52.3
1997	1 524	32.9	1 163	37.6	361	19.6
1998	1 252	－17.9	1 029	－11.5	222	－38.4
1999	949	－24.2	747	－7.4	202	－9.0
2000	1 616	70.3	1 210	62.1	406	100.5
2001	3 271	102.4	3 149	160.2	122	－69.8

资料来源：根据中华人民共和国海关总署网站公布的数据整理而成。

（二）曲折发展阶段（1997—2001 年）

1997 年，中土双边贸易总额为 1 524 万美元。其中，中方出口额为 1 163 万美元，进口额为 361 万美元。受俄罗斯金融危机的影响，1999 年，中土双边贸易额为 949 万美元，跌到阶段性最低点。2000 年以后开始快速增长，到 2001 年，中土双边贸易总额上升至 3 271 万美元，同 2000 年相比增长了 102.4%。其中，中方出口额为 3 149 万美元，进口额为 122 万美元。由于两国贸易中绝大部分是中国的出口，土库曼斯坦贸易逆差严重。

这段时期，土库曼斯坦的主要贸易伙伴国有土耳其、乌克兰、伊朗、俄罗斯、美国、乌兹别克斯坦、哈萨克斯坦等，与这些国家的贸易总额占其外贸总额的 74% 以上，中土双边贸易额占土库曼斯坦外贸总额的比例仍然较少。由于中国与土库曼斯坦没有边境接壤，也没有直接开放的口岸，经贸往来一般都需要通过哈萨克斯坦和吉尔吉斯斯坦来完成，这样就增加了贸易成本，这些都是导致中土贸易规模偏低的重要原因。

在贸易结构上，中国对土库曼斯坦出口的主要商品包括石油天然气机械设备、茶叶、纺织品和通信产品等，土库曼斯坦对中国出口贸易额很小，种类较为单一，主要集中在棉花和棉纱线等产品上。

在投资合作方面，中土两国的能源合作出现初步进展。1997 年 5 月，中国胜利油田井下作业公司与土库曼斯坦国家石油集团签订维修 100 口油井的防砂合同，中方负责从选井到油井修复的全部投资并独家承担风险，土方用修复好的油井所产原油偿还中方投资。修井工程带动了石油设备贸易的发展，自修井以来，土方从中方购买的修井机、抽油机、抽油管、发电机、修井用砂等总价值约 2 亿元人民币。此外，2000 年 7 月，中石油代表团访问土库曼斯坦，与土政府签署了《中国石油天然气集团公司与土库曼斯坦在石油天然气领域合作的谅解备忘录》。

（三）平稳增长阶段（2002—2006 年）

1. 中土双边贸易状况

2002—2006 年，中土双边贸易保持了平稳上升的态势，中国对土库曼斯坦的出口贸易增长较快。2005 年，中土双边贸易额突破 1 亿美元；2006 年，两国双边贸易额达到了 1.79 亿美元，同上年相比增长了 62.7%。其中，中国对土库曼斯坦的出口额达到 1.63 亿美元，同上年相比增长 79%，中国从土库曼斯坦的进口额仅有 1 601 万美元。（表 3－20）这段时期，中土双边贸易占土库曼斯坦外贸总额的比例略有上升，但至 2005 年，中国还只是土库曼斯坦的第十一大贸易伙伴、第八大进口来源国和第二十五大出口目的国。①

在贸易结构上，虽然土库曼斯坦对中国出口额比较低，但出口种类有所增加，从原来的单一农产品扩展为棉花、动物毛、生皮、蚕丝、植物材料、无机

①须同凯：《丝绸之路上的新商机：中亚经贸投资指南》，北京：中国海关出版社，2007 年，第 180 页。

化学品等。2006 年,中国首次从土库曼斯坦进口了价值 491.5 万美元的矿物燃料。中国向土库曼斯坦出口的商品是机械设备、运输工具、轻工产品、电器、家居用品、金属及金属制品、化工产品、建材、茶叶、药品等。另外,随着土库曼斯坦加大石油天然气的开采力度,提高了从中国进口机械设备的比重,中国连续多年保持了土库曼斯坦第一大石油机械供应国地位。例如,2002 年,土库曼斯坦从中国购买了价值 8 785 万美元的机电设备产品,其中以石油钻采设备为主,总额达到 4 605 万美元,占土库曼斯坦机械设备进口总额的 70% 。

2. 中土投资与经济技术合作

2002—2006 年,中土双方在能源资源开发、通讯、化工、铁路、丝绸等领域的合作取得成效,如阿姆河右岸天然气勘探开采、中土天然气管线建设、对土铁路车辆设备出口项目等。至 2006 年,中方在土库曼斯坦参与投资的项目共 19 个,投资总额为 2.387 亿美元,主要投向石油天然气和运输通讯领域。在工程承包和劳务合作方面,截至 2006 年 9 月底,中国在土库曼斯坦签订价值 2.56 亿美元的工程承包和劳务合作合同,完成营业额 3.27 亿美元。

中国还多次向土库曼斯坦提供无偿援助和贷款,以促进其能源发展,贷款总额突破了 1 亿元人民币。特别是中国与土库曼斯坦在天然气合作方面取得了较大进展。2006 年 4 月,土库曼斯坦总统尼亚佐夫访华时,两国签署了《关于实施中土天然气管道项目和土向中出口天然气的协议》,规定从 2009 年起的 30 年内,土库曼斯坦每年将经中亚天然气管道,向中国输送 300 亿立方米天然气。为保障建成投产后的天然气管道有足够的天然气供应,中土双方还将共同勘探和开发土境内阿姆河右岸的气田。

(四)全面深化合作阶段(2007—2014 年)

1. 中土双边贸易状况

2007—2013 年,中土双边贸易出现了跨越式的高速增长。2007 和 2008 年,中土双边贸易总额分别上升至 3.51 亿美元和 8.88 亿美元,同比增长分别为 96.1% 和 153% ;2009 年,两国贸易总额达到 9.54 亿美元;2010 和 2011

年，中土双边贸易总额大幅增长到15.67亿美元和54.79亿美元，同上年相比增长分别为64.3%和249.6%；2011年，中土双边贸易额占土库曼斯坦贸易总额的19.5%，中国一跃成为土库曼斯坦最大的贸易伙伴；2012年，中土双边贸易总额达到103.7亿美元，同上年相比增长了89.3%，再创历史新高。其中，中国对土库曼斯坦出口额为17亿美元，同上年相比增长116%。2013年，中土双边贸易额为100.34亿美元，同比下降了3.2%。1992至2014年以来，中土双边贸易规模增长了2 300多倍。（表3－20）

中土双边贸易大幅增长的主要原因是两国签署的各项天然气合作协议，这极大地促进了双边贸易的迅速发展。2009年12月，随着全长7 000千米的土库曼斯坦－乌兹别克斯坦－哈萨克斯坦－中国天然气管道的正式运营，土库曼斯坦对中国的出口额大幅增加。2010年，土库曼斯坦对中国的出口额上升至10.4亿美元，首次超越了中国对土库曼斯坦的出口额。2011年，土库曼斯坦对中国出口额达到了46.93亿美元，同比增长了349%。2012年，土库曼斯坦对中国出口额达到86.7亿美元，同比增长了84.7%。

从贸易结构来看，自中国－中亚天然气管线通气后，中国从土库曼斯坦进口的商品90%以上是天然气等矿物燃料。中国向土库曼斯坦出口主要商品包括石油机械及配件、金属制品、运输工具、日常用品等。另外，2010—2011年，中国从土库曼斯坦进口棉花2 575吨，但仅占土库曼斯坦棉花出口量的1.07%。①

表3－20　2002—2014年中国与土库曼斯坦双边贸易状况

年　份	进出口状况		中方出口状况		中方进口状况	
	金额（亿美元）	增长率（%）	金额（亿美元）	增长率（%）	金额（亿美元）	增长率（%）
2002	0.88	167.5	0.87	175.6	0.01	－39.9
2003	0.83	－5.7	0.79	－9.2	0.04	300
2004	0.99	19.3	0.85	7.6	0.14	250

①资料来源：根据中国棉花信息网公布的数据整理而成。

续表

年　份	进出口状况		中方出口状况		中方进口状况	
	金额（亿美元）	增长率（%）	金额（亿美元）	增长率（%）	金额（亿美元）	增长率（%）
2005	1.10	11.1	0.91	7.1	0.19	35.7
2006	1.79	62.7	1.63	79.1	0.16	-15.8
2007	3.51	96.1	3.02	85.3	0.49	206.3
2008	8.88	153	8.56	183.2	0.32	-34.7
2009	9.54	7.4	9.16	7.0	0.38	18.8
2010	15.67	64.3	5.22	-43	10.45	2650
2011	54.79	249.6	7.86	50.6	46.93	349.1
2012	103.70	89.3	17.00	116.3	86.70	84.7
2013	100.34	-3.2	11.42	-32.8	88.93	2.6
2014	104.70	4.3	9.54	-16.5	95.16	7.0

资料来源：根据中华人民共和国海关总署网站公布的数据整理而成。

2. 中土投资与经济技术合作

2006年之后，中国对土库曼斯坦直接投资高速增长。据中方统计①，至2011年，中国对土库曼斯坦直接投资存量为2.76亿美元，主要涉及能源资源开发、通信、化工、铁路、丝绸等领域。从投资规模上来看，中石油和中石化等油气开采企业对土库曼斯坦投资规模是最大的。至2011年底，中国有37家企业在土库曼斯坦注册登记，投资项目达66个。目前，中资企业在土库曼斯坦的主要投资项目包括：中国石油天然气集团公司承建的中土天然气管道项目、中石化胜利石油管理局执行的油井修复和钻井项目、中国石油技术开发公司向土库曼斯坦出口油气设备项目、中信建设有限责任公司向土库曼斯坦出口铁路客车厢项目、华为公司向土库曼斯坦出口通信设备项目等。此外，中国国家开发银行、南方航空公司、山西中旭国际贸易公司、凤凰实业公司、中兴通讯等中资企业也在土库曼斯坦积极开展各类业务。

①资料来源：根据《2011年中国对外投资统计公报》公布的数据整理而成。

中国－中亚天然气管道是中国第一条跨国天然气管道，西起土库曼斯坦和乌兹别克斯坦边境，穿越乌兹别克斯坦中部和哈萨克斯坦南部地区，经新疆霍尔果斯口岸入境，年设计输气量为 300 亿至 400 亿立方米，工程总造价约为 200 亿美元，境内与中国西气东输二线管道相连。迄今为止，中国已向土库曼斯坦天然气公司累计提供了金额为 81 亿美元的优惠贷款，土库曼斯坦承诺 2013 年开始对中国每年出口 400 亿立方米天然气。截至 2015 年 1 月 26 日，中亚天然气管道累计向中国输送来自土库曼斯坦的天然气为 1 000 亿立方米。

中国－中亚天然气管道工程是迄今中国在海外最大的天然气项目，被誉为新时期的"能源丝绸之路"。中国－中亚天然气管线的建成投产，为中国能源版图又增添了一条重要动脉，有利于缓解中国天然气供应紧张的局面，进一步优化中国的能源消费结构。这条管线将为中国经济发展提供更多清洁高效的天然气资源，将推动沿线城市用清洁燃料代替部分电厂、企业和居民生活使用的煤气和煤炭；在提升百姓生活质量的同时，也将有效改善中国的空气质量。另外，中亚管线的投入运营使俄罗斯作为土库曼斯坦天然气进口国的地位迅速下降，也使中国摆脱对俄罗斯天然气的过度依赖，从而使中方在中俄天然气谈判中处于有利地位。

3. 新疆与土库曼斯坦经贸合作现状

新疆依托其地缘优势一直以来是土库曼斯坦从中国进口商品的主要货源地和物资发运地。近年来，随着新疆与中亚各国贸易额的稳步上升，经贸合作领域不断扩大，双方在各领域的合作取得了许多进展。目前，双方合作主要涉及种植业、畜牧业、林业、新能源、轻工业、食品工业等领域。然而，当前新疆企业在土库曼斯坦仅从事一般贸易活动，在中土大中型经济技术合作项目中很难发现新疆企业的影子。2012 年，新疆对土库曼斯坦进出口额只有 1.4 亿美元，仅占中土贸易总额的 2%，这种贸易规模与新疆快速增长的外贸状况并不匹配。① 因此，现阶段需要提升新疆与土库曼斯坦的经贸合

①新疆维吾尔自治区统计局：《新疆统计年鉴》，北京：中国统计出版社，2013 年，第 195 页。

作水平，新疆企业一方面应发挥地缘和人文优势，抓住土库曼斯坦经济发展的有利时机，大力推动企业“走出去”，积极参与其各项基础设施建设项目；另一方面应充分发挥在农业技术方面的优势，加强与土库曼斯坦在农产品贸易、农产品加工等方面的合作。

八、中国与中亚国家金融合作现状与问题

（一）中国与中亚国家金融合作现状

中亚五国是丝绸之路经济带建设的核心区，目前中国已经成为中亚各国最重要的贸易伙伴之一，中国与中亚国家的金融合作主要体现在以下几个方面。

1. 边贸本币结算及本币互换

开展跨境贸易本币结算既可以降低交易成本，也有利于规避美元汇率波动的影响。早在2003年，中国就与吉尔吉斯斯坦签署了以双方货币作为支付结算的协定。2005年，中国与哈萨克斯坦央行签署了以双方货币作为边境贸易支付结算的协定，并逐步开展边境贸易以人民币作为支付结算。2009年7月，中国颁布并实施《跨境贸易人民币结算试点管理办法》。2014年，中国与哈萨克斯坦签订新的双边本币结算与支付协议，本币结算从边境贸易延伸到一般贸易，两国企业可自行决定用美元、人民币或哈萨克坚戈进行结算与支付。

国家中央银行间的货币互换也是我国开展国际金融合作的重要方式。通过央行间签订货币互换协议，本国的商业机构可以借到对方国家的货币，用于支付进口商品，本国出口企业也可以得到本币计价的货款，这样能够有效规避汇率风险，降低汇兑费用。2011年，中国人民银行和乌兹别克斯坦央行签署了金额为7亿元人民币的双边本币互换协议，与哈萨克斯坦央行签署了金额为70亿元人民币的双边本币互换协议。2014年，中国与哈萨克斯坦续签了本币互换协议，互换金额为70亿元人民币（2 000亿坚戈），协议有效

期为3年。

2. 设立境外金融机构

1993年,第一家中资金融机构——哈萨克斯坦中国银行在阿拉木图设立。同年,中国工商银行在哈萨克斯坦的第一家分行——工商银行(阿拉木图)股份公司正式成立。该行成立以来,各项业务稳步增长,目前已开办了存款、贷款、汇款、兑换等全功能的商业银行业务。2004年7月,中国国家开发银行与哈萨克斯坦开发银行签署全面合作协议,双方将在项目融资、银团贷款方面开展合作。新疆作为我国向西开放的桥头堡,与中亚国家金融机构的合作更为密切。截至2013年11月,中亚国家及俄罗斯的银行在新疆开设了13个人民币同业往来账户,中国银行已在新疆推出人民币兑换坚戈现钞汇率及挂牌交易业务,这些措施有力地促进了新疆与哈萨克斯坦的经贸往来。

3. 上海合作组织银行联合体

2005年10月,上海合作组织银行联合体(简称“银联体”)成立。2006年,银联体成员行通过了《关于支持上海合作组织区域经济合作的行动纲要》,确定了银联体合作的工作目标和计划。从此,银联体成员行参与了上海合作组织区域内一系列大型项目的实施,对成员国的经济实体提供了总额数百亿美元的授信与项目融资。作为银联体主席行,中国国家开发银行把基础设施建设和能源开发作为其工作重点,为中哈石油管道等重大项目提供了融资,也为中石油、中石化海外并购项目的顺利完成提供了强大的金融支持。截至2014年6月底,国家开发银行在中亚地区共支持项目71个,发放贷款金额为245亿美元,贷款余额194亿美元,涉及油气、有色金属、航空、电力、农业等多个领域。

(二)中国与中亚国家金融合作的问题及对策

1. 主要问题

当前,中国与中亚国家的金融合作仍处在初级阶段,需要加强实质性的区域金融合作。例如,从我国与中亚国家的金融合作情况看,区域金融合作签订的合作协议较多,而建立的合作实体较少;区域金融合作大部分是双边合作,多边金融合作很少。中国与中亚国家的金融合作主要是与哈萨克斯坦,与中亚其他四国(吉尔吉斯斯坦、塔吉克斯坦、乌兹别克斯坦、土库曼斯坦)的合作则较少;区域金融合作大多是通过政策性银行(如国家开发银行)来完成的,缺乏各类商业银行之间的合作;金融机构合作的业务内容单一,创新型业务少。

2. 对策及建议

第一,加强金融服务体系建设。2008 年金融危机以来,中国已主动与韩国、印度尼西亚、新加坡、蒙古国、哈萨克斯坦、泰国和巴基斯坦等国进行或者续延了货币互换协议。2011 年 6 月,中国与俄罗斯签订了双边本币结算协定。2010 年 6 月,中国扩大了跨境贸易人民币结算试点,并将新疆等 18 个省区纳入其中。在此背景下,新疆应加强双边和多边交流推进边境贸易的本币结算,推进与周边国家货币互换;制定相关配套政策,扩大新疆与周边国家人民币计价结算使用范围和规模。人民币国际化和地区化是大趋势,中国要以跨境贸易人民币结算和投资结算为契机,在边境省份打造区域性金融中心,辐射相应周边国家。通过政策设计,将乌鲁木齐打造成为面向中亚的区域金融中心。采取多种方式促进金融合作,或设立沿边开放区域性贸易发展基金,针对边贸发展的薄弱环节提供融资支持。例如,争取设立中国-中亚经济合作基金和中国-中亚农业合作基金,将基金管理机构设在乌鲁木齐。

第二,创新区域融资保障机制,发挥亚洲基础设施投资银行的引领作用。2014 年 10 月,亚洲 21 个国家共同决定成立亚洲基础设施投资银行(简称“亚投行”)。亚投行是一个政府间性质的亚洲区域多边开发机构,总部设在北京,法定资本额 1 000 亿美元,初始认缴资本额 500 亿美元左右。2015 年 6 月,《亚洲基础设施投资银行协定》签署仪式在北京正式举行,亚投行 57 个意向创始成员国代表出席了签署仪式,其中已通过国内审批程序的 50 个国家正式签署《协定》。[1] 2016 年 1 月，在北京举行了亚投行开业仪式暨理事会和董事会成立大会。成立亚投行是中国推进“一带一路”倡议的又一重大举措，亚投行的建立将为沿线国家基础设施等有关项目提供投融资支持，并将促进中国的资本输出。另外，要创新区域融资保障机制，建立开发性金融机构，积极探讨灵活多样、风险可控的融资和担保模式。积极筹建及利用中国－阿联酋共同投资基金、中国－欧亚经济合作基金、中国－中东欧投资合作基金、丝路基金等，为区域内投资项目提供融资支持。加强各国金融机构之间的合作，开拓新的合作领域，探讨新的合作模式，如探讨政府与企业合作模式（PPP）等，鼓励私营部门参与，推进国有企业股份化改造，探讨资源换贷款、资金换市场等新型融资模式。

第三，加快推动人民币区域化及国际化。目前，中国是世界第一货物贸易大国，也是“一带一路”沿线国家最重要的贸易伙伴之一。随着人民币跨境贸易结算规模的扩大，人民币的区域化和国际化水平逐步提高。在中国周边的一些国家，如越南、老挝、缅甸、蒙古国等国，人民币已经直接使用，中亚国家也开始广泛接受和使用人民币，人民币已经成为我国与周边国家贸易结算的重要货币。另外，自 2009 年以来，我国先后与韩国、马来西亚、欧洲央行、俄罗斯等 32 个国家和地区的中央银行或货币当局签署了双边本币互换协议，总金额超过 3.1 万亿元人民币，并在中国香港及新加坡、伦敦等地建立了人民币清算中心。“一带一路”建设为人民币在我国周边国家流通范围的扩大提供了战略机遇。为此，要继续推进跨境贸易人民币结算，进一步推进人民币利率和汇率的市场化，实现人民币资本项目下的可自由兑换；推动以人民币为中心的区域外汇交易市场建设，使人民币真正成为周边国家金融市场上的借贷和投资货币，进而成为储备货币，最终实现人民币的区域化和国际化。

---

①亚投行 57 个意向创始成员国有：奥地利、澳大利亚、阿塞拜疆、孟加拉国、巴西、文莱、柬埔寨、中国、丹麦、埃及、法国、芬兰、格鲁吉亚、德国、冰岛、印度、印度尼西亚、伊朗、以色列、意大利、约旦、哈萨克斯坦、韩国、科威特、吉尔吉斯斯坦、老挝、卢森堡、马来西亚、马尔代夫、马耳他、蒙古国、缅甸、尼泊尔、荷兰、新西兰、挪威、阿曼、巴基斯坦、菲律宾、波兰、葡萄牙、卡塔尔、俄罗斯、沙特阿拉伯、新加坡、南非、西班牙、斯里兰卡、瑞典、瑞士、塔吉克斯坦、泰国、土耳其、阿联酋、英国、乌兹别克斯坦和越南。

九、小结

2000 多年以来,丝绸之路一直是欧亚大陆上东西方经济文化交流的主要通道,为促进中国与中亚、西亚、南亚和欧洲国家的友好往来做出了不可替代的历史贡献。丝绸之路贸易兴起于西汉,发展于魏晋南北朝,至唐代达到鼎盛。丝绸之路的走向基本可分为三段,并且每一段都可分为北、中、南三条路线。丝绸之路的兴旺与发展促进了中亚与中国的贸易往来,它不仅是一条商贸通道,也是沟通东西方文化交流的重要桥梁。

中国与中亚国家的经贸合作已经有 20 多年的历史,中国与中亚国家的经贸关系发展大都可划分为两大时期和四个发展阶段:包括起始发展阶段(1992—1996 年)、稳步发展阶段(1997—2001 年)、巩固扩大阶段(2002—2006 年)和深化拓展阶段(2007—2014 年)。中国与中亚各国的双边贸易逐年快速增长,中国已经成为中亚五国最重要的贸易伙伴。中国对中亚国家的投资合作发展较快,中国对中亚五国的投资总额已超过 500 亿美元;投资领域涉及油气、交通、电信、农业、化工、电站设备、基础设施等,一系列大型合作项目已顺利实施。

哈萨克斯坦是中亚地区经济实力最强、与中国经贸合作最多的中亚国家。1992—2011 年,中哈双边贸易额增长了 66.4 倍,中国已经成为哈萨克斯坦第一大出口对象国和第二大进口来源国。中国对哈萨克斯坦的非金融类直接投资存量位列中国对中亚五国直接投资额的第一位,哈萨克斯坦也是中资企业进行海外投资及工程承包最多的中亚国家。中哈霍尔果斯国际边境合作中心将成为高度开放的中国西部边境商品集散地。

1992—2012 年,中国与吉尔吉斯斯坦两国双边贸易额增长了 146 倍,中国已是吉尔吉斯斯坦的第二大贸易伙伴和第二大投资来源国。中吉经贸关系 20 多年来的历程可分为三个阶段,即起始和曲折发展阶段、快速增长阶段、深化合作发展阶段。在每个阶段,中吉双边贸易及投资合作都取得了丰硕成果,吉尔吉斯斯坦已成为中国商品出口到中亚及其他独联体国家的集散地和转口贸易中心。

1992—2011 年，中国与塔吉克斯坦两国双边贸易和投资都出现了快速增长，双边贸易额增长了 738 倍，中国已经成为塔吉克斯坦的第二大贸易伙伴。中塔经贸合作 20 多年的发展历程分为三个阶段，即起始和曲折发展阶段、制度化发展阶段和深入发展阶段。

1992—2014 年，中国与乌兹别克斯坦双边贸易和投资都出现了快速增长，两国双边贸易额增长了 80 倍，中国已经成为乌兹别克斯坦的第一大投资国和第二大贸易伙伴。中乌经贸关系发展可划分为四个发展阶段，即起步与探索阶段、曲折发展阶段、平稳增长阶段、深化拓展阶段。

1992—2014 年，中国与土库曼斯坦的双边贸易额增长了 2 300 多倍，中国已经成为土库曼斯坦第一大贸易伙伴、最大天然气出口市场和重要的投资来源国。中土经贸关系发展也划分为四个发展阶段，即起步与探索阶段、曲折发展阶段、平稳增长阶段、全面深化合作发展阶段。

国际金融合作是国际经贸合作的重要组成部分。中国与中亚国家开展金融合作主要体现在边贸本币结算及本币互换、设立境外金融机构、上海合作组织银行联合体等方面。中国与中亚国家的金融合作仍处在初级阶段，为此，要创新区域融资保障机制，发挥亚投行的引领作用，加快推动人民币区域化及国际化。

第四章

中国与中亚五国经贸合作的基础条件、主要问题及障碍

一、中国与中亚五国经贸合作的基础条件

中国和中亚地区具有地缘的邻近性、民族的相通性、政策的开放性等方面的特点，这为中国与中亚五国经贸合作提供了现实的基础和有利的条件。中国新疆与中亚各国在文化、风俗习惯和消费结构方面有许多相似点，这些因素都成为贸易扩大和经济合作的重要基础。

（一）经济互补性是经贸合作的前提条件

1. 市场互补性

中亚五国和中国存在较强的市场互补性。市场结构互补性是贸易产生的前提条件，中国向中亚国家出口机电产品、纺织品、服装、鞋帽等日用品，自中亚国家主要进口原油、钢材、铜、铝等原材料。近年来，随着技术进步和监管不断加强，中国出口中亚国家的商品从过去以服装鞋帽和日用百货为主逐步向各类高科技产品和大型机械设备等方向扩展。而中亚五国对中国出口商品结构相对单一，主要还是以能源、矿产资源为主。中国与中亚国家区域经济合作可以实现两者之间的优势互补，即中国可以保障经济发展所需的能源供给，中亚国家可以利用中国的先进轻工业技术，享用中国物美价廉的商品，实现经济上的双赢。

2. 产业发展层次互补

曾经作为苏联的原材料供应基地，中亚五国经济结构单一，轻工业、机电、日用消费品等产业十分薄弱。中亚国家虽然拥有较为雄厚的重工业基础，但其技术和设备相当落后。相比而言，中亚各国的劣势恰恰是中国的比较优势，中国已成为中亚地区的重要投资国之一，中国的轻工业、食品、家电等生产设备和相关技术可以满足中亚国家产业结构调整的需要。中国经济的快速发展为中亚国家的产业结构升级和技术设备更新提供了资金和技术支持。

3. 资源禀赋结构互补

能源出口是中亚国家经济转型的重要引擎，增加对能源资源的开发和出口则成为其不可替代的经济增长点。中亚国家能源丰富，特别是具有前

景可观的油气资源储量：哈萨克斯坦已探明的石油储量近 300 亿桶，天然气 3 万亿立方米，产量和出口量逐年增加，成为日益重要的能源供应国；乌兹别克斯坦天然气资源也十分丰富，其开采量居独联体国家第二位和世界前十位；土库曼斯坦 2011 年向中国出口了 170 亿立方米的天然气，超过了当年俄罗斯和伊朗出口中国的天然气数量。

从需求方面来看，中国是一个稳定的能源消费国，每年需要进口大量能源，中国已经成为中亚五国的主要能源和原材料出口对象国。中国石油进口的 50% 通过海上运输来自中东地区，但是中东国家政局不稳和马六甲海峡海盗频繁出没，使中国的能源安全难以得到充分保障。在这种情况下，中国正在积极寻求能源进口安全，以满足因经济快速发展带来的急剧增加的能源需求。随着中国经济发展对进口能源依赖程度的不断提高，从中亚进口石油与天然气已经成为实现中国能源进口多元化、分散能源进口风险并维持国家能源安全的重要途径。

近年来，中国与中亚各国开展了多项能源合作，且发展势头良好。2006 年 7 月，中哈第一条原油运输管道的正式供油，开创了中国与中亚国家能源合作领域的先河。2009 年 12 月 14 日，中国 - 中亚天然气管道正式竣工，这条世界上最长的天然气管道，全长 1 万千米，贯穿乌兹别克斯坦、哈萨克斯坦和中国三个国家，并与中国西气东输 B 线相连。另外，根据中乌双方在 2010 年签署的关于天然气购销的框架协议，乌兹别克斯坦将每年向中国供气 100 亿立方米。而作为中国 - 中亚天然气管道的主供气国——土库曼斯坦，从 2009 年 12 月 14 日开始，截至 2014 年 11 月 13 日，已累计向中国供应天然气 1 000 亿立方米。

4. 贸易互补性指数

为了衡量两国间的贸易互补性，可以采用以下计算贸易互补性指数的方法：

$$c_{ij} = \sum_k (RCA_{ik} \times RCA'_{jk}) \times (X_{wk}/X_W)$$

其中，X 、M 分别代表出口和进口，下标 i 、j 、w 分别表示 i 国、j 国和世界，下标 k 表示 k 类商品。$RCA_{ik} = \frac{X_{ik}/X_i}{X_{wk}/X_w}$、$RCA'_{jk} = \frac{M_{jk}/M_j}{X_{wk}/X_w}$分别表示 i 国 k 类

商品的出口比较优势和 j 国 k 类商品的进口比较劣势指数。贸易互补性指数的构造思路是，i 国 k 类商品的出口比较优势越大，同时 j 国 k 类商品的进口比较劣势越大，那么两国之间互补性越大，再加权求和就可以得到两国之间的贸易互补指数①。

通过计算 2000—2010 年中国与上海合作组织成员国之间的贸易互补性指数，可以发现，中国与哈萨克斯坦、乌兹别克斯坦、俄罗斯三国的贸易互补性指数都大于 1，中国与吉尔吉斯斯坦在 2008 年和 2009 年的贸易互补性指数大于 1，并且中国与上海合作组织各成员国的贸易互补性指数呈现上升趋势。（表 4－1）因此，中国与上海合作组织成员国存在互补性的贸易关系，这有利于自由贸易区的形成和发展。

表 4－1　2000—2010 年中国与上海合作组织成员国之间的贸易互补性指数

国　家	年　份										
	2000	2001	2002	2003	2004	2005	2006	2007	2008	2009	2010
哈萨克斯坦	1.05	1.03	10.3	1.07	1.08	1.15	1.16	1.18	1.21	1.22	1.24
吉尔吉斯斯坦	0.90	0.86	0.82	0.83	0.79	0.76	0.8	0.76	1.06	1.05	0.85
俄罗斯	1.08	1.05	1.04	1.05	1.07	1.11	1.14	1.18	1.23	1.12	1.17
塔吉克斯坦	0.63	0.65	0.63	0.81	0.85	0.71	0.76	0.79	0.96	0.94	0.93
乌兹别克斯坦	1.00	1.04	1.08	1.08	1.13	1.13	1.14	1.14	1.20	1.18	1.07

资料来源：根据联合国贸易和发展会议数据库网站公布的数据整理而成。

（二）良好的政治基础和区域经济合作组织架构

1. 中亚国家和中国具备良好的政治基础

中亚国家独立以来，基本保持国内政治稳定，对外奉行务实、多元政策，

①张猛、丁振辉：《上海合作组织自由贸易区：构想及其意义》，《国际经贸探索》2013 年第 2 期，第 27～28 页。

与世界各国和平相处。中国国内政治稳定,经济快速发展,中国的外交政策得到了中亚各国的积极认同。迄今为止,中国与中亚国家之间不存在任何悬而未决的政治问题。2005 年 7 月,中国与哈萨克斯坦签署了《关于建立和发展战略协作伙伴关系的联合声明》。2012 年 6 月,中国、乌兹别克斯坦两国元首决定将两国关系提升至战略伙伴关系水平。2013 年 9 月,中国与土库曼斯坦两国元首也决定将两国关系提升至战略伙伴关系水平。

此外,中国与中亚各国先后签署了《睦邻友好合作条约》《打击恐怖主义、分裂主义、极端主义的合作协定》等重要文件。上海合作组织成立 10 多年来,已经建立起维护地区安全稳定的长效机制,更加有效、持久地打击"三股势力"、毒品走私、跨国有组织犯罪,成为维护欧亚地区稳定的中坚力量。

2. 具备完善的区域经济合作组织架构和工作机制

上海合作组织自 2001 年成立以来,区域经济合作取得了一些成就。成员国签署并全面深入实施《成员国多边经贸合作纲要》等多个法规文件,明确了区域经济合作的目标、任务和措施。另外,成员国全面建立了区域经济合作机制,包括经贸部长会议机制和交通部长会议机制,并形成了以经贸部长会议为首、包含 7 个合作领域的工作组,其中涉及货物贸易、服务贸易和投资领域等;并建立了银联体和实业家委员会,这种完善的组织架构和工作机制为成员国进一步深化区域经济合作、建立自由贸易区提供了良好的组织和机制保障。

特别是《上海合作组织多边经贸合作纲要》明确了区域经济合作的近、中、远期目标。其中远期目标就是到 2020 年,在本区域内逐步实现货物、资本、服务和技术的自由流动。中国在上海合作组织中经济实力最强,是多边经贸合作的积极推动者,中方率先提出的"先推进贸易投资便利化改善合作环境,再加强经济技术合作使各方从中受益,最后在 10 ~ 15 年内实现区域内货物、资本、技术和服务的自由流动"的"三步走"设想,被各方接受。由此可见建立中国 - 中亚自由贸易区既是中国向西开放战略的重要组成部分,又是上海合作组织在区域经济合作方面寻求的主要目标。

3. 区域内主要成员国加入世界贸易组织(WTO)取得实质性进展

2011 年 12 月 16 日,世界贸易组织第八次部长级会议在日内瓦举行,正式批准俄罗斯加入世界贸易组织,俄罗斯正式成为世界贸易组织成员,俄罗斯十八年"入世"历程由此画上句号。根据"入世"协议,俄罗斯总体关税水平将从 2011 年的 10% 降至 7.8% 。其中,农产品总体关税水平将从目前的 13.2% 降至 10.8% ,工业制成品总体关税将从 9.5% 降至 7.3% 。俄罗斯入世将对俄罗斯、白俄罗斯、哈萨克斯坦三国关税同盟以及欧亚经济同盟框架下的一体化进程产生促进作用。

当前,中亚五国在加入世界贸易组织的进程中取得了实质性进展。2012 年 12 月 10 日,世界贸易组织批准塔吉克斯坦正式加入,塔吉克斯坦成为 WTO 的第 158 个成员方。哈萨克斯坦也于 2015 年 7 月 27 日由世界贸易组织总理事会正式批准加入世界贸易组织,而吉尔吉斯斯坦已经是 WTO 成员国,因此上海合作组织成员国中已经出现 5 个 WTO 成员方(中、俄、哈、吉、塔),这样区域经济合作也纳入多边贸易体系下,变得更加规范和透明,这将为深化中国与中亚国家的合作搭建新的制度平台。

上海合作组织各成员国都加入 WTO 后,根据协议降低进出口关税、消除非关税壁垒、采取促进投资贸易自由化的各项措施,这必然提高双边和多边贸易的合作水平。在后金融危机时代,随着油气矿产等大宗产品价格上升,未来几年中亚五国经济都将保持恢复性增长态势。另外,上海合作组织各成员国提出,到 2020 年将逐步实现货物、资本、服务和技术的自由流动,这些有利条件必然提高中国与中亚五国的经贸合作水平。

(三)新疆与中亚国家经贸合作的良好基础条件

1. 新疆与中亚各国地缘邻近

新疆维吾尔自治区与蒙古国、俄罗斯、哈萨克斯坦、吉尔吉斯斯坦、塔吉克斯坦、巴基斯坦、阿富汗、印度等国接壤,有 10 个地州的 32 个县、市与邻国交界,是我国陆上边境线最长的省区。目前,新疆已初步形成了沿边、沿桥(新亚欧大陆桥)和沿交通干线向国际、国内拓展的全方位对外开放格局,成为我国开拓中亚、南亚、西亚和欧洲市场的重要大通道和桥头堡。新疆拥有 17 个国家一类口岸,包括航空口岸 2 个(乌鲁木齐和喀什)、陆路口岸 15 个,

6 个口岸为季节性开放，其余为常年开放口岸。其中，卡拉苏口岸在 2004 年 5 月正式对外开放。在 15 个陆路口岸中对哈萨克斯坦 7 个、对吉尔吉斯斯坦 2 个、对塔吉克斯坦 1 个。其中，阿拉山口和霍尔果斯两大口岸已成为新疆对外贸易最重要的门户。

在商贸物流通道建设方面，新疆已形成以乌鲁木齐为中心，辐射中亚、西亚、南亚，集公路、铁路、航空、管道四位一体的畅通、便捷、安全的立体交通综合运输网络。从空间布局来看，形成了中线依托陇海—兰新主干线，以霍尔果斯、阿拉山口等口岸及沿边城市为支点，以面向哈萨克斯坦为重点的开放格局；南线依托南疆铁路和 314 国道干线，以库尔勒－阿克苏石油化工带和吐尔尕特、红其拉甫等口岸及喀什等区域性中心城市为支点，以面向吉尔吉斯斯坦、巴基斯坦为重点的开放格局；正在贯通的北线，将以奎北铁路建设及相应口岸开辟为依托，形成以阿勒泰为支点、以面向俄罗斯为重点的开放格局。

2. 中国新疆与中亚各国在文化和民族上的相通性

在人文交流方面，新疆是多种宗教并存的地区，主要宗教有伊斯兰教、藏传佛教（喇嘛教）、佛教、基督教、天主教、东正教和萨满教，其中，伊斯兰教在新疆社会生活中有着较大的影响。从古代丝绸之路开始，中国文化就通过新疆向中亚地区传播，并与从中亚地区带来的新的文化在此形成交流和冲击，逐渐形成以绿洲维吾尔文化、草原卫特拉文化、满汉文化为主体，多种文化格局并存的局面。

历史上，新疆就是多民族、多宗教、多人种、多迁徙、多交融的地区，具有与众不同、千姿百态、五光十色的文化特征。新疆生活着 13 个世居民族和 34 个其他民族，少数民族人口约占总人口的 60%。至 2007 年底，维吾尔族总人口 965.06 万人，占新疆总人口的 46.06%；哈萨克族总人口 148.39 万人，占新疆总人口的 7.08%；回族 94.3 万人，占新疆总人口的 4.5%；其他少数民族人口数量较少，占比都不超过1%。① 新疆少数民族人口随绿洲分布，主要集中在吐鲁番市、伊犁州直属县市、阿勒泰地区、阿克苏地区、克孜勒苏州、喀什地区、和田地区等。其中，哈萨克族、乌孜别克族、塔吉克族等都是跨国而居的民族，与周边国家的民族有着天然的渊源，这为中国新疆实施沿边开放提供了得天独厚的人文优势。

二、中国与中亚五国区域经济合作的主要问题

（一）中亚国家在区域经济合作上存在的问题

1. 中亚国家对区域经济合作的认识差异较大

中亚五国都是转型国家，经济体制有较大差异，经济规模相差悬殊，对国际合作的参与程度和贸易规则的认识也有很大差别。中国经济规模巨大，中亚成员国过于弱小，中亚各国都担心受到中国经济的冲击，成为中国经济的附庸。中亚各国国内各利益集团对与中国深化合作也存在不同的声音，所谓的“中国威胁论”“中国扩张论”还有一定的市场。此外，中亚国家都面临资金短缺的问题，中亚各国希望从上海合作组织的经济合作中取得项目，得到贷款，获得具体的实惠，却对建设上海合作组织自贸区和区域经济一体化缺乏热情，这些都是中国与中亚各国开展对外经济合作的重要制约因素。近年来，中亚国家虽有与中国进一步加强经贸合作的迫切愿望，但不少国家对中国在能源资源开发方面合作持谨慎态度，甚至刻意放缓合作步伐，在经济合作发展中，中国所遭遇的阻力越来越大。

另外，中亚各国及俄罗斯对能源合作也存在不同意见：中国的兴趣在于购买其他国家的油气以及建立畅通的能源过境体制；俄罗斯的兴趣主要在于控制中亚能源，让其通过俄罗斯境内的管道出口；哈萨克斯坦和乌兹别克

①资料来源：《新疆统计年鉴2008》。13个世居民族包括：维吾尔族、汉族、哈萨克族、蒙古族、回族、柯尔克孜族、满族、锡伯族、塔吉克族、达斡尔族、乌孜别克族、塔塔尔族、俄罗斯族。

斯坦的兴趣在于加强勘探开发、鼓励出口、进行设备改造以及发展石化工业;吉尔吉斯斯坦和塔吉克斯坦的兴趣在于建设水电站和电力网,将能源合作与水资源合作相结合。由此可见,各成员国对能源合作的认识有很大差异。

2. 中亚各国的投资限制政策较多

市场准入风险是指各国以法律的形式对外资进入的行业、规模和其他条件加以限制的风险。以哈萨克斯坦为例,其政府规定,在哈萨克斯坦开采石油、天然气及其他地下矿产资源的外资企业必须与哈萨克斯坦政府签订地下资源使用合同;外国个人和企业只能租用农业用地,并且期限不能超过10 年。这样的规定让外国投资者对投入大量资金无法放心,对于长期合作极为不利。另外,乌兹别克斯坦规定的最低注册资本为 15 万美元以上;外资持股比例 30% 以下;石油开采区块歧视性分配、高资源税等。

尽管哈萨克斯坦在其申请加入世界贸易组织的谈判过程中就进一步开放市场做出了一系列承诺,但在现行的贸易、投资管理制度中仍然对外国投资者设置了诸多限制。例如,在矿产领域,哈萨克斯坦做了以下规定:外国投资者在哈萨克斯坦境内开发海上石油时,在项目投资回收期前,哈萨克斯坦所占的利润份额最低为 10% ;投资回收期后,哈萨克斯坦所占的利润份额最低为 40% ;在超额利润税协议下,外国投资者必须缴纳15% ~ 60% 的超额利润税等。乌兹别克斯坦等中亚国家还规定了禁止外资进入或限制外资比例的行业名单。在工程承包方面,一般优先考虑本国公司承包同类工程项目等规定。

3. 人员往来不畅,劳务签证办理困难

中国与中亚国家普遍存在护照、签证等方面的问题,影响了人员之间的往来。中方人员到中亚国家办理签证困难,手续烦琐,一般耗时 1 ~ 3 个月,并且费用较高。相对而言,中亚国家人员来中国却十分容易。由于中亚国家普遍缺乏熟练工人,并且劳动力成本高,中方需要派遣大量劳工到中亚国家,但是由于劳务许可证很难办理,费用越来越高,迫使一些企业不得不用“黑工”。

中亚各国普遍对投资国人员进入本国采取限制措施,特别是对中国实行严格的劳务配额制度。由于中国企业雇用不起当地人，导致中国与中亚各国在农业合作方面进展不大。以哈萨克斯坦为例，自 2001 年起，哈萨克斯坦建立了外籍员工申请劳动许可的数量限制系统。该系统根据全国总劳动力数量，每年限定发放许可配额，对员工本地化有强制性的规定。2012 年，外国劳务配额占全国就业人口的 1%，比 2011 年增加了 0.15%。其中，一类专家（企业领导）人数不得超过同类员工总数的 30%；二、三类专家（中高级专家、熟练工人）数量不得超过同类员工总数的 10%。从 2008 年 6 月起，哈萨克斯坦就开始实行引进外国劳务的新标准，即在原来的基础上加入受教育水平、工龄和工作经验的要求；对劳务许可申请文件和办理程序也提出了新的要求；规定只有获取劳务许可才能办理工作签证，这些规定给外国投资企业的生产经营带来了非常不利的影响。因此，哈萨克斯坦对外籍员工申请劳动许可的规定是阻碍外商投资的主要因素之一。

在用工方面，哈萨克斯坦政府先后颁布了一系列政策，严格规定执行合同过程中雇佣哈萨克斯坦不同等级的员工与外国员工的比例，且外国员工的数量随着培训和提高哈萨克斯坦员工专业水平强制计划的实施应逐年减少。除人员外，2007 年哈萨克斯坦开始实行针对石油开采企业的开采办法，要求在项目招标过程中价格相差不超过 20% 时，应优先选择当地供应商和承包商等措施。

4. 运输费用过高，交通设施发展滞后

根据亚洲开发银行的报告，目前中亚地区运输费用远远高出亚洲平均物流成本，迫切需要建立高效便捷的国际交通运输体系。在公路方面，中亚国家的公路路况较差，严重制约了双方贸易往来。在铁路方面，技术标准的不统一依然是交通运输合作中的重要问题，铁路轨距不同严重制约了铁路的通畅。中国使用的是准轨，而中亚国家均为宽轨，导致双方铁路运输在阿拉山口和德鲁日巴站必须进行车皮换装或换轮作业。由于基础设施建设滞后，车站换装设施不足，阿拉山口站与德鲁日巴站时常发生堵塞和延误换装的现象，严重影响了双方之间的经贸合作。哈萨克斯坦一些口岸换装能力远低于中国出口换装需求，出口商品被滞留在口岸的情况时有发生。

另外，东起中国连云港、西至荷兰鹿特丹港的"第二亚欧大陆桥"面临激烈竞争态势。由于"第二亚欧大陆桥"途经的七个国家铁路轨距不同，列车需要经过两次换装、六次代理才能到达目的地，导致运费高、时间长，在与海运和"第一亚欧大陆桥"（俄罗斯符拉迪沃斯托克至荷兰鹿特丹）的竞争中处于劣势。据有关部门测算，从太平洋西岸的港口到大西洋东岸的港口，海运一个标准集装箱的运费大致是1 500美元（运期30天），通过第一亚欧大陆桥的运费是2 000美元（运期20天），通过"第二亚欧大陆桥"的运费是3 000美元（运期30天），通过比较可以明显地看出，在运时完全相同的情况下，"第二亚欧大陆桥"的运费比海运高出1倍；在运时多10天的情况下，"第二亚欧大陆桥"的运费高出"第一亚欧大陆桥"的50%。

5. 本币结算业务面临诸多障碍

中国与中亚国家边贸结算对本币认可度低，美元结算依然占据主导地位。据中哈边贸企业和个人的问卷调查结果显示，边贸出口企业以美元、人民币、坚戈作为结算币种的使用意愿分别为84%、15%、1%；边贸进口企业以美元、人民币、坚戈作为结算币种的使用意愿分别为75%、21%、4%。95%以上中方客商缺乏对坚戈的信赖，表示不愿接受和使用坚戈；而调查的境外企业及个人中，愿意使用人民币结算的也仅占34%。可见，中哈边贸本币结算程度仍然很低。① 目前中国与中亚五国的货币至今尚未形成直接的汇率形成机制，人民币与坚戈等货币未实现完全可兑换，这极大地影响了中国与中亚国家金融合作的便利性。

6. 中亚各国的法治风险较大

中国企业在中亚投资经营面临较多法治障碍。这主要表现为法制不健全、执法不规范和政策干预的随意性大。在解决具体问题时，中亚国家经常以总统令、内阁规定等文件来调整规范外商和外国投资在其国内的活动范围和经营规则，政策的多变性和执法的随意性增加了投资风险。在中亚地区，政府以损害本国利益为名而修改或不履行合同的情况时有发生。发生

①王新平、陈锐：《中哈金融合作与制度安排——对中哈本币结算的探讨》，《俄罗斯中亚东欧市场》2008年第11期，第25～31页。

纠纷时，当地的司法仲裁体系运行不公，行政执法透明度较低，败诉的常常是外商，这极大地影响了市场的公平竞争秩序，也增加了外国企业的跨国营销成本。这就要求中国加大与中亚各国的交流与沟通，充分发挥上海合作组织在完善经贸合作领域法律制度方面的重要作用，积极完善争端协调与规范机制，努力构建规范有序的经贸合作发展环境。

（二）中国新疆与中亚国家外贸发展的主要问题

1. 贸易方式比较单一，过度依赖边境贸易

首先，边境贸易比重过大。边境贸易多年来一直占新疆外贸总额的近70%，其中，旅游购物又占边贸份额的近70%。一般贸易和加工贸易所占比重较小，一般贸易份额所占比重一直低于30%。2009年一般贸易占比只有21.4%（2009年全国该数据为44%）；加工贸易出口额仅占新疆当年出口总额的不到3%（2009年全国该数据为48.8%）。新疆加工贸易发展缓慢，2000年以来，新疆加工贸易占总额比重逐年下降，由2001年的8.3%降至2011年的1.2%。

其次，新疆边境贸易发展对政策依赖性过强。1996年后，国家出台了一系列扶持边境贸易发展的政策。但我国加入世界贸易组织后，国家政策的调整使得边境贸易优惠政策逐步“空心化”。特别是从2008年11月起，国家取消了边境小额贸易进口关税和进口环节增值税减半征收政策，改由通过转移支付方式专项扶持边贸企业，这就导致边贸企业利润空间大幅度缩减，边境贸易呈逐步萎缩状态，也造成了部分边境地区地方财政减收。另外，国家目前实行的边境贸易进出口管理政策，在边贸资质管理、商品配额等方面的标准较高，如实行对成品油、原油、羊毛、化肥、小麦、棉花等商品进口的资质和配额管理，限制了上述产品在边境贸易方式下的进口。

最后，新疆出口市场过于集中，新市场开拓力度有待提高。多年以来，中亚五国占新疆外贸总额的80%以上，其中哈萨克斯坦和吉尔吉斯斯坦两国的占比高达70%以上，市场集中度比较高，西亚、南亚、中东等地区的市场份额较小。例如，2011年，新疆与印度的进出口额只有7 524万美元，在当

年中印贸易总额739亿美元中所占的比重很小。

2. 外贸增长方式比较粗放,大多数外贸企业实力不强

新疆外贸主体以中小型外贸公司为主,主要依靠低价出口和数量扩张占领国际市场,许多企业经营能力较差,市场运作不规范,低价竞争现象较突出。在企业结构方面,新疆大多数外贸企业实力不强,90%多为中小企业,经营规模小。例如,2010年全国对外贸易500强中,仅有新疆三宝实业集团列第306位;2010年全国民营外贸500强中,进入前100名的仅有新疆三宝实业集团(居第52位)、霍尔果斯荣达(居第68位)等四家企业。另外,中小外贸企业融资困难,自营贸易能力弱,实业化水平低,抗击市场波动变化的能力弱。

在对外投资方面,新疆企业"走出去"能力有待加强。2011年,新疆完成对外承包工程营业额居全国第19位,非金融类对外投资居全国第18位,但在国际投资和工程承包市场上,有影响力的新疆企业很少。2011年中国非金融类跨国公司100强中,按投资存量排名,只有新疆中新资源有限公司(第65位)和新疆金风科技股份有限公司(第94位)入榜;按年末境外企业资产总额排序,新疆则无企业进入100强。

3. "通道经济"特点显著,出口基地建设严重滞后

当前新疆所扮演的角色仍主要是日用消费品及农副产品出口和能源、资源等原材料进口的初级物流通道:出口产品70%以上来自内地,本地产品出口比重偏小(只有30%);进口产品中70%以上为内地所需的资源类产品,新疆本地深加工企业很少,对新疆经济的拉动作用不明显。出口商品基地还未形成规模优势,进口资源加工基地很少。总体上,表现为"有贸易、无产业""有通道、无基地"的状况。新疆边贸发展的产业基础薄弱,边贸发展缺乏系统的政策支持体系,贸易结构抗风险能力较弱,国际大通道建设较滞后,基础设施的瓶颈制约依然存在,经贸合作服务与保障机制不完善。

新疆的外贸依存度明显低于全国平均水平。2005—2009年,新疆对外经贸依存度由24.3%下降到22.2%。2011年,全国经济对外贸的依存度为49.9%,而同期新疆仅为22.3%。新疆地产品出口比重由2004年的30%降为2011年的20%左右,地产品出口额虽有增长,但速度远低于全区进出口

增速，因而占比降低。另外，新疆区域发展不平衡，自治区财政支持有限，专业人才缺乏，编制不足，开放型经济服务平台建设相对滞后。

4. 口岸基础设施建设滞后，进出口运力严重不足

一方面，受地理环境、气候条件、资金等方面制约，新疆大多数陆路口岸的过货能力、通关条件和道路等基础设施和服务设施条件都比较差，口岸缺乏资金投入，部分口岸查验装备不足，影响通关效率和口岸综合功能的发挥。口岸行政管理机构建设滞后，通关效率不高。另外，新疆维吾尔自治区地方财力不足，难以保障口岸快速发展的需要。新疆经济发展相对滞后，无力负担口岸建设资金和运转经费支出，已成为影响口岸快速发展的主要制约因素。随着国家向西开放战略的实施，口岸建设任务越来越重，新疆维吾尔自治区财力远不能满足需要，需要国家加大政策和资金支持。

目前，还没有开通新疆对俄罗斯的边境口岸。由于近年来新疆外贸持续快速增长，运输的瓶颈制约和"七五"事件的影响，致使部分企业和客户将业务转移至产品生产地，通过国际联运向西出口，这进一步加剧新疆运输紧张矛盾。短期内，新疆运输瓶颈制约难以消除，大通关协作机制运行效率也有待提高。

另一方面，多数与新疆接壤的国家陆路口岸基础设施更加滞后，通关能力弱，效率低，制约了双边贸易的快速发展。例如，阿拉山口口岸最大的制约因素就是哈萨克斯坦的换装能力较弱，哈萨克斯坦的多斯特克口岸年最大换装能力仅为320万吨，远远低于中国的进出口需求。换装能力不足和换装成本过高，极大地影响了阿拉山口出口货物运量，对中方也形成了制约。

5. 新疆与中亚各国经济合作层次较低，整体规模偏小

新疆与周边国家经贸合作方式单一、层次低，缺乏大企业、大项目支撑。尽管投资项目和领域众多，但多年来，新疆与中亚各国投资合作的整体规模没有上去，大型合作项目匮乏；技术含量高、效益好的项目太少；短平快项目多，长期合作项目少；小企业多，大中型企业少；杂牌企业多，名牌企业少；产业合作的广度和深度不够。目前，在中亚市场的新疆部分企业面临日趋激烈的国际竞争，致使部分在中亚投资的新疆企业经济效益差，经营困难。

三、建立中国－中亚自由贸易区的主要障碍

尽管建立自由贸易区能够促进区域整体贸易和经济的发展，给各国带来不同程度的经济效益和社会效益，但现阶段建立中国－中亚自由贸易区还面临诸多挑战和困难。这些障碍主要包括中亚各国的立法和政策差异较大、贸易投资环境不够完善、合作资金短缺和基础设施建设薄弱。

（一）中亚国家的内部因素障碍

1. 经济发展水平差异较大

中亚国家是丝绸之路经济带建设的核心区域。由于经济基础不同，特别是在资源占有量上的明显差别，致使中亚国家之间存在较大的经济差异。近几年，中亚国家经济发展的差距进一步增大，以独联体区域内的俄罗斯和中亚五国为例，各国之间的经济实力相差悬殊。据国际货币基金组织（IMF）和世界贸易组织统计，2013 年，俄罗斯国内生产总值（GDP）总额为 2.12 万亿美元，人均 GDP 为 1.48 万美元，进出口贸易总额为 8 662.7 亿美元；哈萨克斯坦经济总量为 2 203 亿美元，人均 GDP 为 1.31 万美元；土库曼斯坦和乌兹别克斯坦（GDP）总额分别只有 405.7 亿美元和 564.8 亿美元，塔吉克斯坦和吉尔吉斯斯坦的经济规模更小。2013 年，塔、吉两国 GDP 总额分别为 85 亿美元和 72.3 亿美元，人均 GDP 分别为 1 062 美元和 1 290 美元，不到俄罗斯和哈萨克斯坦人均 GDP 的 1/10。（表 4－2）①

总体上看，由于中亚各国的经济基础不同及能源资源占有量的明显差别，现阶段中亚五国经济发展水平出现较大差异。其中，哈萨克斯坦 GDP 总量是其他中亚四个国家经济总量的两倍多，土库曼斯坦和乌兹别克斯坦两国经济实力相对较强，发展速度较快。塔吉克斯坦和吉尔吉斯斯坦两国资源禀赋较差，经济结构单一，发展严重依赖外援。多年以来，在俄罗斯等独

①资料来源：GDP 数据来自国际货币基金组织（IMF），进出口贸易数据来自世界贸易组织（WTO）统计数据库。

联体国家劳务移民汇回的收入是塔、吉两国外汇的主要来源。中亚国家经济差距大导致各国出于自身经济发展的需要对开展区域经济合作的目标、要求也各不相同,这也在一定程度上制约了区域经济合作的进程。

中国与中亚国家之间也存在较大的经济差异,主要表现在各国的产业依赖、技术水平、产品结构等方面。中亚国家十分依赖本国资源的开采,轻工业一直滞后,其产业结构反映在进出口贸易上表现为重工业严重依赖出口,轻工业严重依赖进口。巨大的经济发展水平差异会给各国间的政策协调带来一定的难度,因为经济发展水平的差异会导致市场容量、市场结构与消费结构的差异,导致对对方产品准入标准的差异化,从而增加了贸易、投资等领域的障碍与摩擦。目前,中国与中亚国家间的经济水平的差异需要各国通过一定的时间予以解决,加快推动中国与中亚自由贸易区的建立可能并不符合中亚国家的利益。

表 4-2 2013 年中亚国家及俄罗斯主要经济指标

国　家	人口规模（百万）	GDP 总量（亿美元）	人均 GDP（美元）	出　口（亿美元）	进　口（亿美元）	贸易总额（亿美元）
俄罗斯	143.5	21 180.1	14 759.6	5 232.9	3 429.8	8 662.7
哈萨克斯坦	16.8	2 203.5	13 115.9	825.1	488.7	1 313.8
乌兹别克斯坦	29.8	564.8	1 895.2	126.4	130	256.4
土库曼斯坦	5.2	405.7	7 801.7	180	100	280
塔吉克斯坦	8	85	1 062.1	11.6	41.4	53
吉尔吉斯斯坦	5.6	72.3	1 290.2	17.9	60.7	78.6

资料来源:GDP 数据来自国际货币基金组织,进出口贸易数据来自世界贸易组织统计数据库,人口数据来自世界银行数据库。

2. 中亚各国对建立自由贸易区态度和认识不同

当前在上海合作组织下建立自由贸易区的较大困难是各成员国对建立自由贸易区(FTA)的态度存在较大差异。特别是,俄罗斯曾表示在其加入世界贸易组织(WTO)之前,不会考虑与任何国家建立自由贸易区问题。加入

WTO 之后,按照俄方的发展战略,其建立自由贸易区的首选应该是欧盟,因为欧盟是俄罗斯最大的贸易伙伴和最大的投资来源地。哈萨克斯坦也表示,建立自由贸易区不是上海合作组织的现阶段目标,而是长期目标,应视区域经济合作发展状况而定,投资领域的合作仍是近期区域经济合作的重点。吉尔吉斯斯坦认为,建立自由贸易区是可行的,将给成员国带来经济利益,但能否建成将取决于各成员国的政治意愿。乌兹别克斯坦认为,由于其对于加入世界贸易组织还没有明确的目标和时间表,对于建立上海合作组织自由贸易区问题还未做好准备。塔吉克斯坦认为,其当前的主要任务是消除贫困。塔吉克斯坦的经济发展水平与中亚其他国家存在较大差距,建立上海合作组织下的自由贸易区对塔吉克斯坦来说在短期内难以实现。另外,俄罗斯和中亚国家对经济互补模式并不认同,它们希望的是优化不良的经济结构,而不是将其固化。在俄罗斯和中亚国家看来,上海合作组织所形成的巨大市场更多是中国的市场,而不是它们的市场,因此,对该组织的区域经济一体化并不积极。

中亚国家是希望借助上海合作组织区域经济合作解决与自身发展关系密切的问题。一是解决紧缺的资金问题。中亚国家投资不足,一些国家经济发展基本依靠对外举债,外债规模在国内生产总值中比重十分可观。中亚国家希望上海合作组织能够给它们带来更多的外国投资和财政援助。二是解决紧迫的交通运输问题。中亚国家处于欧亚大陆的中心地带,全部都是内陆国,中亚国家需要中、俄提供出海口,也希望成为亚欧之间的货物过境运输走廊。三是解决资源开发问题。中亚国家有比较丰富的资源,但自身开发、加工和运输能力有限,希望借助上海合作组织实现其通过资源开发、实现经济振兴的目标。四是解决经济结构的调整问题。中亚国家的经济结构相对单一,希望能使本国的产业结构和资源、市场结构相适应,希望上合组织能够帮助他们提高产品的国际竞争力。

同时,中亚国家参与上合组织区域经济合作也面临一些客观上的挑战和负面影响。近年来,美国、日本、欧盟、韩国、土耳其也加大了对中亚国家的投资力度,在此情况下,中亚国家更愿保持本国外交的多元化、经济利益最大化、获得更多的经济援助;中亚国家发展水平不一,相互间利益存在一定冲突，因此对上海合作组织开展区域经济合作的需求和关注点有所不同，相互之间难以协调；与此同时，中亚国家正在构建自己独立的经济体系，担心区域合作创造的贸易转移效应只对大国有利，自身产业受到影响。

此外，中亚各国对上合组织及组织内的能源和经贸合作的迫切性认识存在偏差，各国经济发展的任务和经济实力差异很大，落实各种合作协议的保障较弱，如仅仅为了落实2004年成员国《〈多边经贸合作纲要〉实施措施计划》达成的127项合作内容和经济技术项目就需100亿美元，各国均面临融资难的问题，再加上中国企业的实力、影响力不够大等因素。这些均制约了中国与中亚国家在能源和整体经贸合作水平方面的提升。

3. 中亚各国普遍实行大国平衡战略

中亚各国普遍奉行实用主义的大国平衡战略，在与大国势力的博弈和竞争中左右逢源，在取得战略平衡的基础上争取本国利益最大化。中亚各国广泛参与各类国际组织，包括上海合作组织、独联体、集安条约组织、欧亚经济共同体、中西亚经济共同体等，使其具有多重国际组织身份，且这些国际组织在功能上交叉重叠，彼此竞争，上海合作组织也只是中亚国家的诸多选项之一。一旦涉及国家安全等重大问题，中亚国家往往会求助于俄罗斯所主导的集安组织和欧亚共同体。

哈萨克斯坦奉行的大国平衡策略最为成功，也获取了明显的战略利益。在哈萨克斯坦的外交方针中，俄罗斯始终是排在第一位的，但同时也不怠慢美国，中国的地位虽有所上升，但还是排在俄罗斯和美国之后。吉尔吉斯斯坦经过“颜色革命”①实现政权更迭之后，巴基耶夫执政的政府并没有完全投靠美国等西方势力，而是继续努力寻求大国间的平衡战略。2011年底就职的阿坦巴耶夫新政府对中国的态度有所转变。土库曼斯坦由于“中立国”的地位而更为独立。塔吉克斯坦由于安全和经济的因素而更为倚重俄罗斯。

①颜色革命：20世纪80年代末期一系列发生在独联体国家和中亚地区的以颜色命名，以和平和非暴力方式进行的政权变更运动。参与者们通常通过非暴力手段来抵制他们所认为的独裁政府，拥护民主、自由以及国家的独立。他们通常采用一种特别的颜色或者花朵来作为他们的标志。目前颜色革命已经在塞尔维亚、格鲁吉亚、乌克兰和吉尔吉斯斯坦这几个国家取得成功。

乌兹别克斯坦在20世纪90年代一度将外交和经济合作的中心偏向美国和西方，但由于美国急于策动“颜色革命”推进民主，在发生“安集延事件”①后，乌兹别克斯坦又重新试图在俄罗斯和西方之间寻求新的平衡。2008年10月，乌兹别克斯坦申请终止其欧亚经济共同体成员国的资格。多年以来，乌兹别克斯坦对俄主导的独联体框架内区域组织摇摆不定的立场，也反映了俄罗斯和美国对中亚国家博弈的结果。

4. 中亚国家存在社会安全风险

首先，苏联解体后，经过十几年的努力，中亚五国基本稳固了政权，坚持走世俗与宗教分离的方针，摒弃伊斯兰教和伊斯兰主义中极端的内容，并打击伊斯兰极端势力。但伊斯兰极端主义在中亚仍有一定市场，加之中国新疆境内也存在这股势力，导致各种民族分裂和恐怖主义行为时有发生。由于中亚地区有比较深的伊斯兰文化传统，特别是在人口稠密的费尔干纳地区，其独立后长期积累的贫困问题为伊斯兰极端组织和极端思想的发展提供了合适的土壤。境外的宗教极端势力也不断向中亚地区渗透，特别是伊斯兰政治组织在塔吉克斯坦已经打开了缺口。在塔吉克斯坦，伊斯兰复兴党是合法政党，宪法中取消了关于国家世俗化的规定，许多学校都开设了伊斯兰教课程。中亚国家的学者担心，未来在塔吉克斯坦和吉尔吉斯斯坦可能出现伊斯兰政权。

有部分学者认为，中亚国家不同程度地存在专权、腐败、贫困、通胀和失业等现象；中亚国家内部不安定因素主要有精英、宗派和部落，矛盾错综复杂；领导人在位时间过长；失业率高居不下，在费尔干纳地区高达80%；贪污腐败和以权谋私等。这些因素使人担心中亚可能步中东的后尘。另外，近年来，制毒贩毒、武器走私等跨国犯罪活动在中亚地区趋于严重，对地区安全造成严重威胁。

其次，从历史发展来看，在中亚地区从未形成过真正的现代民族国家，

①安集延事件:2005年5月12日，位于乌兹别克斯坦东部的安集延市发生严重武装骚乱，一群武装分子攻击了当地政府机关大楼并冲击了安集延市监狱，从狱中放出了一批在押犯。乌政府迅速采取措施于13日平息了武装骚乱。据乌官方公布的数字，这场骚乱事件中共有169人死亡，其中包括10名护法机关人员。

更没有经历过现代工业化发展阶段，在苏联时期也是经济文化比较落后的地区，受封建主义传统影响较深。因此，独立后的中亚国家政治体制中保留有过去集权专制的某些痕迹，特别在政治实践中具有明显的中亚地区特色，如总统集权，政府和议会基本按总统的旨意行事等。

最后，从地缘文化上看，中亚一直是多民族文化的汇合之地，体现为地中海文明、西南亚文明和东方文明的交汇、交融，是现代国际政治中“东方”与“西方”的战略接合部，也是包括伊斯兰教、东正教、基督教、儒家文化等诸多思想交集、相互影响和碰撞的区域。近年来，随着欧美西方文化的侵入，中亚的社会文化更加复杂化。此外，由于经济实力较弱，中亚国家都有比较强的自我保护意识。在商业谈判中，中亚企业和商人的处理方式比较僵化，宁可做不成也不愿意通过相互妥协找到解决问题的方案，更多的是看到对方得到什么，而较少看到自己得到了什么，总认为本国吃亏。

5. 中亚各国对“中国扩张论”的担心

西方国家和一些发展中国家对具有国有背景的中国企业采取负面的政策和态度，宣扬中国企业的投资是“新殖民主义”和“掠夺资源的行径”，对中国企业构成新的投资风险。中国对中亚五国的直接投资主要集中在油气等战略部门，并且主要通过中石油、中石化等中央企业具体实施。当前中国公司已占哈萨克斯坦石油开采份额的23%~24%，占天然气开采份额的11%~12%。由于中国资源能源类企业都是大型国有企业，其跨国投资活动也往往被资源国视为有政府支撑或被认为带有更多的政治色彩。

中亚各国普遍存在反华论调和排外心理。中亚各国国内各利益集团对与中国深化合作存在不同的声音，由于历史和现实的综合原因，所谓的“中国威胁论”“中国扩张论”在中亚还有一定的市场，特别是一些中亚人士担心其区域经济合作的进一步加深会使中亚国家沦为中国的经济殖民地而丧失经济独立性。当前，“中亚国家对中国的快速发展心态变得十分复杂，一方面其对自身的情况不佳感到惭愧，对中国的快速发展感到羡慕；另一方面，希望从快速发展的强大邻国得到帮助，又担心中国的崛起给自己带来伤害”。[①] 这些对于建立中国－中亚国家自由贸易区会起一定的阻碍作用。

（二）中亚国家的外部因素障碍

1. 主要大国在中亚地区的战略冲突

当前世界主要大国在中亚地区都存在战略冲突。对大国而言，中亚最有价值的是资源、通道和战略位置。“9·11”事件之后，美国利用反恐这一“千载难逢的机会”大举向中亚进军，实现了其在中亚地区的军事存在。目前除了土库曼斯坦外，中亚各国都有美国军事力量的存在或影响。2006 年以来，美国开始通过推进“大中亚计划”，打造有利于美国的地区能源格局。2006 年，《美国国家安全战略》称，南亚和中亚是一个具有重要战略意义的地区，美国在此地区具有前所未有的利益和价值。“大中亚计划”阐述了美国在中亚的长期利益，体现在安全、政治民主化、扩展贸易和经济发展三大方面。近年来，美国又提出了“新丝绸之路计划”[②]，旨在降低美国从阿富汗撤军带来的影响，巩固其在中亚地区的利益。

欧盟也积极推行“新中亚战略”，向中亚国家提供经济援助，消除贫困，并与中亚国家建立了多层次、多领域的合作机制。最近，欧盟也提出了“东方伙伴计划”，其实质是“欧盟东扩”。“东方伙伴计划”旨在分化俄罗斯主导的欧亚一体化战略，通过该计划使独联体的部分国家脱离俄罗斯主导的欧亚同盟，将这些国家整合到欧洲大西洋结构中。

同样，日本也积极调整对中亚政策，加大与中亚国家的合作力度，并提出了“日本＋中亚计划”方案，向中亚国家提供包括财政支持在内的各种援助。另外，美国、日本等国家极力阻挠中国与中亚国家的合作。如美国在里海和中亚地区频频出手，竭力将哈萨克斯坦等国的油气资源

①赵常庆：《中国与中亚国家在合作与互动中共同发展》，《俄罗斯中亚东欧市场》2007 年第 6 期，第 1 ~4 页。

②美国“新丝绸之路计划”：2011 年 7 月，美国提出构筑以阿富汗为枢纽，将南亚、西亚和中亚连接起来，以实现“能源南下”和“商品北上”的“新丝绸之路计划”。

导向西方；西方能源跨国公司凭借其强大资本、技术实力、管理经验和捷足先登的优势，欲称霸国际能源市场，这对中国扩大与中亚国家的合作构成严重挑战。

俄罗斯长期以来与中亚国家的历史渊源使得中亚国家对俄罗斯有不少依赖。俄罗斯一直将中亚国家作为其“后院”，尤其与哈萨克斯坦关系密切，不仅提出捆绑“入世”，还率先与哈萨克斯坦、白俄罗斯签署了关税同盟协议，被哈萨克斯坦公开列为第一伙伴国。俄罗斯在中亚区域经济合作上的主导优势是以地缘、历史、文化、民族、宗教等多种因素共同作用为基础的，因此，俄罗斯是影响中亚地区最主要的力量和因素。近年来，俄罗斯一直在推动以其为主导的独联体一体化机制，俄罗斯的“欧亚共同体”战略旨在复兴独联体，形成以俄罗斯为主导、中亚各国共同参与的“超国家”经济共同体。2012 年，普京再次就任总统后多次强调发展独联体空间的多边和一体化进程的重要性，俄罗斯已经在 2015 年建立了以俄白哈关税同盟和统一经济空间为基础的欧亚经济联盟。普京的欧亚联盟战略是以俄罗斯为主导，以独联体为平台，以关税同盟为开端，以欧亚经济联盟为基础，以经济、政治、人文为手段，以俄罗斯、白俄罗斯、哈萨克斯坦为主力，以吉尔吉斯斯坦、塔吉克斯坦为辅助，推动实行更高水平的经济一体化，构建以俄罗斯为中心的独立而强大的世界一极。①

2. 来自各类次经济合作组织的竞争

约翰内斯·F. 林在《中亚：全球一体化的一个新枢纽》中指出，今天中亚地区成为欧亚超级大陆经济一体化的轴心，所有邻国，而且包括欧洲和美国，在将中亚发展成为一个稳定和繁荣的国家团体方面都有着共同的利益，不过具体来看也有很多利益分歧。为了协调这些利益分歧，中亚国家和他们的大国邻居、欧洲、美国建立了很多区域协调机制。②

从外部看，中亚地区存在多个次区域经济合作组织，如“欧亚经济共同

①李兴：《普京欧亚联盟评析》，《俄罗斯研究》2012 年第 6 期，第 161 ~ 162 页。

②约翰内斯·F. 林：中亚：全球一体化的一个新枢纽，布鲁金斯学会网，https://www.brookings.edu/articles/2007/1129_central_asia_linn.aspx.

体（欧亚经济联盟）”“中亚区域经济合作（Central Asia Regional Economic Cooperation，简称 CAREC）”等，这些次区域经济合作组织与上海合作组织形成了竞争关系。其中，欧亚经济共同体成立于 2000 年 10 月，成员国包括俄罗斯、哈萨克斯坦、吉尔吉斯斯坦、塔吉克斯坦等。创立欧亚经济共同体的主要目标是分阶段推动一体化，推动成员国建立统一空间框架下的关税同盟和建立统一的经济空间（共同市场），最终于 2015 年建立了欧亚经济联盟。当前欧亚经济联盟已经成为中亚地区经济领域合作程度最高、涉及面最广的合作机制，是俄罗斯和中亚国家对外经济合作的优先选择。

2009 年 11 月，俄罗斯、白俄罗斯、哈萨克斯坦三国通过了《俄白哈海关联盟海关法典草案》等 15 个法律文件，标志着俄、白、哈三国率先在欧亚经济共同体框架下成立关税同盟。建立俄白哈关税同盟是欧亚经济共同体框架内经济一体化重要的阶段性成果，也是欧亚经济共同体建立统一经济空间（共同市场）的必经之路。此外，2011 年 10 月 18 日，8 个独联体国家的政府总理在圣彼得堡市召开了独联体国家首脑理事会，并签署了独联体框架下的自由贸易区协定。这 8 个成员国是俄罗斯、乌克兰、白俄罗斯、哈萨克斯坦、吉尔吉斯斯坦、塔吉克斯坦、摩尔多瓦、亚美尼亚，另外阿塞拜疆、乌兹别克斯坦和土库曼斯坦也表示将在以后加入该自由贸易区。2014 年 5 月 29 日，俄罗斯、白俄罗斯和哈萨克斯坦三国总统签署了《欧亚经济联盟条约》。根据该条约，欧亚经济联盟于 2015 年 1 月 1 日正式启动，到 2025 年联盟将实现商品、服务、资金和劳动力的自由流动，终极目标是建立类似于欧盟的经济联盟，形成一个拥有 1.7 亿人口的统一市场。

中亚区域经济合作机制始于 1997 年，是由亚洲开发银行倡导并建立的区域经济合作机制，重点推进交通、能源、贸易便利化和贸易政策领域的合作，旨在促进中亚地区的经济合作。目前成员国包括阿富汗、阿塞拜疆、哈萨克斯坦、乌兹别克斯坦、吉尔吉斯斯坦、塔吉克斯坦、蒙古国和中国。该合作机制建立在各成员国财政部长机制下，会议机制包括财长会议、高官会议和各重点领域工作会议。

除了俄罗斯主导的欧亚经济联盟和关税同盟之外，还有欧安组织、中西亚合作组织，以及欧盟的“对独联体国家的技术援助计划”和“中亚战略”、北约的“和平伙伴关系计划”、美国的“大中亚计划”、日本的“5 +1 外长对话机制”、韩国的“韩国 - 中亚合作论坛”、土耳其的“突厥语国家元首会晤”、哈萨克斯坦主导的“亚洲相互合作与信任措施会议”、乌兹别克斯坦等国倡议的“中亚无核区”等。此外,参与中亚地区合作的还有联合国所属的组织和国际金融机构,如联合国禁毒署和开发计划署、亚洲开发银行、世界银行、欧洲复兴开发银行、伊斯兰银行等。由于多个国际组织与合作机制覆盖中亚,中亚国家在维护国家利益方面有了多种选择,增加了中国与中亚国家合作的复杂性。(表4 -3)

表4 -3　中亚区域内多边一体化合作机制比较

发起人	合作组织名称	宗　旨	成员国构成
俄罗斯、哈萨克斯坦	欧亚经济共同体	建立统一经济空间,实现商品、服务、资本和人员的自由流动	俄罗斯、白俄罗斯、哈萨克斯坦、吉尔吉斯斯坦、塔吉克斯坦、乌兹别克斯坦
	俄白哈关税同盟(欧亚经济联盟)		俄罗斯、白俄罗斯、哈萨克斯坦、吉尔吉斯斯坦
亚洲开发银行	中亚区域经济合作	以合作谋发展	中国、中亚五国、阿塞拜疆、蒙古国
土耳其、伊朗、巴基斯坦	中西亚经济合作组织	发展区域一体化	土耳其、伊朗、巴基斯坦、中亚五国、阿塞拜疆、阿富汗
中国、俄罗斯、哈萨克斯坦、吉尔吉斯斯坦、塔吉克斯坦	上海合作组织	安全合作、贸易投资便利化	中国、俄罗斯、哈萨克斯坦、吉尔吉斯斯坦、塔吉克斯坦、乌兹别克斯坦

资料来源:根据上述内容整理。

与欧亚经济联盟等组织相比,上海合作组织成员国之间的区域经济合作目前还停留在贸易投资便利化阶段。因为缺乏更加自由和开放的贸易和投资制度,该组织内区域经济合作的发展将会受到影响。吴大辉(2006)认为,无论在世界范围内,还是在亚太地区,上海合作组织仍然是一个初步形成的区域性的合作组织,与中亚地区其他合作机制相比,上海合作组织的聚合力和竞争力并不明显,在机制化、制度化建设上更是任重道远。在相当长的时期内,上海合作组织的经济功能将逊于欧亚经济共同体,安全功能逊于独联体集体安全条约组织。①

上海合作组织与欧亚经济联盟是一种既竞争又合作的关系。中俄战略协作伙伴关系是这两个组织开展合作的重要保障,美国在中亚地区对中国与俄罗斯构成的压力则强化了中俄的合作关系。当前欧亚经济联盟的一体化进程已经远远超过了上海合作组织,因此,中国需要采取更加灵活和务实的政策提高上合组织区域经济合作水平。

四、小结

中国与中亚国家经贸合作的有利条件包括:中亚国家和中国存在较强的市场互补性、产业发展层次互补、资源禀赋结构互补;区域内主要成员国加入 WTO 取得实质性进展,当前上海合作组织成员国中已经有五个世界贸易组织(WTO)成员国(中、俄、吉、塔、哈);中国与中亚国家已经建立完善的区域经济合作组织架构和工作机制;中国和中亚地区在地缘的邻近性、民族的相通性、政策的开放性等方面的特点。这些都为中国与中亚国家经贸合作提供了现实的基础和条件。

中国与中亚五国区域经济合作的主要问题有:中亚国家对区域经济合作的认识差异较大;中亚各国的投资限制政策较多;人员往来不畅,劳务签

①吴大辉:《美国在独联体地区策动"颜色革命"的三重诉求——兼论中俄在上海合作组织架构下抵御"颜色革命"的当务之急》,《俄罗斯中亚东欧研究》2006 年第 2 期,第 32 ~ 36 页。

证办理困难；中亚各国交通运输发展滞后；中国企业在中亚投资经营面临较多法治障碍。新疆外贸发展中存在的主要问题包括：新疆对中亚国家贸易方式比较单一，过度依赖边境贸易；口岸基础设施建设滞后，进出口运力严重不足；新疆与中亚各国经济合作层次较低，整体规模偏小。

建立中国－中亚自由贸易区的内部主要障碍有：中国与中亚国家及中亚国家之间存在较大的经济差异；中亚各国对建立自由贸易区态度和认识不同；中亚国家相互间利益存在一定冲突，对上海合作组织开展区域经济合作的需求和关注点有所不同，相互之间难以协调；中亚各国普遍实行大国平衡战略；中亚各国普遍存在反华论调和排外心理；中亚国家普遍存在社会安全风险。

建立中国－中亚自由贸易区的外部主要障碍有：世界主要大国，如美国、俄罗斯、中国、日本等国在中亚地区存在战略冲突；中亚地区存在多个次区域经济合作组织，这些合作组织与上海合作组织形成了竞争关系；欧亚经济联盟已经成为中亚地区经济领域合作程度最高的合作机制。

第五章

俄白哈关税同盟的贸易投资效应及其对中国外贸的影响

一、俄白哈关税同盟概况

（一）俄白哈关税同盟的成立

2000 年 10 月，俄罗斯、白俄罗斯、哈萨克斯坦、吉尔吉斯斯坦、塔吉克斯坦五国签署了关于成立欧亚经济共同体的协议，创立欧亚经济共同体的主要目标是分阶段推动一体化，推动成员国建立统一空间框架下的关税同盟和建立统一的经济空间（共同市场），然而这一机制并没有超越自贸区水平。2003 年，俄罗斯、乌克兰、白俄罗斯、哈萨克斯坦签署了统一经济空间协议，但由于乌克兰不愿使自己在独联体一体化框架下面临更多约束，便积极融入欧洲一体化，最终导致俄乌白哈统一经济空间协议失败。自 2007 年起，欧亚经济共同体决定以不同速度和水平推进后苏联空间的一体化进程，俄、白、哈三国宣布将在欧亚经济共同体内部建立关税同盟。

2009 年 11 月，俄罗斯、白俄罗斯、哈萨克斯坦三国通过了《俄白哈海关联盟海关法典草案》等 15 个法律文件，标志着俄、白、哈三国率先在欧亚经济共同体框架下成立关税同盟。2010 年 1 月 1 日，俄白哈海关联盟条约正式生效，三国确立统一的海关制度和商品检验检疫标准。2010 年 7 月，取消俄白边境海关监管。2011 年 7 月，取消俄哈边境海关监管，三国之间边境口岸的海关不再征收进口关税，由此形成了一个拥有 1.7 亿人口、国土总面积超过 2 000 万平方千米、GDP 总量 2.2 万亿美元、石油储量占全球的 9%、天然气储量占全球的 25%、商品周转额达 9 000 亿美元的统一经济体。俄白哈关税同盟是欧亚经济共同体框架内经济一体化进程重要的阶段性成果。关税同盟的经济效应将不仅促进三国相互贸易和投资的增长，而且将会扩大区外资金的流入，促进三国的经济发展。

俄、白、哈三国经济实力相差悬殊，2012 年，俄罗斯 GDP 总额为 2.02 万亿美元，人均 GDP 为 1.43 万美元，哈萨克斯坦和白俄罗斯的经济总量分别仅为俄罗斯的 9.97% 和 3.13%。但是，三国经济发展水平差距相对较小，2012 年，哈萨克斯坦、白俄罗斯两国的人均 GDP 分别为 1.19 万美元和 6 681 美元，相当于同年俄罗斯的 83% 和 47%。（表 5－1）这对关税同盟的运行提供了有利的条件，因为根据相互需求理论，两国人均收入水平越接近，其需求结构就越相似，相互需求就越大，两国之间的贸易将会充分发挥规模经济效应。

表 5－1 2012 年俄、白、哈三国主要经济指标比较

国　家	主要经济指标						
	GDP（亿美元）	GDP 增长率(%)	人均 GDP（美元）	外贸总额（亿美元）	出口额（亿美元）	进口额（亿美元）	贸易差额（亿美元）
俄罗斯	20 212	3.4	14 344.9	8 373	5 247	3 126	2 121
哈萨克斯坦	2 016.8	5.0	11 909.8	1 368	923	445	478
白俄罗斯	632.3	1.5	6 681.6	1 008.7	518.9	489.8	29.1

资料来源：根据俄罗斯联邦海关署网站和哈萨克斯坦统计署网站公布的数据整理而成。

（二）俄白哈关税同盟的进口关税措施

俄白哈关税同盟进口关税管理措施主要体现在三国共同制定的《统一关税税率》中。该税率自 2010 年 1 月 1 日开始实施。《统一进口税率》以同盟成立前俄罗斯的进口税率为基础制定，只对约 18% 的商品税率做了调整，其中上调了 350 种，下调了 1 500 种。对俄罗斯而言，整体税率水平下降了 1% 。由于白俄罗斯与俄罗斯调整前进口税率相同的部分约有 74.6% ，因此，白俄罗斯仅调整了 6.7% 的进口税率。哈萨克斯坦平均进口税率较低，与俄罗斯税率相同的部分只有 36% ，所以，哈萨克斯坦上调了 5 044 种商品的进口税率，占进口商品总量的 32% ，下调税率的商品约占 5% ，其平均关税水平由先前的 6.2% 提高至 10.6% ，上升了 4.4% 。但为保护国内生产企业利益，哈萨克斯坦为 400 多种商品申请了 1—4 年的“过渡期”。总体来看，2011 年，俄白哈关税同盟的平均进口关税税率为 9.64% 。由于 2011 年底俄罗斯已经加入世界贸易组织，关税同盟的平均进口关税税率将以俄入世承诺的税率为上限逐步下调，据俄发展部专家估计，2012 年平均进口关税税率下降 0.8% 。

关税收入在三国政府的财政收入中均占有较大比重，作为关税同盟经济主要动力和核心力量的俄罗斯在同盟中占有绝对主导地位。以三国签订的《关税分配比例协议》为例，俄、白、哈三国在同盟关税收入中的分配比例分别为87.97%、4.7%、7.33%。俄哈、俄白的双边贸易占整个关税同盟贸易的98.95%，而哈、白两国之间的贸易只占1.05%。另外，俄罗斯对白俄罗斯的投资占白俄罗斯全部外来直接投资的40%（来自哈萨克斯坦的直接投资只占0.05%）；俄罗斯对哈萨克斯坦的直接投资占哈萨克斯坦全部外来直接投资的13%（来自白俄罗斯的投资只占0.01%）。三国所占表决权也不同，其中俄罗斯拥有56%的表决权，白俄罗斯和哈萨克斯坦各拥有22%的表决权，在关税同盟中俄占主导地位。①

俄白哈关税同盟的建立体现了俄、哈两国对区域经济一体化的战略构想。2008年国际金融危机以来，为了保护内部市场免受外部商品的冲击，俄、白、哈依托传统的伙伴关系，并通过各方政治领袖意愿主导，在俄罗斯的积极推动下，启动了海关同盟方案，以此应对世界范围内新的经济挑战。例如，俄罗斯总统普京特别强调"海关同盟应该成为克服金融危机的杠杆"。梅德韦杰夫则强调，欧洲一体化的实现给俄罗斯推行欧亚一体化树立了成功的榜样。

二、俄白哈关税同盟的贸易效应

至2013年，俄白哈关税同盟已经运行3年多，其经济一体化的贸易效应是否显著；俄罗斯和哈萨克斯坦都是中国重要的贸易伙伴，关税同盟的运行是否对中国的外贸产生较大影响；本部分将就这些问题进行探讨。

（一）贸易效应文献综述

区域经济一体化经济效应分析，涉及贸易创造与转移效应、投资效应、经济增长效应、产业聚集效应等方面。其中，贸易创造和贸易转移效应分析在区域经济一体化研究中占据主导地位。贸易创造是指关税同盟成员国之间相互取消关税和非关税壁垒所带来的贸易规模的扩大。贸易转移是指结盟后的成员国之间的相互贸易代替了成员国与非成员国之间的贸易，从而

①郑润宇：《海关同盟：俄哈促进欧亚一体化的起点》，《国际经济评论》2011年第6期，第85～98页。

造成贸易方向的转移。

对贸易效应的研究源自 J. Viner 的关税同盟理论，Makower 和 Morton、Lipsey 等学者量化了关税同盟的贸易创造和转移效应。Tinbergen 率先将引力模型应用到该领域并开始转向实证研究。此后，Balassa 和 Krugman 等也对一体化的经济效应做了深入研究。欧洲是区域经济一体化发展最早的区域，大量文献研究结果都认为欧盟成员国之间的贸易创造效应大于贸易转移效应。国际货币基金组织（IMF）对世界 12 个“南南”区域经济组织内部贸易进行了统计，得出的结论是这些组织的贸易创造效应不明显，其内部贸易额占区域贸易总额的比例一般小于 15% 。许多国内学者采用 CGE（可计算的一般均衡）模型、巴拉萨模型等也对中国－东盟自由贸易区（CAFTA）的贸易效应进行了研究。

在俄白哈关税同盟方面，由于该关税同盟刚建立不久，有关其经济效应方面的文献较少。但据哈萨克斯坦学者估计，建立关税同盟可使三国到 2015 年国内生产总值（GDP）增长 15% 以上，将给俄罗斯带来金额高达 4 000 亿美元的利益，白俄罗斯、哈萨克斯坦两国获益的金额将超过 160 亿美元。郑润宇（2011）认为，关税同盟的贸易转移效应有利于扩大成员国间的贸易规模，在吸引外资和抑制进口、节约贸易成本等方面将带来实际好处。① 王维然、朱敏、吴唯君（2011）认为，由于俄、哈两国进出口结构极为相似，出口都以原材料和能源为主，贸易创造效应很难发挥作用，该效应主要体现在农产品领域，但对三国贸易的影响不大。② 苏炜（2011）认为，俄、白、哈三国内部相互之间取消进口关税，造成各成员国同类商品价格竞争力提升，对中国商品的替代风险加大。同盟的总体关税水平与俄罗斯原有关税水平差别不大，但哈萨克斯坦进口关税大幅提高，这将不可避免地影响中国对哈出口。③ 李福川（2011）认为，关税同盟对上合组织的部分成员国具有排他性影响，三国对来自中国、塔吉

①郑润宇：《海关同盟：俄哈促进欧亚一体化的起点》，《国际经济评论》2011 年第 6 期，第 85 ~ 98 页。

②王维然、朱敏、吴唯君：《俄白哈关税同盟的贸易结构与效应研究》，《俄罗斯中亚东欧市场》2011 年第 12 期，第 29 ~ 34 页。

③苏炜：《俄白哈同盟：对华贸易影响几何》，《中国海关》2011 年第 7 期，第 82 ~ 84 页。

克斯坦、吉尔吉斯斯坦和乌兹别克斯坦的商品和服务筑起了一道壁垒。但随着塔、吉两国加入关税同盟,中国在上合组织中将面临这样一种局面,即其他成员国都是关税同盟成员国,中国有可能成为关税同盟排他性影响最大的国家。①

另一些学者认为,俄白哈关税同盟对中国外贸的影响不大。孙莉(2011)认为,由于俄白哈关税同盟还处于制度建设的起步阶段,并且哈萨克斯坦从中国进口的商品大多是其国内企业无法供应的产品,中国产品比俄罗斯更具有竞争力,关税同盟很难将中国产品排除在外。② 潘广云(2010)认为,欧亚经济共同体成员国的产业结构和贸易结构有很大的相似性,成员国与区外国家联系密切,又多属于比较优势的互补型贸易,欧盟和中国等都是其主要的贸易伙伴,这就决定了虽然共同体会扩大区内的贸易往来,但区内贸易不会在很大程度上取代原来各自与区外国家的贸易往来。③

(二)俄白哈关税同盟与主要国家和地区的贸易状况

俄白哈关税同盟的主要贸易伙伴可以分为四大类:欧盟国家、独联体国家、亚太经合组织国家(APEC)与其他国家,其中,欧盟一直都是关税同盟最重要的贸易伙伴。例如,2011 和 2012 年,关税同盟与欧盟的贸易额分别为4 689.2亿美元、4 912 亿美元,占关税同盟外贸总值的 51.4% 和 52.3% 。2012 年,关税同盟与亚太经合组织国家贸易额为 2 399 亿美元,占比从 2010 年的 24.9% 上升到 2012 年的 25.5% ;与独联体国家贸易额为787 亿美元,占比由 2011 年的 8.8% 下降到 2012 年的 8.4% ;与其他国家贸易额为 1 295 亿美元,占比由 2011 年的 14.2% 下降到 2012 年的 13.8% 。(表 5 -2)

①李福川:《俄白哈关税同盟对上海合作组织的影响》,《俄罗斯中亚东欧市场》2011 年第 7 期,第 1 ~9 页。

②孙莉:《俄、白、哈关税同盟对中哈经贸的影响》,《俄罗斯中亚东欧市场》2011 年第 1 期,第 35 页。

③潘广云:《独联体框架内次区域经济一体化问题研究》,北京:北京师范大学出版社,2011 年,第 8 页。

总体上，2010—2012年3年间，除了与APEC国家贸易额占比呈现小幅增长外，俄白哈关税同盟与欧盟、独联体、其他国家的贸易额占比变化不大。从国别来看，2012年，俄白哈关税同盟前十大贸易伙伴国分别是中国（1 146亿美元，占比12.2%）、荷兰（986亿美元，占比10.5%）、德国（827亿美元，占比8.8%）、意大利（639亿美元，占比6.8%）、乌克兰（582亿美元，占比6.2%）、土耳其（385亿美元，占比4.1%）、日本（338亿美元，占比3.6%）、波兰（319亿美元，占比3.4%）、美国（319亿美元，占比3.4%）和法国（310亿美元，占比3.3%）。

表5-2　2010—2012年俄白哈关税同盟与主要贸易伙伴的贸易额及占比状况

国家及组织	2010年		2011年		2012年	
	贸易额（亿美元）	占比（%）	贸易额（亿美元）	占比（%）	贸易额（亿美元）	占比（%）
欧盟	3 596.1	52.4	4 689.2	51.4	4 912.0	52.3
亚太经合组织	1 708.8	24.9	2 317.2	25.4	2 399.0	25.5
独联体	583.3	8.5	805.3	8.8	787.0	8.4
其他国家	953.9	14.2	1 291.9	14.4	1 295.0	13.8

资料来源：根据俄白哈关税同盟统计局公布的数据整理而成。

由于俄罗斯和哈萨克斯坦的能源与原材料等商品在国际市场上有较大需求，俄、哈两国一直都保持较高的贸易顺差。2012年，关税同盟整体贸易顺差高达2 629亿美元，其中，俄、哈两国的贸易顺差分别为2 122亿美元、478亿美元。另外，俄罗斯在关税同盟中处于主导地位，2012年，俄哈、俄白的双边贸易占整个关税同盟贸易的98.7%，而哈白之间的贸易只占关税同盟贸易的1.3%。

（三）关税同盟的贸易效应

衡量区域经济一体化贸易效应的指标和方法有多种，例如引力模型关于对经济一体化的贸易效应的研究，主要是通过构建虚拟变量，然后通过回归检验虚拟变量参数的限制性和符号及其数值大小来判断贸易效应的大小。但从计量学角度看，目前除了对欧盟等几个一体化组织研究中时间序列数据比较充分之外，许多经济一体化组织并没有充足的数据进行回归检验。由于俄白哈关税同盟只运行了3年多时间，其贸易效应的衡量可以采用贸易增速对比和内部贸易所占比重等指标来衡量。其中，区域内贸易比重是一体化组织内某一成员国对其他成员国的进出口贸易占该国贸易总额的比例。

1. 俄白哈关税同盟区内外的贸易增速比较

据欧亚经济委员会统计，2011年关税同盟整体对外贸易总额为9 130亿美元，同比增长33%；成员国之间相互贸易额为623亿美元，同比增长36%，高于关税同盟与第三国的贸易增速。2012年，关税同盟与第三国进出口贸易总额为9 393亿美元，同比增长2.9%；同盟成员国相互贸易总额为685.8亿美元，同比增长10.1%。俄罗斯、白俄罗斯在关税同盟中的贸易额分别为446.5亿美元、170.9亿美元，同比分别增长为9.4%、12.6%。2011和2012年，关税同盟成员国之间的贸易增幅远高于其与第三国之间的贸易增幅，这说明关税同盟的贸易创造效应开始逐步显现。

2. 俄、哈与主要贸易伙伴的增速比较

据俄方统计，2011年，俄罗斯外贸总额达到8 213亿美元，同比增长31.2%，其主要贸易伙伴是欧盟、亚太经合组织（APEC）国家和独联体，对这些地区的贸易额同比分别增长了28.3%、35.3%和34.2%，占俄罗斯外贸总额的比例分别为47.9%、23.8%、15.1%。同年，俄罗斯对白俄罗斯、哈萨克斯坦的贸易总额为583.74亿美元，占俄外贸总额的7.1%，同比增长35.2%，快于俄罗斯对独联体国家和欧盟的贸易增速。2012年，俄罗斯对外贸易总额为8 372亿美元，同比仅增长1.8%，其与主要国家和地区的贸易增幅都有不同程度回落，欧盟、亚太经合组织、独联体国家占其外贸总额的比例分别为49%、24%、14.1%。俄罗斯前十大贸易伙伴排名依次为中国、荷兰、德国、意大利、乌克兰、白俄罗斯、土耳其、日本、美国、波兰。同年，俄罗斯与关税同盟成员国贸易额上升为677亿美元，同比增长16.1%，仍然远高于其对欧盟（4.1%）和亚太经合组织（2.3%）的贸易增速。（表5-3）

据哈萨克斯坦统计，2010和2011年，哈萨克斯坦进出口贸易总额分别为914亿美元、1 250亿美元,同比分别增长为27.7%和36.8%。其中,2010年,哈萨克斯坦对关税同盟国家贸易增速高达46.4%,远高于对欧盟(32%)和对独联体国家(26.9%)的贸易增速。但是,2011年哈萨克斯坦对关税同盟国家的贸易增速仅为24.1%,低于对欧盟(31.5%)和独联体国家(31.5%)的贸易增速。(表5-4)2012年,哈萨克斯坦外贸总值为1 368.3亿美元,同比增长9.4%,其中,哈萨克斯坦对俄、白两国贸易额分别为238.6亿美元、9亿美元,同比增长分别为20.7%和28.6%,远高于当年哈萨克斯坦对欧盟和对独联体国家的贸易增速。

表5-3　2011—2012年俄罗斯与主要贸易伙伴贸易状况

国家及组织	2011年			2012年		
	贸易额(亿美元)	同比增长(%)	占比(%)	贸易额(亿美元)	同比增长(%)	占比(%)
欧盟	3 939.9	28.3	48	4 102.3	4.1	49
亚太经合组织	1 965	35.3	23.9	2 009.3	2.3	24
独联体	1 225.6	34.2	14.9	1 180.5	-3.7	14.1
俄白哈关税同盟	583.7	35.2	7.1	677.6	16.1	8
白俄罗斯	386.1	37.7	4.7	439	13.7	5.2
哈萨克斯坦	197.7	30.6	2.4	238.6	20.7	2.8

资料来源:根据俄罗斯联邦国家统计局公布的数据整理而成。

表5-4　2009—2011年哈萨克斯坦与主要贸易伙伴状况

国家及组织	2009年		2010年			2011年		
	贸易额(亿美元)	占比(%)	贸易额(亿美元)	同比增长(%)	占比(%)	贸易额(亿美元)	同比增长(%)	占比(%)
欧盟	288.2	40.3	380.5	32	41.6	500.5	31.5	40
独联体	188.5	26.3	239.2	26.9	26.2	314.5	31.5	25.2
俄白哈关税同盟	128.7	18	188.4	46.4	20.6	233.9	24.1	18.7
俄罗斯	124.5	17.4	179.8	44.4	19.7	226.9	26.2	18.1
白俄罗斯	4.2	0.6	8.6	105.2	0.9	7	-19.3	0.6

资料来源:根据哈萨克斯坦统计署公布的数据整理而成。

3. 俄白哈关税同盟区域内贸易比重变化

俄白哈关税同盟贸易效应的另一个重要指标就是同盟内成员国之间的贸易占其外贸总额比重的上升。据欧亚经济委员会统计,2012 年,俄白哈关税同盟三国相互贸易在其贸易总额中的占比略有上升,从 2011 年的 12.2% 上升到 2012 年的 12.7% 。其中,俄罗斯对哈萨克斯坦和白俄罗斯出口额分别为 171 亿美元、276 亿美元,同比分别增长 11.6% 、8.1% ,俄罗斯与白俄罗斯、哈萨克斯坦两国贸易在其贸易总额的占比从 2011 年的 7.1% 上升到 2012 年的8.1% ;白俄罗斯与俄罗斯、哈萨克斯坦两国的贸易在其贸易总额的占比从 2011 年的 46.8% 上升到 2012 年的 48.4% 。(表 5 -5)

但是,哈萨克斯坦的情况却有所不同,2010—2012 年,哈萨克斯坦与俄、白两国的相互贸易总额在其贸易总额的占比分别为 20.6% 、18.7% 和 18% ,呈现逐渐下降态势。总体上,俄罗斯和哈萨克斯坦对关税同盟市场依赖度不高,而白俄罗斯则严重依赖关税同盟市场。

表 5 -5　2011—2012 年俄白哈关税同盟各成员国与第三国贸易和内部贸易占比

贸易占比	俄白哈关税同盟		俄罗斯		哈萨克斯坦		白俄罗斯	
	2011	2012	2011	2012	2011	2012	2011	2012
与第三国贸易在其贸易总额中的比例(%)	87.8	87.3	92.4	92.0	81.5	82.0	53.2	51.6
与关税同盟各国贸易在其贸易总额中的比例(%)	12.2	12.7	7.1	8.1	18.7	18.0	46.8	48.4

资料来源:根据俄白哈关税同盟统计局公布的数据整理而成。

4. 俄白哈关税同盟的贸易结构

俄白哈关税同盟的出口商品主要是能源和原材料等初级产品。例如 2011 年,矿物燃料、石油及其制品等出口占俄白哈关税同盟与第三国贸易中的比例为71.2% 。俄白哈关税同盟的进口商品则以高技术含量的加工工业品、食品和农业原料为主。2011 年,核反应器、锅炉、机械设备及其配件占俄白哈关税同盟进口的比例为 18.17%，陆地交通工具及其配件占比为 12.97%，电子设备、录音录像设备等占比为 10.72%。另外，由于俄罗斯和哈萨克斯坦两国经济结构非常相近，其对外贸易的产品结构高度重合，2011 年，两国 15 类主要出口商品中有 13 类是相同的，如矿产品、贱金属及制品、化工产品、运输设备等，这种贸易结构较难产生贸易创造效应。

俄白哈关税同盟成员国之间的贸易结构也以初级产品和金属为主。例如，2012 年，矿产品贸易总值在三国相互贸易总值中的占比高达 37%，机器、设备和运输工具占比为 21.1%，金属和金属制品占比为12.7%，食品和农产品原料占比为 10.2%，化学工业产品占比为 8.9%。总体上，俄白哈关税同盟三国相互贸易结构比其与第三国贸易结构较为合理。

5. 俄白哈关税同盟的贸易效应结论

第一，俄白哈关税同盟运行 3 年多来，同盟内部之间的贸易增幅远高于同盟与第三国家之间的贸易增幅；俄罗斯与白、哈两国的贸易增速也远高于其与主要贸易伙伴的贸易增速。除 2011 年之外，哈萨克斯坦与俄、白两国的贸易增速也高于其对主要贸易伙伴的贸易增速，这些都说明了关税同盟的贸易效应开始逐步显现，关税同盟的运行促进了三国贸易的往来。

第二，在区域内贸易比重方面，2011 和 2012 年，俄白哈关税同盟三国相互贸易在同盟贸易总额中的占比略有上升，俄罗斯与白、哈两国贸易在其贸易总额的占比上升了 1%，白俄罗斯与俄、哈两国的贸易在其贸易总额的占比上升了 1.6%，哈萨克斯坦与俄、白两国的相互贸易在其贸易总额的占比则下降了 0.7%。这说明关税同盟的运行使俄罗斯、白俄罗斯两国扩大了对同盟成员国的贸易规模，这也是俄罗斯积极推动区域经济一体化的重要原因之一。

三、俄白哈关税同盟的投资效应

俄白哈关税同盟是欧亚经济共同体框架内经济一体化重要的阶段性成果。关税同盟的建立不仅会影响区内外的贸易流向和流量，而且对区内吸引投资也会产生重大影响。投资效应是区域一体化协定所引起的贸易创造及转移而产生的投资创造和转移效应。投资创造效应是指由于区域经济一体化提高了区内对区外的保护水平，削弱了区外厂商在区内市场的竞争优势，区外厂商为了维持在区内的市场份额转而向区内投资生产，致使流入区内的投资增加。投资转移效应是由于一体化产生贸易创造时，区内某些成员的生产结构将发生变化，这种变化导致区内吸引的外资布局将会重新调整，如某个成员对外直接投资（FDI）流入增加，另一个成员对外直接投资（FDI）流入减少。

（一）投资效应文献综述

美国学者 Kindleberger（1966）率先提出了“投资创造”和“投资转移”两个概念，认为区域经济一体化的发展引发了投资的创造和转移效应，从而奠定了区域经济一体化投资效应的理论框架。① Meyer（1995）提出的“倍差法”对区域经济一体化投资效应研究的计量方法做出了重要贡献。当前对于区域经济一体化投资效应的研究主要集中在欧盟（EU）和北美自由贸易区（NAFTA）上，大多数研究认为组建区域经济一体化可以带来 FDI 的增加。Ari Kokko 和 Steven G lobrman（1998）分析了 NAFTA 区域经济一体化对区域内直接投资的效应，结果表明：NAFTA 的签订使得墨西哥吸引了大量的美国直接投资。Francois（2000）研究表明，南北区域经济一体化对于小国来说产生了明显的投资增长效应，爱尔兰、西班牙和葡萄牙在加入欧盟及乌拉圭加入南方共同市场以后，均发生 FDI 急剧增加的现象。②

随着中国－东盟自由贸易区（CAFTA）的建立，许多学者开始研究“南南型”区域一体化组织的投资效应。东艳（2006）认为，两个发展中国家所进行

①Kindleberger, Ch. P. , “European Integration and the International Corporation,” *Columbia Journal of World Business*, 1966, 1(1): 65 ~ 76.

②Francois. J. Rombout, M. , “Preferential Trade Arrangements, Induced Investment and National Income in a Heckscher – Ohlin – Ramsey Model,” *Tinbergen Institute Discussion Paper*, Amsterdam, 2000.

的一体化将使区外跨国公司在两国内的投资进行重组，跨国公司将选择区内市场规模大、工资水平较低的国家生产以供给整个区内市场。① 张宏、蔡彤娟(2007)指出，CAFTA 的投资创造效应大于投资转移效应，投资效应为正。② 赵玉焕、王帅(2011)对 CAFTA 投资效应的研究表明：在静态效应中，市场的开放与扩大会促进整个区域对外资的吸引力，而对双方相互投资的增加并不明显，双方在吸引区外投资方面也不存在竞争。在动态效应中，规模经济、政策预期、经济增长三方面的效应总体就 CAFTA 吸引外资而言是有利因素，但需要长时间才能显现出来。③ 汪占熬、陈小倩(2013)运用倍差法对 CAFTA 投资效应的研究认为，虽然 CAFTA 对成员国 FDI 流入有着明显的正向促进作用，但力度较小，远远低于生产规模及消费规模等更为直接的因素。④

(二)俄、白、哈三国吸引对外直接投资(FDI)状况

俄罗斯是俄白哈关税同盟中吸引 FDI 最多的国家，这是由其经济规模和实力所决定的。⑤ 据联合国贸易与发展会议统计，2007 和 2008 年，俄罗斯吸引 FDI 分别为 550.73 亿美元、750.02 亿美元，同比增长 85.4% 和 36.2% 。受国际金融危机的影响，2009 年，俄罗斯吸引 FDI 规模大幅下滑至 365 亿美元，同比下降51.3% 。2010 年俄白哈关税同盟成立后，俄罗斯吸引 FDI 呈现逐步上升态势，但仍未恢复至 2008 年危机前的水平。2010

①东艳：《南南型区域经济一体化能否促进 FDI 流入？——中国－东盟自由贸易区引资效应分析》，《南开经济研究》2006 年第 6 期，第 70～88 页。

②张宏、蔡彤娟：《中国－东盟自由贸易区的投资效应分析》，《当代亚太》2007 年第 2 期，第 52～57 页。

③赵玉焕、王帅：《区域经济一体化直接投资效应研究述评》，《商业时代》2011 年第 10 期，第 133～135 页。

④汪占熬、陈小倩：《中国－东盟自由贸易区投资效应研究》，《华东经济管理》2013 年第 6 期，65～69 页。

⑤俄、白、哈三国经济实力相差悬殊，2012 年俄罗斯 GDP 总额为 2.02 万亿美元，人均 GDP 为 1.43 万美元，哈萨克斯坦和白俄罗斯的经济总量分别为俄罗斯的 9.97% 和 3.13% 。

和 2011 年,FDI 流入总额分别为 432.88 亿美元、528.78亿美元,同比增幅为 18.6% 和22.2% ;2012 年,俄罗斯吸引 FDI 小幅下降至 514.16 亿美元。(表 5 -6)

据俄罗斯联邦统计局统计,在俄罗斯吸引的各类投资中,直接投资占比不大,而是其他类投资(包括商业贷款)所占比重较高。① 截至 2012 年底,俄罗斯累计吸引外资总额 3 624 亿美元,其中,外国直接投资额为 1 360.2 亿美元(占比 37.5%)、证券投资额为 87.2 亿美元、其他投资额为 2 176.3 亿美元。累计对俄罗斯投资金额较多的国家依次为:塞浦路斯 767.4 亿美元(占外资总额的21.2% ,下同)、荷兰 614.9 亿美元(占 17%)、卢森堡 427.4 亿美元(占11.8%)、中国 279.2 亿美元(占7.7%)、英国 266.8 亿美元(占7.4%)、德国 249.1 亿美元(占6.9%)。②

据联合国贸发会统计,2007 和 2008 年,哈萨克斯坦吸引 FDI 分别为 111.19亿美元和 143.22 亿美元,同比增长 77.1% 和 28.8% ;2009 和 2010 年,哈吸引 FDI 连续两年出现下滑,分别为 132.43 亿美元和 107.68 亿美元;2011 和 2012 年,哈吸引 FDI 分别为 129.1 亿美元、140.22 亿美元,同比增长 19.9% 和 8.6% 。(表 5 -6)据哈萨克斯坦中央银行统计,1993—2011 年,哈共吸引外国直接投资额 1 466.33 亿美元。至 2011 年底,对哈萨克斯坦投资最多的是荷兰(投资额 353 亿美元),占哈萨克斯坦累计引资总额的24.1% 。其他投资较多的国家包括:美国(224.6 亿美元)、英国(112.6 亿美元)、法国(90.1亿美元)、俄罗斯(57.7 亿美元)、意大利(57.7 亿美元)、中国(57.5 亿美元)等。③ 2010 年之后,欧洲国家对哈直接投资有所放缓,中国和俄罗斯对哈萨克斯坦投资却明显上升。

①俄罗斯联邦统计局对外资的统计是全口径的,投资总额包括直接投资(FDI)、中长期贷款、股权和财务投资等多种投资方式。

②资料来源:根据中国驻俄罗斯联邦大使馆经济商务参赞处网站公布的数据整理而成。

③资料来源:根据哈萨克斯坦中央银行网站公布的数据整理而成。

表 5-6　2005—2012 年俄白哈关税同盟吸引 FDI 状况

（单位：亿美元）

年份	俄罗斯		哈萨克斯坦		白俄罗斯		关税同盟三国		其他独联体国家	
	FDI 流入	增减（%）	FDI 流入	增减（%）	FDI 流入	增减（%）	FDI 流入	增减（%）	FDI 流入	增减（%）
2005	128.86	—	19.71	—	3.05	—	151.62	—	110.77	—
2006	297.01	130.5	62.78	218.5	3.54	16.1	363.33	139.6	71.58	-35.4
2007	550.73	85.4	111.19	77.1	18.05	409.9	679.97	87.1	85.12	18.9
2008	750.02	36.2	143.22	28.8	21.81	20.8	915.05	34.6	153.15	79.9
2009	365.00	-51.3	132.43	-7.5	18.84	-13.6	516.27	-43.6	118.12	-22.9
2010	432.88	18.6	107.68	-18.7	14.03	-25.5	554.59	7.4	135.07	14.3
2011	528.78	22.2	129.10	19.9	39.86	184.1	697.74	25.8	147.65	9.3
2012	514.16	-2.8	140.22	8.6	14.42	-63.8	668.80	-4.1	154.01	4.3

资料来源：根据联合国贸易与发展会议公布的 2011—2013 年世界投资报告整理而成。

相比俄罗斯与哈萨克斯坦，白俄罗斯的引资规模较小。2007 和 2008 年，白俄罗斯吸引 FDI 分别为 18.05 亿美元和 21.81 亿美元；2009 和 2010 年，白俄罗斯吸引 FDI 连续两年下滑，分别为 18.84 亿美元、14.03 亿美元；2011 年，白俄罗斯 FDI 引资额大幅上升至 39.86 亿美元，但 2012 年大幅下滑至 14.42 亿美元。从投资来源国看，至 2012 年初，俄罗斯占白俄罗斯 FDI 总额的 78.4%；非独联体国家占白俄罗斯 FDI 的比例约为 20%，这些国家主要包括意大利、塞浦路斯、英国等。白俄罗斯目前共拥有 3 227 家合资企业和 2 373 家外商独资企业。

（三）关税同盟的投资效应

1. 区外对区内的投资创造和转移效应

（1）区外对区内投资创造和转移效应的含义

俄白哈关税同盟的投资效应可分成两种类型：区外对区内的投资创造和转移效应，区内对区内的投资创造和转移效应。其中，区外对区内的投资创造效应是由于关税同盟对内取消关税并对外设置统一关税，将促使非成员国为了避开关税壁垒而将生产转移到成员国,从而促进外资流入;同时非成员国也被关税同盟的市场规模所吸引,通过增加对区内某成员国的投资,以扩大其在区内的市场份额。

关税同盟有利于吸引外资、抑制进口,实现进口替代并扶持民族工业发展,一直是俄、白、哈政府对外经济活动中的一项重要政策。对内取消关税、对外设置统一的第三国关税将会促使非成员国为了避开关税壁垒而将生产线转移到关税同盟成员国,在当地直接进行生产和销售,从而促进外资流入。关税同盟的关税体系也体现了这一宗旨,在其对第三国关税中,成品进口关税大大高于半成品和零部件进口关税,这将有利于外资企业到成员国进行投资,从事生产加工,客观上达到扩大吸引外资的目的。

(2)关税同盟区外对区内的投资创造和转移效应

从国别上看,关税同盟成立以来,2010 年,俄罗斯吸引 FDI 同比增长 18.6% ,哈、白两国同期却分别下降了 18.7% 和 25.5% ;2011 年,俄、白、哈三国的 FDI 流入量均出现大幅增长,其中白俄罗斯增幅最大,主要原因是出售白俄罗斯天然气运输公司 50% 的股份给俄罗斯所带来的 25 亿美元;2012 年,俄罗斯吸引 FDI 出现小幅下降,哈萨克斯坦则增长 8.6% ,白俄罗斯下降较大。总体上,2010 和 2011 年,关税同盟三国 FDI 流入总额分别为554.59 亿美元、697.74 亿美元,同比增长 7.4% 和 25.8% ;2012 年,关税同盟共吸引 FDI 为 668.8 亿美元,同比下降 4.1% 。(表 5 – 6)

从横向比较,2010 和 2011 年,全球 FDI 流入量分别增加了 5% 和 16% ,2011 年,流向转型经济体(包括独联体国家和东南欧国家)的 FDI 增长了 25% 。2012 年,全球 FDI 流入量下降了 18% ,转型经济体的 FDI 流入下滑了 9% 。① 由此可见,2010 年以来,关税同盟的 FDI 流入与全球平均水平及转型经济体的 FDI 流入相比,并没有出现较大提高,其区外对区内的投资创造效

①资料来源:根据联合国贸易与发展会议公布的 2011—2013 年世界投资报告整理而成。

应不显著。

俄白哈关税同盟投资创造效应不明显的原因有三点。一是由于俄、哈两国的产业和贸易结构具有很大的相似性，出口以能源类商品为主，进口以机械设备及制成品为主，导致两国贸易创造效应不明显。二是关税同盟成立后，俄、白两国关税水平变化不大，哈萨克斯坦虽然提高了关税税率，但哈萨克斯坦最大的贸易进口国是俄罗斯，其次才是中国、乌克兰和德国，而后者才有可能增加对哈直接投资，其他非成员国增加投资的动力不强。① 三是关税同盟三国的投资环境仍然欠佳，有待改善。如2011年，俄、白、哈三国在全球183个国家中的营商环境排名分别为第120位、69位、47位。②

区外对区内的投资转移是指区外国家选择的投资对象由区外潜在的东道国转向区内成员国，即一体化区域内各成员的区外直接投资的增加导致了区域外其他国家外资流入的减少。通过比较关税同盟三国与其他独联体国家的FDI流入水平发现，2010年、2011年和2012年，其他独联体国家吸引FDI总额分别增长了14.3%、9.3%和4.3%，除2011年低于关税同盟外，其他两年的情况都高于关税同盟整体的FDI流入增速。（表5－6）这说明关税同盟成立后，区外对区内的投资转移效应也不明显，其他独联体国家的FDI流入水平并没有受到关税同盟运行的影响。

2. 区内对区内的投资创造和转移效应

区内对区内的投资创造是指区内成员间相互投资的增加，这是由于关税同盟的建立促进了各种生产要素的自由流动，从而使得成员间相互投资增加。区内对区内的投资转移是指区内国家选择的投资对象由区内某一成员国转为另一成员国，这是由于区域经济一体化使得区内各国重新进行分

①郭晓琼：《竞争与合作：对欧亚联盟与上海合作组织关系的思考》，《俄罗斯东欧中亚研究》2013年第3期，第44～54页。

②资料来源：根据国际金融公司和世界银行发布的《2012年营商环境报告：在一个更加透明化的世界里经营》整理而成。

工与资源配置，导致区内投资布局的调整。

（1）俄罗斯对哈、白两国的投资效应

据俄罗斯联邦统计局数据，2000 年俄罗斯对独联体国家投资额只有1.31亿美元，2005 年增长至6.21 亿美元，其中，白俄罗斯、哈萨克斯坦、乌克兰占当年俄罗斯对独联体国家投资的比重分别为 16.5%、32.9%、25%，对其他独联体国家的占比为 24.3%。① 俄白哈关税同盟成立之后，2010 年俄罗斯对独联体国家的投资额扩大到 74.98 亿美元，其中，白、哈、乌三国的占比分别为 55%、16.1%、18.6%，其他独联体国家的占比下降为4.8%。2011年，俄对独联体国家投资总额为 128.36 亿美元，同 2010 年相比增长 71%，其中，白、哈、乌三国的占比分别为 71.9%、15%、6.3%，其他独联体国家的占比进一步下降到2.9%。② 由此可见，俄白哈关税同盟的运行导致俄罗斯对独联体国家的投资方向发生明显转移：俄罗斯对白俄罗斯的投资额大幅增长，占俄罗斯对独联体国家投资的比重由 2005 年的 16.5% 上升至 2011年的71.9%；俄罗斯对哈萨克斯坦的投资额有所增长，2010 和 2011 年占比变化不大；俄罗斯对乌克兰的投资额从 2010 年的 13.93 亿美元下降到 2011年的8.1亿美元，占比从 2005 年的 25% 大幅下降到 2011 年的6.3%；俄罗斯对独联体其他国家的投资额占比也从 2005 年的 24.3% 下降至 2011 年的2.9%。（表5－7）

俄白哈关税同盟区域内发生投资转移的原因包括两个方面。一是由于哈萨克斯坦税负较低（哈萨克斯坦的增值税为 12%、俄罗斯为 18%、白俄罗斯为 20%），自关税同盟成立以来，哈萨克斯坦逐步成为俄罗斯企业的“避税港湾”。据统计，目前已有 9 000 余家俄资企业在哈萨克斯坦登记注册。二是白俄罗斯实行“低收入和高福利”政策，其劳动力成本和价格水平相对较

①资料来源：根据俄罗斯联邦统计局网站公布的数据整理而成。

②独联体有 11 个成员国，分别是俄罗斯、阿塞拜疆、亚美尼亚、白俄罗斯、哈萨克斯坦、吉尔吉斯斯坦、摩尔多瓦、塔吉克斯坦、土库曼斯坦（已在 2005 年退出）、乌兹别克斯坦和乌克兰。

低。例如,2012 年白俄罗斯的人均 GDP 为 6 681 美元,只相当于俄罗斯人均 GDP 的 47% ,这也是俄对白投资大幅增长的重要因素。

表 5 –7　2000—2011 年俄罗斯对独联体国家投资额及其占比

投资总额及国家	2000 年		2005 年		2010 年		2011 年	
	投资额(亿美元)	占比(%)	投资额(亿美元)	占比(%)	投资额(亿美元)	占比(%)	投资额(亿美元)	占比(%)
投资总额	1.31	100	6.21	100	74.98	100	128.36	100
白俄罗斯	0.77	59	1.02	16.5	41.25	55	92.32	71.9
哈萨克斯坦	0.03	2.6	2.04	32.9	12.06	16.1	19.26	15
乌克兰	0.15	11.5	1.55	25	13.93	18.6	8.10	6.3
乌兹别克斯坦	0.009	0.7	0.07	1.1	2.04	2.7	2.55	2
吉尔吉斯斯坦	0	0	0.01	0.2	2.10	2.8	2.50	1.9
其他独联体国家	0.351	26.2	1.52	24.3	3.60	4.8	3.63	2.9

资料来源:根据俄罗斯联邦统计局网站公布的数据整理而成。

(2)哈、白两国对俄罗斯的投资效应

近年来独联体各国对俄罗斯的投资也出现了较快增长。2005 年,独联体国家对俄罗斯投资总额只有 16.65 亿美元,其中,白、哈、乌三国占当年独联体国家对俄罗斯投资的比例分别为 26.9% 、44% 、14% 。关税同盟成立之后,2010 年独联体国家对俄罗斯投资总额为 47.14 亿美元,其中,白、哈、乌三国的占比分别为 41.1% 、31.7% 和 12.3% ;2011 年,独联体国家对俄罗斯投资总额为 71.4 亿美元,同 2010 年相比增长 51.5% ,其中,白、哈、乌三国的占比分别为43.3% 、33.7% 、9.4% ,其他独联体国家对俄罗斯投资占比由 2010 年的 14.1% 下降到 2011 年的 11.4% 。

因此,关税同盟的运行也使得独联体各国对俄罗斯投资发生变化,关税同盟成员国(白、哈)对俄罗斯投资增长较快,占独联体国家对俄罗斯投资的比重上升;非关税同盟成员国(乌克兰及其他独联体国家)对俄罗斯投资增速趋缓,占比下降。(表 5 –8)

表 5-8　2000—2011 年独联体国家对俄罗斯投资额及其占比

投资总额及国家	2000 年		2005 年		2010 年		2011 年	
	投资额（亿美元）	占比（%）	投资额（亿美元）	占比（%）	投资额（亿美元）	占比（%）	投资额（亿美元）	占比（%）
投资总额	0.22	100	16.65	100	47.14	100	71.4	100
白俄罗斯	0.01	4.5	4.47	26.9	19.39	41.1	30.94	43.3
哈萨克斯坦	0.06	25.2	7.33	44	14.95	31.7	24.09	33.7
乌克兰	0.09	40.2	2.33	14	5.78	12.3	6.72	9.4
塔吉克斯坦	0.0003	0.1	0.14	0.8	0.36	0.8	1.57	2.2
其他独联体国家	0.0597	30	2.38	14.3	6.66	14.1	8.08	11.4

资料来源：根据俄罗斯联邦统计局网站公布的数据整理而成。

3. 俄白哈关税同盟投资效应结论

俄白哈关税同盟成立后，2010—2012 年，其 FDI 流入增速与全球平均水平及转型经济体 FDI 流入增速相比，并没有出现较大提高，区外对区内的投资创造效应不显著。其原因是俄、哈两国的产业和贸易结构具有高度的相似性，导致关税同盟的贸易创造效应不明显；俄、白、哈三国的投资环境欠佳，有待改善。关税同盟区外对区内的投资转移效应也不明显，独联体其他国家的 FDI 流入并没有受到关税同盟运行的影响。

关税同盟区内对区内的投资创造和转移效应比较显著。一方面，关税同盟成立后，俄罗斯对成员国（白、哈）的投资增长较快，占俄对独联体国家投资的比重明显上升；俄对非成员国（乌克兰及其他独联体国家）的投资下降或增长趋缓。另一方面，关税同盟的运行也导致独联体各国对俄投资发生变化，成员国（白、哈）对俄投资增长较快，非成员国（乌克兰等）对俄投资增速下降。关税同盟区内发生投资转移的原因是哈萨克斯坦税负较低、白俄罗斯的劳动力成本和价格水平较低。

四、俄白哈关税同盟对中国外贸的影响

（一）中国与俄、白、哈三国贸易现状

1. 中国与俄、白、哈三国贸易规模

近年来，中俄两国贸易整体呈现快速上升趋势。尤其是21世纪以来，中俄贸易总额以平均每年30%的速度递增。从总量上看，中俄贸易总额不断创造新高，2001年，中俄双边贸易额突破100亿美元大关。2007和2008年，中俄双边贸易额相继突破了400亿美元及500亿美元的大关。2009年，受国际金融危机的影响，中俄双边贸易额下降至388亿美元。2010和2011年，中俄双边贸易出现了强劲增长，贸易总额分别上升至554.5亿美元、792.4亿美元，同比分别增长43%和42.9%。据俄方统计，2012年，俄中贸易总额达到875亿美元，其中俄出口总额357亿美元，进口总额518亿美元。中国已经连续3年为俄罗斯第一大贸易伙伴。1999—2006年，俄方一直为顺差；2007年，俄方首次出现逆差；2011和2012年，俄罗斯对中国贸易逆差分别上升为116亿美元、161亿美元，中国成为俄罗斯第一大逆差来源国。（表5-9，下同）

哈萨克斯坦是中亚地区经济实力最强、与中国经贸额最多的国家，1992—2010年，哈萨克斯坦与中国的进出口贸易总量平均占中亚五国与中国贸易总量的66%。据哈方统计，2010和2011年，哈中双边贸易额分别为140.9亿美元、213.1亿美元，同比增长分别为71.9%和51.1%。2012年，哈中贸易总额为239.8亿美元，同2011年相比增长12.5%，占哈萨克斯坦外贸总额的17.5%，中国成为哈萨克斯坦第一大贸易伙伴国。其中，哈萨克斯坦向中国出口额是164.8亿美元，占其出口总额的17.9%，中国是哈萨克斯坦最大出口国；哈萨克斯坦自中国进口额是75亿美元，占其进口总额的16.8%，中国是哈萨克斯坦第二大进口国，仅次于俄罗斯。多年来，哈方对中国一直保持贸易顺差。

表 5－9 2003—2012 年中国对俄、哈、白三国贸易状况

（单位：亿美元）

年 份	俄罗斯			哈萨克斯坦			白俄罗斯
	贸易总额	出口	进口	贸易总额	出口	进口	贸易总额
2003	157.6	60.3	97.3	21.8	5.2	16.6	1.3
2004	212.3	91	121.3	27.3	7.6	19.7	2.2
2005	291	132.1	158.9	36.8	12.5	24.3	5.72
2006	333.9	158.3	175.6	55.2	19.3	35.9	6.45
2007	481.7	285	196.7	91.5	35.1	56.4	12.9
2008	568.3	330	238.3	122.4	45.7	76.7	20.4
2009	388	175.2	212.8	94.6	35.7	58.9	12.6
2010	554.5	295.7	258.8	140.9	39.6	101.3	21.6
2011	792.4	454.5	337.9	213.1	50.2	162.9	28.3
2012	875	518	357	239.8	75	164.8	30

资料来源：根据哈萨克斯坦统计署、中国驻白俄罗斯使馆经商参处和《中国统计年鉴》公布的数据整理而成。

相比中俄、中哈贸易，中白两国贸易规模较小。据白俄罗斯海关统计，2011 年，中白双边贸易额为 28.3 亿美元，同比增长 31.2%；2012 年，中白双边贸易额达到 30 亿美元，目前中国是白俄罗斯第四大贸易伙伴、第二大出口和第七大进口伙伴。

2. 中国与俄、哈两国贸易结构和方式

从贸易结构上看，俄罗斯对中国出口以初级产品为主，中国对俄罗斯出口以劳动密集型产品为主。中国出口俄罗斯的主要商品有：锅炉、机械及其零附件、电机、电器及其零附件、农副产品、服装、纺织品、鞋类和家电等。近年来，中国对俄罗斯出口的商品结构有了明显优化，对俄出口商品中机电产品所占比重逐步增加。从 2006 年起，机电产品已经连续 6 年位居中国对俄出口的第一大产品，机电产品贸易额占中国对俄出口贸易总额的比重由 2005 年的 25% 增长到 2012 年的 52.2%。2012 年，中国对俄出口机电产品贸易额为 230.2 亿美元，其中，自动数据处理设备及其部件出口贸易额为 26.4 亿美元，同比增长 34.1%；汽车出口贸易额为12.2亿美元，同比增长 42%。此外，服装及衣着附件、纺织纱线、织物及制品和鞋类等传统劳动密集型产品也保持较好增长态势。（表 5－10）

表5－10　2012年中国对俄罗斯进出口前10位商品状况

出口的主要商品状况			进口的主要商品状况		
商品名称	贸易额（亿美元）	同比增长（%）	商品名称	贸易额（亿美元）	同比增长（%）
服装及衣着附件	63.7	14.9	原油	204.9	25.5
纺织纱线、织物及制品	27.7	29.4	成品油	61.3	29.3
自动数据处理设备及部件	26.4	34.1	煤及褐煤	24	51.2
鞋类	26	5.4	铁矿砂及精矿	17.7	－35.9
农产品	19.4	－0.4	肥料	16.7	46.8
汽车	12.2	42	原木	15.6	－26.1
汽车零件	10.5	25.4	农产品	15.5	－8.2
钢材	9.8	－13.4	锯材	12.8	－2.9
电话机	8.7	28.2	冻鱼	12.8	－16.6
新充气橡胶轮胎	5.7	5.9	纸浆	7.1	－21.4

资料来源：根据中华人民共和国海关总署网站公布的数据整理而成。

中国从俄罗斯进口的主要商品有石油及其制品、原木、木制品、木炭、鱼类、甲壳类、软体动物及其他水生无脊椎动物等，其中，石油及其制品占中国自俄罗斯进口产品总额的近一半。2012年，中国自俄罗斯进口原油和成品油贸易额分别为204.9亿美元和61.3亿美元，比上年分别增长25.5%和29.3%，两项进口合计占中国自俄罗斯进口总值的60.3%。中国自俄罗斯进口的前10位商品中，铁矿砂及精矿、原木和纸浆进口出现了明显下降。

在贸易方式上，中俄边境贸易在两国的经济贸易活动中扮演了重要的角色，中俄两国之间的贸易往来就是从双方边境贸易中发展起来的，俄罗斯已经成为中国最大的边贸伙伴国。中俄在边境地区建立了多个互市贸易区，仅黑龙江省就拥有对外开放的25个一类口岸，中俄边境线上唯一一个综合保税区——绥芬河综合保税区也于2010年8月正式运营。近年来，中俄边境贸易所占比重逐步降低，向一般贸易过渡的趋势明显。

从中俄贸易主体上看，近年来，随着俄罗斯清理“灰色清关”的力度加强，大规模的散兵游勇式的非正规贸易企业逐步退出双边贸易领域，正规的贸易企业逐渐形成规模，为中俄贸易长期稳定发展创造了良好环境。

（二）关税同盟对中国外贸的影响

1. 俄白哈关税同盟对中国外贸的不利影响

俄白哈关税同盟的成立改变了单个成员国对外经济活动的规则。同盟成立后，三国内部相互之间对绝大多数对方商品取消进口关税，造成各成员国同类商品价格竞争力明显提升，对中国进口商品的替代风险加大。此外，建立海关联盟后，三国形成统一的海关监管空间，执行统一的税率。统一税率以90%左右的俄罗斯商品税率为标准，主要调整的是三国发展较为落后的轻工的税率。

哈萨克斯坦的进口关税平均上升了4.4%，主要涉及中国对哈萨克斯坦出口的大宗商品，包括纺织服装类商品、轻工产品和部分机电产品等。例如，部分机电产品进口税率由原来的5%上升到10%~25%，服装类产品的进口税率提高了1.5倍以上，这些必然导致中国对哈萨克斯坦出口成本增加。另外，哈萨克斯坦取消了原来针对边境贸易的简化清关方式，提高了计税标准（此前按每千克缴纳0.6欧元关税，可携带重2 000千克、货值1万美元的货物入境；现仅可免税携带重50千克、货值1 500欧元的货物，超过标准的货物以每千克不低于4欧元缴税），这些政策变化对中哈边境贸易产生了许多不利影响。

此外，关税同盟的建立使俄、白两国在机械制造和汽车产品的竞争优势凸显。以汽车为例，根据三国签署的协议，2010年起在俄罗斯组装生产的外国品牌汽车进入白、哈两国时，只要零部件本地化率达到30%以上都不需要缴纳进口关税（以前零部件本地化率必须达到50%，且要缴纳关税）。这样俄、白两国的汽车可长驱直入地进入生产基础薄弱的哈萨克斯坦汽车市场。俄罗斯汽车品牌在哈萨克斯坦有广泛的群众基础，著名的拉达品牌在2010年跃居销售排行榜之首。因此，一直从中国进口中低端汽车的哈萨克斯坦将改为进口俄罗斯汽车，对中国汽车出口造成不利影响。

2. 吉尔吉斯斯坦加入俄白哈关税同盟对中国的不利影响

首先，俄白哈关税同盟的成立改变了单个成员国对外经济活动的规则，吉尔吉斯斯坦加入后必将大幅提升其关税税率。如2010年关税同盟运行后，哈萨克斯坦的平均关税水平由6.2%提高至10.6%，主要涉及中国对哈萨克斯坦出口的纺织服装类商品、轻工产品、部分机电产品和农副产品。由于俄罗斯于2012年8月正式加入世界贸易组织（WTO），关税同盟成员国便以俄罗斯加入WTO时承诺的税率为上限重新修订了统一关税，同时也按俄罗斯加入WTO时承诺规定了部分产品和领域的过渡期。2011年，关税同盟的平均进口关税为10%，高于俄罗斯对WTO成员方承诺的平均关税水平。因此，在未来几年内，关税同盟的平均关税税率将分阶段下调至7.8%，但这仍然远高于吉尔吉斯斯坦现行的平均关税水平。

其次，关税同盟成员国都采取了禁止进口货物混装、取消进口货物"包车包税"等做法。吉尔吉斯斯坦"入盟"后，也将取消原来针对边境贸易的简化清关方式，并提高计税标准。这样，中国对吉尔吉斯斯坦边境贸易（包括旅购贸易）出口通关难度必然增大，通关税费将大幅上涨，中国企业出口以整车包税制为手段的贸易模式将被打破。通关税费上升、施行通关规范化新政等措施都将对中吉边境贸易带来不利影响，中吉双边贸易额将出现下降。

最后，除了统一进口关税外，非关税壁垒也是俄白哈关税同盟面临的另一重要问题。非关税壁垒主要是技术性贸易壁垒（TBT）和动植物卫生检疫措施（SPS）。目前，在俄白哈关税同盟实行的各种标准中，62%是苏联标准，部分是俄罗斯标准。与国际标准相比，苏联和俄罗斯的标准更为严格。由于俄罗斯不承认国际公认的产品认证，出口到俄罗斯的产品必须按照俄罗斯标准进行检验和认证。"入盟"后，吉尔吉斯斯坦不得不按照俄罗斯标准来进行生产或执行进口商品检验，这必将提高吉尔吉斯斯坦的非关税壁垒。

3. 俄白哈关税同盟给中国外贸带来的机遇

俄白哈关税同盟对中国外经贸发展有短期冲击，但长期有利。关税同盟的运行也给中国企业带来了许多机遇。一是原来中国企业与俄、白、哈三国是一对一的贸易，现在可以转变为一对三的贸易，以后中国出口商品只需要一次性通关就可以进入关税同盟统一市场。二是关税同盟建立统一的关税政策更符合贸易安全与便利的要求,更加透明和规范,对打击“灰色清关”和提高贸易透明度有利。三是关税同盟下调了包括消费类电子产品、零部件在内的部分商品进口关税,哈萨克斯坦也申请了400多种商品的“过渡期”,这为中国企业扩大消费类电子产品的出口和扩大在关税同盟成员国的投资提供了新机遇。2010年,中国对三国出口家电共计12亿美元,增长79.5%;2011年1—5月,出口额继续增长83.2%。而零部件进口关税的下调,客观上鼓励外商投资于生产性项目,三国统一市场又为投资者提供了更为广阔的销售市场,投资机遇有所增加。孙莉(2011)认为,由于关税同盟还处于制度建设的起步阶段,并且哈方从中国进口的商品大多是其国内企业无法供应的产品,中国产品比俄罗斯更具有竞争力,关税同盟很难将中国产品排除在外。①

从实际情况看,据中华人民共和国商务部统计,2011和2012年,中俄双边贸易额分别为792亿美元、881.6亿美元,同比增长分别为42.9%、11.2%;中哈双边贸易额分别为213亿美元、239.8亿美元,同比增长分别为51%和12.5%。关税同盟运行以来,中俄、中哈贸易增速都高于同期俄罗斯和哈萨克斯坦平均贸易增速,也高于关税同盟成员国相互贸易增速;并且,中国与各成员国的贸易结构没有明显改变,进口以原油、原木等资源性商品为主,出口则以机电、服装、鞋类产品等为主。这些说明关税同盟的运行对中国与俄、哈两国的双边贸易影响不大。

4.俄白哈关税同盟对新疆外贸的影响

新疆是我国对中亚国家开展贸易的主要地区。多年以来,哈萨克斯坦是新疆第一大贸易伙伴,对哈出口占新疆出口总额的50%左右。在贸易方式上,至2012年,边境贸易已经连续19年占据新疆对外贸易的半壁江山,连续9年位列全国9个陆路边境省区之首。在边境贸易方式中,旅游购物又占边贸份额的近70%。因此,关税同盟的运行对新疆的边境贸易产生较大的负面影响,主要表现在以下两个方面。

①孙莉:《俄、白、哈关税同盟对中哈经贸的影响》,《俄罗斯中亚东欧市场》2011年第1期,第35页。

第一,新疆旅购贸易出口的税费增加。哈方对边境贸易实行关税同盟统一税率,轻工产品为货值的 10% ,家具为 5% ,取消了原来简化清关方式(按货物重量每千克收 0.6 欧元)。对新疆的出口企业来说,贸易模式发生了较明显的变化,以往那种以“灰色清关”为主导、以整车包税制为手段的贸易模式被打破。受关税同盟运行的影响,近年来,新疆旅购贸易出口通关难度增大,对哈萨克斯坦通关税费大幅上涨,导致哈萨克斯坦在新疆外贸总额中的占比大幅下降,由 2010 年的 54% 下滑到 2012 年的 44.5% 。

第二,新疆边贸出口的证明文件增多,降低了通关效率。哈萨克斯坦海关有俄罗斯海关派驻的官员,协查那些企图贿赂海关工作人员的中国商人,并指导哈海关按照海关同盟的税种进行征税。按照新关税同盟的通关指南,新疆的不少企业无法提供相关的证明文件(例如,哈萨克斯坦海关要求外贸企业对一些非动物产品提供原产地证明、卫生检验证书、技术说明书等文件),延缓了出口货物的通关效率。

5. 新疆应对俄白哈关税同盟的措施

为了应对关税同盟的影响,新疆对哈萨克斯坦的贸易方式发生转变。

首先,为了适应哈萨克斯坦海关对货物进口的相关要求,新疆转变了清关模式,由以往的按货柜笼统报关模式转变为按照货物的实际数量及价值报关。

其次,出口企业为了利益最大化,会自行适应新的海关税对企业的影响,调整进出口商品的结构。主要表现为按照新税目、税则的要求计算企业利润,避免因哈萨克斯坦关税上涨而带来的损失,放弃进出口那些由于关税上涨而无利可图的货物。

再次,企业调整进出口商品的结构。由于关税同盟下调了包括消费类电子产品、零部件在内的部分商品进口关税,这为扩大消费类电子产品的出口提供了新机遇。

最后,关税同盟统一市场提供了更为广阔的销售市场。对于新疆出口企业来说,可以把原先一对一的贸易转变为一对三的贸易,今后新疆出口哈萨克斯坦的产品就等于进入三个国家的市场,这对新疆出口企业也是机遇。

（三）俄白哈关税同盟对区域经济合作的影响

1. 增加了上合组织下区域经济合作的难度和复杂性

2010 年 7 月，俄白哈三国关税同盟正式启动，这是相对于上海合作组织更高层次的次区域经济合作组织，二者之间形成了相互交叉的局面。关税同盟使成员国间平等的贸易关系更加复杂化了，俄罗斯、哈萨克斯坦将关税同盟视为其参与区域经济合作的优先发展方向。欧亚经济共同体（欧亚经济联盟）已经成为中亚地区经济领域合作程度最高、涉及面最广的合作机制，是俄罗斯和中亚国家对外经济合作的优先选择。相比较而言，俄罗斯更强调上海合作组织的政治安全作用，而对关税同盟赋予了更多经济合作功能，这无疑加大了上海合作组织区域经济合作推进的难度，特别是中国所倡导的“上海合作组织自由贸易区”设想将面临更大困难。

俄白哈关税同盟的成立和运行使上海合作组织所倡导的多边经济合作增加了复杂性。上海合作组织成员国一直未能就自由贸易区达成一致，这主要是由于俄罗斯对上合组织下的多边经济合作态度比较消极，无意在上合组织框架内推进自贸区建设。而俄罗斯与除了中国以外的上合组织成员国一直在一步步地建设自己的“经济一体化”，欧亚经济共同体推进一体化的力度要远远大于上合组织实施贸易便利化的力度。因此，在将来上海合作组织的经贸合作中，很难再是以前简单的双边便利化，而是复杂的多边安排，其难度必将增加。

李福川（2011）认为，俄白哈关税同盟的正式运行，反映了俄罗斯经济迅速崛起这一基本现实，也是对俄罗斯在独联体经济一体化过程中核心国地位的认可。关税同盟对上合组织的部分成员国具有排他性影响，即三国对来自中国、塔吉克斯坦、吉尔吉斯斯坦和乌兹别克斯坦的商品和服务筑起了一道壁垒。①

①李福川：《俄白哈关税同盟及对上海合作组织的影响》，《俄罗斯中亚东欧市场》2011 年第 7 期，第 1 ~ 9 页。

2015 年 8 月,吉尔吉斯斯坦正式加入了关税同盟(欧亚经济联盟),塔吉克斯坦也提出了申请,由于吉尔吉斯斯坦和塔吉克斯坦同时又是上海合作组织成员国,其双重身份导致上海合作组织出现圈中套圈的局面,形成“4 +2”的格局,关税同盟的一体化程度高于上海合作组织,二者之间的运行规则不尽相同,如何协调二者之间的关系将使上海合作组织面临巨大考验。

2. 关税同盟限制其成员国与其他国家签订自由贸易协议

关税同盟的制度特点可以总结为三点。一是参与国需将对外贸易的政策制动权让渡给关税同盟,由关税同盟实施统一的对外关税和贸易政策。二是成员国之间不需要实施原产地规则,由于统一关税税率和对外贸易政策,关税同盟下不可能出现借道转口以求低关税出口的现象,所以成员国产品流动不需要附加原产地证明。三是关税同盟限制其成员国与其他国家签订自由贸易协定(FTA)。如果其中一个国家与另外的非关税同盟国家签订了自由贸易协定,就等于参与自由贸易区的非关税同盟国家的商品能够自由进入所有关税同盟国家,因此,关税同盟必须统一与其他国家签署自由贸易协定。正是由于关税同盟对成员国权利让渡问题和对其成员国建立自由贸易协议的限制,导致这种区域经济一体化模式被世界各国采纳的相对较少。

五、俄白哈关税同盟的发展前景

(一)欧亚经济共同体一体化的进程及目标

无论是按人口、面积、人均国内生产总值衡量,还是按自然资源和科技成果拥有量来比较,俄罗斯均位于独联体金字塔实力结构的顶端,也是独联体区域一体化的火车头。对于其他独联体国家而言,由于俄罗斯是其主要的贸易伙伴,俄罗斯与独联体国家间建立自由贸易区,获利最大的不是俄罗斯,而是其他独联体国家,并且俄罗斯还能给这些国家提供大量跨国就业机会,在一定程度上缓解了独联体国家的就业压力。在能源供应方面,独联体许多国家目前仍需要依赖俄罗斯的能源供应。

从关税同盟的发展趋势来看,2015 年,吉尔吉斯斯坦已经加入关税同盟。如果吉国不加入关税同盟,关税同盟提高关税的直接后果将导致吉尔吉斯斯坦物价上涨,如从俄、哈进口的粮食价格将上涨 15% 以上。由于俄、白、哈三国都是吉尔吉斯斯坦的主要贸易伙伴,占吉尔吉斯斯坦出口的 23% 和进口总量的 55% 。关税同盟的排他性导致吉尔吉斯斯坦外贸进出口大幅下降,而避免其负面影响的最好途径就是加入关税同盟。另外,2011 年 10 月 18 日,8 个独联体国家的政府总理在圣彼得堡市召开了独联体国家首脑理事会,并签署了独联体框架下的自由贸易区协定。这 8 个成员国有:俄罗斯、乌克兰、白俄罗斯、哈萨克斯坦、吉尔吉斯斯坦、塔吉克斯坦、摩尔多瓦、亚美尼亚。阿塞拜疆、乌兹别克斯坦和土库曼斯坦也表示将在以后加入该自由贸易区。

俄白哈关税同盟从提出建立到正式启动仅用了 4 年的时间,关税同盟的正式运行反映了独联体区域经济出现了加速一体化的现象。为了协调关税同盟框架内的一体化进程,2011 年 12 月,在欧亚经济最高理事会会议上建立了首个超国家机构——欧亚经济委员会。该委员会理事会由成员国政府副总理组成,总体协调一体化进程,委员会会议是主要的工作机构,按平等的比例由各方的代表组成,其职责是监督关税同盟和统一经济空间框架内国际协定的执行情况。根据 2012—2015 年的发展目标,俄、白、哈三国的一体化进程将进一步加快,三国进入了一体化的新阶段——统一经济空间。① 2012 年,普京再次就任总统后多次强调发展独联体空间的多边和一体化进程的重要性,他曾指出:“我们不会就此止步,我们为自己提出了更具雄心的任务:走向下一阶段更高水平的一体化——欧亚

①俄罗斯、白俄罗斯和哈萨克斯坦三国总统于 2011 年 11 月 18 日在克里姆林宫签署协议建立“统一经济空间”,通过欧亚经济一体化宣言,同时签订了《欧亚经济委员会条约》以及《欧亚经济委员会工作章程》,以实现最终建立欧亚经济联盟。根据协议“统一经济空间”从 2012 年 1 月 1 日开始生效,这意味着三国经济一体化进程从关税同盟过渡到更高阶段。

联盟。”①

根据欧亚经济共同体成员国2010年签署的《关于关税同盟和统一经济空间的协定》规定:“统一经济空间是指由签约国各方领土构成的空间,在这个空间里实行以市场原则为基础的相同的管理机制,有相互一致的法规和统一的基础设施,实行协商一致的税收政策、货币信贷政策、外汇和金融政策、贸易政策和关税政策,并保障商品、服务、资本和劳动力的自由流动。”完成统一经济空间之后就具备了统一货币的条件,在实行统一货币的统一经济空间里,成员国间的联合体就是欧亚经济联盟。(图5-1)

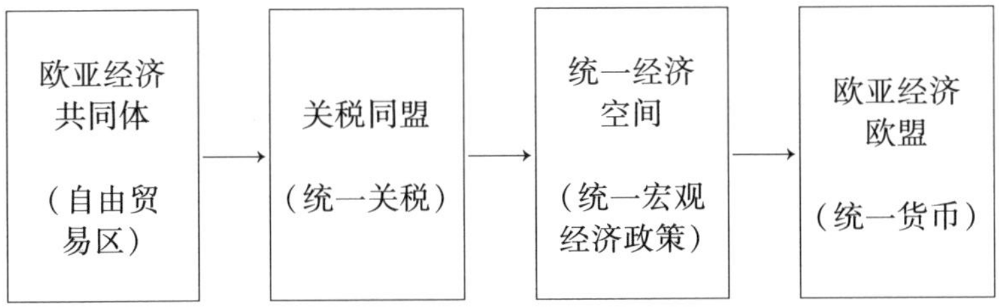

图5-1　欧亚经济共同体一体化的路线图

2013年底,俄罗斯总统普京在欧亚经济委员会最高理事会会议上表示,欧亚经济联盟条约草案将于2014年5月签署,2015年欧亚经济联盟将正式启动。该条约草案将明确该联盟的国际法地位及经济协作机制,确保联盟成员国间货物、资本和人员的自由流动,并对关键产业实行统一的产业政策。俄、白、哈三国代表就欧亚经济联盟条约关于贸易政策、税收政策、金融领域、农工综合体以及工业政策等大部分内容达成重要共识,即三国一体化进程必须分阶段进行,且建立在互利经济合作基础之上。俄罗斯在2015年建立了以俄白哈关税同盟和统一经济空间为基础的欧亚经济联盟。

总之,俄罗斯总统普京的欧亚联盟基本思路是:欧亚联盟以俄罗斯为主导,以独联体为平台,以关税同盟为开端,以欧亚经济共同体为基础,以经济

①参见普京在2011年10月20日独联体政府首脑委员会、欧亚经济共同体跨国委员会和关税同盟高级机构会议举行记者招待会上的讲话。

一体化为纽带，以经济、政治、人文为手段，以俄罗斯大国地位为依托，以俄罗斯、哈萨克斯坦、白俄罗斯为主力，以吉尔吉斯斯坦、塔吉克斯坦为辅助，推动实行更深层次和更高水平的经济一体化，构建以俄罗斯为中心的独立而强大的世界一极和力量中心。①

（二）俄白哈关税同盟的不确定性

一些学者认为俄白哈关税同盟的前景存在不确定性。刘华芹（2011）认为，俄白哈关税同盟与上海合作组织是两个大国主导的区域经济合作，两者在区域合作的路径选择和制度基础构建上存在根本差异，具有明显的竞争关系。从世界范围来看，构建自由贸易区（FTA）网络已成为趋势，而关税同盟日渐式微。俄白哈关税同盟未来发展还有待观察，其内部矛盾与问题将逐渐显现出来，前景难以预料。② 于新（2011）认为，关税同盟不可避免地在各种机制运行和协调中出现弊端，如对哈萨克斯坦来讲，敞开对俄、白商品进入的通道，提高来自第三国进口商品的关税门槛，包含了艰难的抉择。另外，签订关税分配比例协议是关税同盟所有协议中的重点，围绕比例调整的争执将伴随贸易进程的发展而不断继续。③

郑润宇（2011）认为，推动区域一体化进程应该是一个循序渐进的过程，俄白哈关税同盟所推行的法律框架缺乏充分的论证，是为了让海关同盟运作起来而“自上而下”仓促构建的，遵循的是政治意愿优先。欧盟成功的经验表明，经济一体化的构建不仅需要政府，更需要企业本身直接参与其中。④ 李钦、段秀芳、许云霞（2012）认为，俄白哈关税同盟的短期扩员前景并不乐观，独联体国家中只有吉尔吉斯斯坦于2011 年4 月提出加入关税同盟的申请并得到

①李兴：《普京欧亚联盟评析》，《俄罗斯研究》2012 年第 6 期，第 151 ~ 172 页。

②刘华芹：《新时期进一步推进上海合作组织区域经济合作的思考与建议》，《国际贸易》2011 年第 5 期，第 60 ~ 65 页。

③于新：《俄白哈关税同盟利弊谈》，中国商务部驻哈萨克斯坦共和国大使馆经济商务参赞处网站。

④郑润宇：《海关同盟：俄哈促进欧亚一体化的起点》，《国际经济评论》2011 年第 6 期，第 85 ~ 98 页。

欧亚经济共同体的同意,其他国家还都没有任何入盟的意愿。目前,吉尔吉斯斯坦入盟的障碍:一是吉尔吉斯斯坦国内对是否入盟争议还很大,大多担心入盟可能使其得不到想要的利益,却会由于国家实力弱小而付出过高的代价;二是同盟成员大多担心吉尔吉斯斯坦参与经济一体化的负面效应大于正面效应。2010 年,吉尔吉斯斯坦国内生产总值仅有 46 亿美元。因此,吉尔吉斯斯坦入盟对俄、白、哈三国商界来说,市场扩大效应并不明显;相反,因为吉尔吉斯斯坦是中亚地区重要的转口市场,同盟成员担心今后将不得不面临众多冒牌货冲击。①

六、中国与俄罗斯的经贸合作潜力

中俄经贸合作关系是两国战略协作伙伴关系的重要组成部分和经济基础。1991 年底,伴随苏联解体,俄罗斯独立,中俄双边贸易经历了从无到有、长期低迷之后,自 2000 年起驶入快车道。中俄战略协作伙伴关系的确立、睦邻友好合作条约的签署为两国经贸合作的发展创造了良好的政治前提。两国经济的快速发展极大地拉动双边贸易的增长,1992—2012 年来中俄贸易提升了近 20 倍,成就显著。

特别是自 2010 年以来,中俄各自经济保持了快速增长,双边贸易也得以快速恢复并呈加速发展势头。2011、2012、2013 年双边贸易不断攀新高,贸易额分别达到 792.49 亿美元、881.58 亿美元和 892.13 亿美元,中国已经连续 4 年成为俄罗斯第一大贸易伙伴。根据俄方海关统计,2013 年,俄中双边贸易额达到 888 亿美元,占俄罗斯外贸进出口总额的 10.52%;其中,对中国的出口额占其出口总额的 6.76%,自中国的进口额占其进口总额的 16.74%。

1. 俄罗斯入世对中俄经贸的影响

2011 年 12 月 16 日,世界贸易组织第八次部长级会议在日内瓦正式批准俄罗斯加入世贸组织。2012 年 8 月 22 日,俄罗斯正式成为世界贸易组织

①李钦、段秀芳、许云霞:《俄白哈经济一体化的内部分歧、挑战及其发展前景》,《新疆财经》2012 年第 5 期,第 61 ~65 页。

(WTO)第156个成员,世贸组织由此覆盖全球98%的国际贸易。为加入世贸组织,俄罗斯先后签署了57个货物贸易协议和30个服务贸易协议。根据这些协议,俄罗斯约1/3的商品从入世之日起下调进出口关税,1/4的税目将在3年内调整到位。到2015年,俄总体关税水平将比2012年下降约3.5%,达到约6%,但部分敏感商品的保护期为5~7年。①

由于中俄之间是互补性而非竞争性贸易关系,俄罗斯入世将促进中俄双边经贸合作的规范化和稳健化,为中俄经贸合作提供更广阔的发展空间,有利于俄罗斯投资环境的改善和扩大双向投资合作。贾怀东、傅广华(2012)认为,俄罗斯加入世贸组织后,海关制度需要按照WTO要求做出相应调整,"灰色清关"将逐步得到整顿并最终退出历史舞台,俄罗斯的关税和贸易政策将更加透明和有可预测性,对于中国企业开展对俄贸易大有裨益。在欧美国家需求不景气的背景下,以俄罗斯为代表的新兴市场国家将成为"中国制造"的掘金地。② 黄志瑾(2012)认为,在俄入世条件下,中俄双边经贸关系发展将多一层多边贸易体制规则与入世承诺的约束,这将使两国贸易规范化运作,中国商品和投资进入俄罗斯将更加便利,解决两国贸易纠纷的渠道也将更加通畅。③ 戴越、叶璐(2011)指出,随着俄罗斯贸易自由化程度、可预见性和不断增长的市场准入程度及贸易政策、司法行政程序透明度的不断增加,俄罗斯的投资环境将有较大的改善。④

随着俄罗斯加入世界贸易组织,关税同盟的进口税率必将以俄罗斯入世承诺的进口关税税率为上限,逐步下调。俄罗斯入世也将有利于其投资环境的改善和扩大中俄双向投资合作。由于贸易与投资具有一定的替代关系,在关税同盟成员国投资可以间接带动出口,改变当前中国企业重贸易轻投资的现状。因此,中国企业应坚持以"投资带动贸易发展"的方针,加大对

①资料来源:根据俄罗斯经济发展部长别洛乌索夫在俄罗斯入世的讲话整理而成。

②贾怀东、傅广华:《俄罗斯"入世"与中国机会》,《中国国情国力》2012年第5期,第36页。

③黄志瑾:《俄罗斯入世:历程与成就——WTO第八届部长级会议观察之一》,《世界贸易组织动态与研究》2012年第1期,第62~68页。

④戴越、叶璐:《俄罗斯加入WTO给中俄贸易带来的机遇与挑战》,《商业研究》2011年第9期,第126~129页。

关税同盟成员国的直接投资。为此,中国政府应该加快推出对俄白哈关税同盟投资的产业政策和优惠措施,支持和鼓励有竞争力的企业“走出去”,通过投资带动出口。

2. 中俄能源与投资合作潜力

与美国、欧盟相比,当前中俄关系仍然属于“政热经冷”。虽然中俄两国高层互动频繁,实现了定期会晤制度化、机制化,战略协作伙伴关系得到进一步充实和加强,但是经贸交流与经济合作一直是一个弱项。中俄双边经贸关系的发展相对滞后,与双方较高的政治合作极不相称。因此,有必要发挥两国经贸合作的潜力。

中俄两国在能源方面具有巨大的互补性。俄罗斯是世界上最大的能源生产国,其石油、天然气、电力、煤炭等能源资源比较具有优势。2011 年,中俄原油管道正式投入运行,每年 1 500 万吨、期限 20 年的中俄原油管道输油合同开始履行,中俄原油管道的运行标志着俄罗斯的能源输出战略从传统的西方开始转向东方。中国的能源需求量大,拥有巨大的市场。目前中俄仍在进行天然气管道谈判,俄罗斯表示,如果中俄东、西天然气管道都建成后,俄罗斯每年出口中国天然气的数量可达到 800 亿立方米,这个数字已经接近俄罗斯在 2006 年出口欧洲总量的一半,增长潜力巨大。中俄两国将不断开拓能源合作新领域,在互利基础上构建战略性、长期性的能源伙伴关系。

2014 年 5 月 21 日,中国国家主席习近平和俄罗斯总统普京在上海共同见证中俄两国政府《中俄东线天然气合作项目备忘录》、中国石油天然气集团公司和俄罗斯天然气工业股份公司《中俄东线供气购销合同》的签署。双方商定,从 2018 年起,俄罗斯开始通过中俄天然气管道东线向中国供气,输气量逐年增长,最终将达到每年 380 亿立方米,累计 30 年,该合同总价值 4 000亿美元。中俄天然气合作将加快俄罗斯远东地区经济社会发展和远东地区油气资源开发,实现俄罗斯能源出口多元化。

2011 年 6 月 17 日,中俄两国元首在《关于〈中俄睦邻友好合作条约〉签署十周年联合声明》中确定了中俄贸易发展目标,提出“将双边贸易额在 2015 年前提升至 1 000 亿美元,在 2020 年前提升至 2 000 亿美元”。据中国海关统计,2013 年,中俄双边贸易额增长至 892. 1 亿美元。按照现有增速,中俄双边贸易的增长目标是能够实现的。

目前,中俄两国相互投资额数量较少,还处于起步阶段。中国与俄罗斯的经贸合作除了能源等方面的国家项目外,大部分中小企业进入俄罗斯市场还是以商贸为主,投资相对不足。为此,中俄两国政府采取一系列措施,积极落实《中俄投资合作规划纲要》(2009),完善投资环境,扩大相互投资规模。按照该《纲要》,中俄将优先在机械制造业、建筑材料生产、轻工业、运输和物流、农业、建筑业、信息技术与电信业、银行和保险业、创新与应用科学开发、能源领域、煤炭工业、化工业、林业、采矿业等领域开展投资合作。

3. 中国与俄罗斯高新技术领域的合作前景

俄罗斯是世界科技大国,不仅在许多科学技术领域,如航空航天、核能、激光、生物工程等领域处于世界领先地位,而且还拥有较为健全的科研组织系统和出色的科研工作者队伍。根据俄罗斯 2000 年的自我评估,在当今世界 102 项尖端科学技术中,俄罗斯在其中的 52 项保持世界领先水平,27 项具有世界一流水平。

根据世界银行和瑞士洛桑管理学院等机构的综合评价,目前中国科技发展在世界主要国家中居中等水平,处于发展中国家前列,但与发达国家和一些新兴工业化国家相比仍有较大差距。当前国际科技竞争日益激烈,美国、欧洲和日本等发达国家掌握着全世界大部分先进研究成果、前沿技术、关键和核心技术,而印度、巴西等新兴经济体,以及一些发展中国家也有各自独特的优势领域,与中国的竞争也在加剧。

提高科技创新能力,逐步实现从要素驱动型增长向创新型增长的转变是我国经济发展的基本任务。我国在加强研发的同时,通过国际科技合作提升自身发展水平,缩小与发达国家的差距,是一条重要途径。目前在尖端技术方面,发达国家严密封锁对中国技术转让,唯一可以获取的途径就是通过与以俄罗斯为代表的独联体国家的科技合作。根据有关部门的统计,尽管改革开放以来中国从西方国家引进了大量技术,但对我国国民经济与军事以及国家整体安全产生重大影响力的技术是从包括俄罗斯、白俄罗斯和乌克兰等独联体国家引进的。未来应考虑通过中俄科技合作将双方的重点研发项目结合起来,共同利用双方现有的一些大型科研设施,在能源、电力、可再生能源、矿产资源、森林资源、水资源、新材料、机械电子、生物技术、信息和通信技术、农业科技等领域实现技术跨越，联合技术创新有利于两国在同西方国家打交道时有更大的回旋余地，缩小与发达国家的差距，提升自身的竞争力。

加强中俄两国在高新技术领域的合作可以将两国经贸合作提升到新的高度，密切两国经济的关联度。俄罗斯的先进技术同中国的资金、市场和产业化模式有机结合，将从根本上改变俄罗斯资源换产品的状况，丰富两国的合作方式，创新合作模式，保证两国经贸合作的可持续健康发展。

七、小结

俄白哈关税同盟是欧亚经济共同体框架内经济一体化重要的阶段性成果。本章重点分析了俄白哈关税同盟的贸易效应。

首先，采用贸易增速对比和内部贸易所占比重这两个指标来衡量该关税同盟的贸易效应。自 2010 年关税同盟运行以来，同盟成员国之间的贸易增幅远高于成员国与其主要贸易伙伴的贸易增速；除了哈萨克斯坦之外，俄罗斯和白俄罗斯与同盟成员国的贸易在其外贸总额的占比均有所上升。这说明了关税同盟的运行使俄罗斯、白俄罗斯两国扩大了对同盟成员国的贸易规模，促进了三国贸易的往来，这也是俄罗斯积极推动区域经济一体化的重要原因之一。但由于俄罗斯、哈萨克斯坦两国的产业和贸易结构具有很大的相似性，成员国与区外国家多属于比较优势的互补型贸易关系，关税同盟整体与欧盟、亚太经合组织、其他独联体国家等主要贸易伙伴的贸易额占比变化不大，关税同盟的贸易转移效应并不明显。

其次，分析了俄白哈关税同盟的投资效应。研究发现，自 2010 年成立以来，关税同盟三国的国外直接投资（FDI）流入水平并没有出现较大提高，区外对区内的投资创造和投资转移效应都不明显。但关税同盟区域内的投资创造和转移效应比较显著，俄罗斯与成员国（白俄罗斯、哈萨克斯坦）的相互投资增长较快，与非成员国（乌克兰及其他独联体国家）的相互投资下降或增长趋缓。

再次，分析了俄白哈关税同盟对中国新疆外贸的影响。虽然关税同盟的运行导致中国对哈萨克斯坦出口成本增加，但由于俄罗斯、哈萨克斯坦两国与中国属于互补型贸易关系，中俄、中哈贸易增速都远高于同期俄罗斯、哈萨克斯坦两国平均贸易增速，中国已经成为俄罗斯、哈萨克斯坦第一大贸易伙伴。关税同盟的运行对中国与各成员国的贸易影响不大，但关税同盟对新疆的边境贸易产生了负面影响：对哈萨克斯坦通关税费大幅上涨，导致近年来哈萨克斯坦在新疆外贸总额中的占比下降明显。

俄白哈关税同盟的运行增加了上合组织下区域经济合作的难度和复杂性，因为关税同盟限制其成员国与其他国家签订自由贸易协定协议。从关税同盟的发展趋势来看，2015 年，吉尔吉斯斯坦加入关税同盟，塔吉克斯坦正在研究加入欧亚经济联盟的问题。目前俄白哈关税同盟已经进入了一体化的新阶段——欧亚经济联盟。

最后，分析俄白哈关税同盟的发展前景及中国与俄罗斯的经贸合作潜力。随着各成员国相继加入世界贸易组织及其投资环境的改善，关税同盟吸引外资的前景良好，中国对俄、白、哈三国的投资具有较大增长潜力。俄罗斯入世将促进中俄双边经贸合作的规范化和稳健化发展，中俄贸易增长的目标是能够实现的。

第六章

『一带一路』倡议下中国与中亚五国经贸合作的发展前景

2013 年 9 月 7 日，中国国家主席习近平在哈萨克斯坦纳扎尔巴耶夫大学提出了共同建设“丝绸之路经济带”的倡议，并提出中国与中亚国家“要用创新的合作模式，将政治关系优势、地缘毗邻优势和经济互补优势转化为务实合作优势、持续增长优势，从而打造利益共同体”。为此，需要做到“五通”：政策沟通、道路联通、贸易畅通、货币流通、民心相通，并提出“以点带面，从线到片，逐步形成区域大合作”的工作思路。这是中国与中亚国家开展全面经济合作发出的动员令，具有重要的指导意义。2013 年 10 月，习近平主席在访问印度尼西亚时，提出了中国愿同东盟国家共建“21 世纪海上丝绸之路”的倡议。

目前，“一带一路”建议是我国实施全方位对外开放的重大举措。中亚国家是丝绸之路经济带建设的核心区域，具有重要的地缘政治和地缘经济战略地位。中国在中亚地区有着广泛的利益，中国已经与哈萨克斯坦等中亚国家建立了多层次的战略协作伙伴关系。丝绸之路经济带涵盖欧亚大陆 50 多个国家，总人口 30 多亿。上海合作组织 8 个成员国和 4 个观察员国①都位于古丝绸之路沿线。在“五通”基础上形成的丝绸之路经济带，必将给中国和欧亚各国的社会经济发展带来巨大的好处。

一、“一带一路”倡议的背景、意义与历史使命

（一）“一带一路”倡议提出的背景

1. 中国已成为世界第二大经济体和第一大贸易国

近 30 年以来，无论是在世界经济形势较好的时期，还是国际金融危机期间，中国经济增速一直处于世界前列。（表 6 - 1）近年来，中国已经成为拉动世界经济增长的主要引擎。特别是 2001 年中国加入世界贸易组织以后，中

①上海合作组织 8 个成员国包括中国、俄罗斯、哈萨克斯坦、吉尔吉斯斯坦、塔吉克斯坦、乌兹别克斯坦、印度共和国（2017 年加入）和巴基斯坦伊斯兰共和国（2017 年加入）；4 个观察员国包括阿富汗伊斯兰共和国、白俄罗斯共和国、伊朗伊斯兰共和国和蒙古国。

国的经济规模稳步提升,2000 年中国国内生产总值(GDP)是 9.92 万亿元人民币,2001 年为 10.97 万亿元,2006 年达到 21.19 万亿元,2009 年上升至 34.05 万亿元。2009 年,中国制造业占世界制造业产值的 17%,超过了美国的 16%。从全球经济格局看,中国经济总量 2005 年超过了英国、法国,2008 年超过了德国,2010 年中国超过日本成为世界第二大经济体。根据国际货币基金组织(IMF)的统计,2013 年中国国内生产总值(GDP)总量为 9.18 万亿美元,2014 年中国 GDP 总量达 10.4 万亿美元,位居世界第二,仅次于美国的 17.4 万亿美元。IMF 预测,中国 GDP 占全球的比重将由 2009 年的 8.5% 提高到 2015 年的 11.5%。以不变价格计算①,2020 年以购买力平价计算的中国 GDP 总量将超过美国。②

表 6-1　2001—2011 年世界主要国家经济增速比较

年　份	中国 增速(%)	巴西 增速(%)	印度 增速(%)	俄罗斯 增速(%)	美国 增速(%)	欧盟 增速(%)	日本 增速(%)
2001	8.3	1.3	4.8	5.1	1.1	2	0.2
2002	9.1	2.7	5	4.7	1.8	1.3	0.3
2003	10.0	1.1	8.4	7.3	2.5	1.3	1.4
2004	10.1	5.7	8.6	7.2	3.6	2.5	2.7
2005	10.4	3.2	9.4	6.4	3.1	2	1.9
2006	11.6	4.0	9.5	7.7	2.7	3.2	2.0
2007	13.0	6.1	8.6	8.1	2.1	2.9	2.4
2008	9.6	5.1	7.3	5.6	0.4	0.8	-1.2
2009	9.1	-0.2	6.4	-7.9	-2.4	-4.2	-5.2
2010	9.2	5.8	7.9	4.3	2.9	1.0	1.3
2011	8.8	5.6	8.1	3.0	2.5	1.8	1.3

资料来源:根据联合国发布的《2010 世界经济发展形势展望》整理而成。

①以不变价格计算是指计算各种总量指标所采用的扣除了价格变动因素的价格,主要用于进行不同时期总量指标的对比。

②高路易:《2020 年的中国——宏观经济情景分析》,《世界银行中国研究论文系列》2010 年第 9 期,第 3 页。

2001 年加入世界贸易组织后，中国贸易发展势头迅猛，贸易规模快速提升。2000 年中国出口额仅为 2 492 亿美元，2009 年上升至 12 017 亿美元，2010 年出口额高达 15 779 亿美元。在出口迅速扩大的过程中，进口也在迅速增加。2000 年中国进口额仅为 2 250.9 亿美元，2009 年进口额达到10 056 亿美元，2010 年进口金额高达 13 948 亿美元。2009 年，中国超过德国成为全球第一大货物出口国，出口总额占世界比重上升到 9.75%，进口总额占世界比重为 8%，成为仅次于美国的全球第二大进口国。

据中方统计，2012 年，中国贸易总额为 38 676 亿美元，在进出口总值上超越美国，成为全球最大货物贸易国。这是继 2009 年中国成为世界第一大出口国之后中国对外贸易发展的又一个象征性节点。2013 年，中国货物贸易进出口总额为 41 063 亿美元，继续保持世界第一货物贸易大国的地位，中国也是首个货物贸易总额超过 4 万亿美元的国家，创造了世界贸易发展史的奇迹。（表 6－2）

表 6－2　2001—2013 年中国外贸进出口状况

年　份	进出口状况		进口状况		出口状况		贸易差额（亿美元）
	贸易额（亿美元）	增长率（%）	贸易额（亿美元）	增长率（%）	贸易额（亿美元）	增长率（%）	
2001	5 096.5	7.45	2 435.5	8.2	2 661	6.78	225.5
2002	6 207.7	21.8	2 952	21.21	3 255.7	22.35	303.7
2003	8 512.1	37.12	4 128.4	39.85	4 383.7	34.65	255.3
2004	11 547.4	35.66	5 613.8	35.98	5 933.6	35.36	319.8
2005	14 221.2	23.15	6 601.2	17.59	7 620	28.42	1 018.8
2006	17 606.9	23.8	7 916.1	20	9 690.8	27.2	1 774.7
2007	21 738.4	23.5	9 558.2	20.8	12 180.2	25.7	2 622
2008	25 616	17.8	11 331	18.5	14 285	17.2	2 954
2009	22 073	－13.9	10 056	－11.2	12 017	16	1 961
2010	29 727	34.7	13 948	38.7	15 779	31.3	1 831
2011	36 421	22.5	17 435	24.9	18 986	20.3	1 551
2012	38 676	6.2	18 178	4.3	20 498	7.9	2 320
2013	41 603	7.6	19 503	7.3	22 100	7.9	2 597

资料来源：根据中华人民共和国海关总署网站公布的数据整理而成。

2. 中国与世界各国的经济依存度不断提高

在经济全球化趋势下,中国经济与世界各国的依存度越来越大。中国经济的增长得益于各国为中国商品提供的巨大的外部市场,同时,中国进口需求的上升为各国经济增长提供了新的动力。中国与世界主要国家相互依存关系的变化表现为三点。

一是中国已经成为美国最重要的贸易伙伴,美国对中国商品的依赖程度越来越大,2009 年中国是美国第一大进口来源国。1991—2009 年美国从中国进口额占美国进口总额的比重增长了近 4 倍,美国对中国进口依存度①从 1991 年的 4% 上升到 2009 年的 19% 。② 同时,中国是美国第三大出口对象国。与 1991 年相比,美国对中国出口额占美国出口总额的比重翻了两番,对中国出口依存度从 1991 年的 1.5% 上升到 2009 年的 6.6% 。

二是欧盟对中国市场和中国商品的依赖程度也不断上升,2009 年中国已经成为欧盟的第三大出口贸易伙伴和第一大进口贸易国。欧盟对中国出口依存度从 2000 年的 3% 上升到 2009 年的 7.4% ,进口依存度从 7.5% 上升到 17.9% 。

三是日本对中国市场和中国商品的依赖程度比欧盟、美国更高,2009 年中国同时成为日本第一大出口对象国和进口来源国。另外,中国也成为东盟国家、印度、巴西、俄罗斯等新兴经济体重要的贸易伙伴。

(二)"一带一路"倡议的意义与作用

1. 维护我国自身的经济利益

经过改革开放 30 多年的发展,2013 年中国国内生产总值(GDP)总量已突破 9 万亿美元,仅次于美国,居世界第二位。货物贸易进出口总额达到 4.16万亿美元,居于世界第一位。我国已成为 120 多个国家的第一大贸易伙伴,我国的经济利益已延展到亚洲、非洲、欧洲、美洲、大洋洲等世界各个区

①进口依存度表示美国对中国商品的依赖程度,用美国自中国进口额占美国进口总额的比重表示。同理,出口依存度用美国对中国出口占美国总出口的比例表示。

②资料来源:根据世界银行发布的《2010 世界发展指标》整理而成。

域,利益边界递增。通过全方位对外开放大战略维护并拓展自身利益,是我国未来发展面临的一项迫切任务。与此同时,全球金融危机后,国际秩序仍处于深度调整之中,中国与新兴经济体的崛起改变了世界政治经济格局。新兴经济体参与全球治理的作用不断增强,谋求在全球事务中拥有更大的话语权和主导权。确立我国在世界经济新格局中的地位,将是我们必须面对的问题。“一带一路”倡议的实施将有利于密切我国与周边国家之间的经济合作,从而维护我国的经济利益。

2. 大国博弈使我国地缘政治与经济环境日趋复杂

全球金融危机后,美国为了摆脱危机的困扰,大力推动重返亚太战略,实施“亚太再平衡”,以此形成遏制中国崛起的势头。一方面,在中国周边不断挑起争端,使中国在东部和南海海域与相关邻国围绕领海主权的争端越演越烈,对我国国家安全已构成重大挑战。另一方面,美国还在中国西部周边地区积极实施“新丝绸之路计划”,试图削弱中国在中亚及南亚地区的影响力。此外,面对中国的崛起,所谓的“中国威胁论”在周边国家日益盛行。在这种形势下,中国迫切需要采取有效的策略拉近中国与周边国家的距离,使各国从中国的经济发展中受益,消除所谓的“中国威胁论”,树立“负责任大国”的形象,为自己的和平发展获得更广阔的空间。“一带一路”倡议将为周边国家提供共同发展的机遇和空间,使各国搭乘中国发展的列车,实现共同发展,有利于消除所谓的“中国威胁论”。

3. 维护多边贸易体系和维护国家安全

全球金融危机后,美欧等发达国家积极构建高水平的区域贸易体系,客观上削弱了多边贸易体系的重要性。中国在全球经济和贸易中的分量不断提高,客观上要求中国在多边贸易体系中发挥更大的影响力,以争取更大的利益。同时,中国也不能放弃区域性贸易体系的构建,以巩固和扩大中国在周边地区的经济存在和政治存在。中国迫切需要采取有效的策略,推动与发展中国家,尤其是周边国家的经济合作,为自身的经济贸易和投资发展提供良好的外部环境。

2013 年底,中国国家安全委员会正式成立。2014 年 4 月,国家主席习近平主持召开中共中央国家安全委员会第一次会议,首次提出总体国家安全观,并首次系统提出“11 种安全”,即“构建集政治安全、国土安全、军事安全、经济安全、文化安全、社会安全、科技安全、信息安全、生态安全、资源安全、核安全于一体的国家安全体系”。维护国家安全要求将中国国内发展战略与国家安全战略有效地协调起来。在 2014 年 11 月召开的中共中央外事工作会议上,国家主席习近平指出:“当前和今后一个时期,我国对外工作要贯彻落实总体国家安全观。”改革开放前 30 年,我国的外交战略主要以促进国内经济发展为目标,而十八大以后,适应维护国家综合安全的需要,我国的外交战略也应进行相应的调整,迫切需要制定以维护国家综合安全为目标的新型外交战略。“一带一路”倡议通过经济合作密切中国与周边国家之间的联系,将为实现周边国家的稳定创造有利条件。

(三)“一带一路”倡议与中国周边经济战略

1.“一带一路”构成我国新时代周边经济战略

“一带一路”肩负着深化周边合作的重要职能,是共建“命运共同体”的切实响应,同周边国家地区人们在平等互惠的基础上积极交流合作,形成周边经济战略支撑。在大国崛起过程中,周边经济战略支撑是不可或缺的条件。美国很早就与周边的墨西哥和加拿大建立了北美自由贸易区,形成了稳定的经济合作环境。在全球金融危机后,美国为了摆脱金融危机的影响大力推进其“两洋战略”,即跨太平洋伙伴关系协议(TPP)①和跨大西洋贸易与投资伙伴协议(TTIP)②。由于美国属于海洋国家,“两洋战略”便构成其大周边,为其保持全球大国地位提供重要经济支撑。

从俄罗斯的发展历史来看,俄罗斯作为一个大陆国家,构筑以其为核心的

①跨太平洋伙伴关系协议(Trans-Pacific Partnership Agreement,TPP),也被称作“经济北约”。前身是跨太平洋战略经济伙伴关系协定(Trans-Pacific Strategic Economic Partnership Agreement,P4),是由亚太经济合作会议成员国中的新西兰、新加坡、智利和文莱四国发起,从 2002 年开始酝酿的一组多边关系的自由贸易协定,原名亚太自由贸易区,旨在促进亚太地区的贸易自由化。2008 年 2 月美国加入。

②跨大西洋贸易与投资伙伴协议(Transatlantic Trade and Investment Partnership,TTIP)就是美国与欧盟的双边自由贸易协定,由于欧美两大经济体占全球经济总量的一半、全球贸易额的三分之一,如果欧美达成协议,将会建造世界最大的自贸区。

周边经济网络一直是其力求实现的目标。为此，在苏联解体以后，俄罗斯一直在大力推动“后苏联空间”的区域经济合作，包括独联体自由贸易区以及2014年5月（2015年1月1日正式启动）成立的欧亚经济联盟，其中，欧亚经济联盟是俄罗斯实现强国梦的重要周边经济支撑。

中国作为海陆两栖国家，应充分利用邻海及陆路的双重优势，构筑自己的周边经济网络。“21世纪海上丝绸之路”充分利用中国临海的优势，构建海洋周边经济圈，而“丝绸之路经济带”则利用中国的陆路优势，构建陆地周边经济圈，为中国的崛起提供重要经济支撑，二者结合构成我国周边经济战略。

“一带一路”倡议“五通”中的贸易畅通、设施联通和资金融通，均属经济合作范畴，力求通过促进各国之间的贸易往来、相互投资、基础设施互联互通等手段，充分运用国际国内两个市场、国际国内两种资源、国际国内两类规则，广泛开展经贸技术互利合作，密切各国之间的经济往来，形成深度交融的互利合作网络。

2.“一带一路”倡议融入了中国新的外交理念

丝绸之路作为人类共同的文化遗产，其所传递的“团结互信、平等互利、包容互鉴、合作共赢”精神是凝聚沿线各国、各族人民合作的重要纽带，是各国人民所共同遵循和认可的理念。丝绸之路本身已成为这一精神的标志，这也是其得以流传千古的重要原因。丝绸之路在历史上一直是东西方文化交流的桥梁，留下了流芳百世的文明故事。“一带一路”倡议“五通”中的政策沟通和民心相通，既传承了古丝绸之路的文明交流功能，又拓展了外交的范围和内容，将政府外交和民间外交有机地结合起来，强调在坚持不结盟原则的前提下广交朋友，形成遍布全球的伙伴关系网络。

以先进的价值观引领外交和国际合作是作为全球性大国的一个重要标志。中国是古丝绸之路的发源国，是最有资格倡导丝绸之路沿线各国进行合作的国家。国家主席习近平提出的“一带一路”倡议将中国的合作共赢理念及价值观与丝绸之路沿线国家和人民所共同认可的人类共同价值观结合起来，传达了中国和平发展的思想，赢得了国际社会的极大认可与支持，从而形成了中国特色、中国风格的经济外交举措，这也是这一倡议最具创新和最具价值之处，体现了中国作为古丝绸之路起源地，传承历史，又不断创新的外交风格。

（四）“一带一路”倡议的历史使命

“一带一路”作为我国新时代全方位对外开放的重大举措，将为我国未来的发展提供新的契机，创造更为有利的条件。

1.有利于我国应对周边安全环境的挑战

为应对中国的崛起，美国推进“亚太再平衡”战略，力求重返亚太，扩大其在亚太地区的军事存在，对我国的安全构成了新的挑战。与此同时，周边国家对中国崛起的焦虑转变为各种争端，中日钓鱼岛之争、中印边境领土争端、中菲黄岩岛对峙事件等持续发酵，使我国周边安全环境变得异常复杂。在国际事务中，我国面临的问题和挑战也越来越多。国家主席习近平在中央外事工作会议上指出：“要重视各种风险和挑战，善于化危为机、转危为安。”为了消除所谓的“中国威胁论”、树立“负责任大国”的形象，“一带一路”通过经济合作拉近与周边国家和其他发达国家的距离，密切相互联系，为我国的和平发展赢得更广阔的战略空间。

2.有利于形成我国全方位对外开放新格局

我国实行改革开放以来，以沿海开放为代表的国家经济战略重心偏东，人口、经济、基础建设集中于东部地区，经济沿海化，资源与市场海外化，导致我国经济发展对海上通道的高度依赖，已经严重影响到国家安全。刘慧所写的《国家安全蓝皮书：中国国家安全研究报告（2014）》中指出，“中国从中东和非洲进口的石油占中国石油进口总量的80%以上，能源进口需经过霍尔木兹海峡和马六甲海峡。马六甲海峡水路狭窄，极易封锁，这两处海峡的航路安全却完全受制于人。中国海上石油运输安全问题并未得到根本解决，维护海上咽喉通畅的实力亟待进一步增强”。①

经过几十年的发展，虽然我国推进了“中部崛起”和“西部大开发”战略，但实施的总体效果不甚理想。我国中西部地区与东部沿海地区经济发展的不平衡仍在加剧，2013年，宁夏、青海、甘肃、贵州、新疆、云南和重庆7个省

①刘慧：《国家安全蓝皮书：中国国家安全研究报告（2014）》，北京：社会科学文献出版社，2014年，第10页。

区的GDP总和仍低于山东省的GDP。区域之间经济不平衡，不仅制约我国经济的可持续发展，也对未来国家的整体安全构成了挑战。积极推动丝绸之路经济带建设，将激活中西部地区扩大开放的潜力并扩大我国未来经济发展整体的回旋余地，利用全球市场为中国创造新的机遇，全面实施"引进来"和"走出去"相结合的对外开放战略，转变增长方式，为我国经济发展提供更为广阔的空间，有利于实现区域经济的平衡发展。

李克强总理指出，"过去，我国对外开放主要是在沿海地区，内陆和沿边地区对外开放相对滞后。今后扩大开放的最大潜力和回旋余地在中西部地区"①。提升中西部地区对外开放水平，客观上要求我国实施全方位对外开放战略。丝绸之路经济带将带动我国中西部地区的对外开放，优化国内区域经济布局，实现各地区经济的协调发展。与此同时，丝绸之路经济带建设可以在我国对外开放的地区实现向东与向西的平衡、在对象国选择上向发达国家与向发展中国家开放并举这种全方位的对外开放格局，可以使我们充分利用国内国外两种资源、两个市场，为我国经济的可持续发展提供资源、技术和市场支撑，为保障我国的国家安全奠定重要的物质基础。

3. 有利于应对新的国际区域经济合作形势

全球金融危机之后，经济全球化不断深入，区域经济一体化进程日益加快，以美国为代表的世界主要发达经济体掀起了跨太平洋伙伴关系协议(TPP)和跨大西洋贸易与投资伙伴协议(TTIP)等新一代自由贸易协议浪潮。而欧亚地区部分发展中国家或新兴经济体，基于地缘和发展水平的限制，难以加入如此高标准的区域经济合作之中。与此同时，他们迫切希望参与区域经济合作以激活自身发展的内在动力，提升经济发展水平。共建丝绸之路经济带倡议以中国扩大向西开放为契机，促进与广大欧亚地区国家建立相互融合、更加紧密的经济联系，为各国的发展创造新机遇，也为其参与广泛的区域经济合作搭建了新平台。

共建丝绸之路经济带的倡议使中国以互动式、互利共赢式共同发展的理念引领国际经济合作，在新一轮全球区域经济合作浪潮中赢得了话语权。与发达国家采用高标准、排他性的区域贸易协定不同，丝绸之路经济带建设

①李克强：《关于深化经济体制改革的若干问题》，《求是》2014年第9期，第9页。

强调各国共同参与、共同受益,以“五通”的方式形成多层次、多领域、多形式的泛区域经济合作范式。这种基于发展中国家立场所倡导的合作理念与形式展现了中国作为“负责任大国”的国家形象,也符合广大发展中国家的利益需求,以建立利益共同体为目标的区域经济合作开创了国际经济合作新模式,将形成多元化的国际经济合作格局。

4. 有利于我国实现更广泛的经济利益

中国正走在迈向世界强国的道路上,基于对国际形势、国际格局、国家实力、国际地位和国家利益的认知和评估,中国将丝绸之路经济带建设作为对外开放的重要依托,从而争取在世界事务中拥有更大的话语权和主导权。

目前多边贸易体系面临着严峻挑战,中国是全球第一大货物贸易国,应该发挥大国的作用,促使国际贸易体系朝着正常的轨道发展。同时,也不能放弃区域性贸易体系的构建,以巩固和扩大中国在周边地区的经济和政治存在。积极推动丝绸之路经济带建设可为中国经济贸易投资发展提供良好的外部环境。“一带一路”倡议倡导贸易投资自由化和便利化,提倡互联互通,反对贸易保护主义,代表了发展中国家的利益,符合世界贸易组织多边贸易体系的规则,与多边贸易体制相互兼容。随着中国经济实力的不断提升,激发了国际社会对我国参与更多国际事务、承担更多责任的期待。中国可以充分发挥对外援助的作用,将对外援助与丝绸之路经济带建设结合起来,为中国的对外开放战略优化升级提供重要推动力量。

二、影响中国与中亚国家经贸合作的主要因素

(一)中国与中亚国家经贸合作的有利因素

1. 共建丝绸之路经济带已得到中亚各国广泛共识

2013 年 11 月,中共中央十八届三中全会提出,“加快同周边国家和区域基础设施互联互通建设,推进丝绸之路经济带、海上丝绸之路建设,形成全方位开放新格局”。当前,“一带一路”建设先后写入《中共中央关于全面深化改革若干重大问题的决定》、国务院《政府工作报告》中,已经提升为新时

期我国全方位对外开放战略和外交战略。2014 年,中央经济工作会议将“一带一路”摆在三大区域发展战略之首。2015 年的“一带一路”倡议规划和《推动共建丝绸之路经济带和 21 世纪海上丝绸之路的愿景与行动》明确了我国新疆建设丝绸之路核心区的战略定位,这是新疆的重大历史机遇,必将释放出长期发展的巨大动力。

当前,加快推进互联互通建设已经是中国及中亚各国的共识。在“五通”基础上形成的丝绸之路经济带,必将给中国和中亚各国的社会经济发展带来巨大的好处。例如,中国－中亚天然气管道不仅给土库曼斯坦和乌兹别克斯坦带来巨大经济收入,也为中国广大用户提供了清洁能源,还可以为线路所经的吉尔吉斯斯坦、塔吉克斯坦提供数量可观的“过境费”收入,这显然是一举多得的结果。类似的项目效果比比皆是,这也是中国提出建设丝绸之路经济带在中亚国家引起强烈反响的原因所在。丝绸之路经济带建设应该依托沿线交通基础设施和中心城市,对区域内贸易和生产要素进行优化配置,促进区域经济一体化,实现区域经济和社会同步发展。

上海合作组织成立 10 多年来,特别是中亚国家通过区域经济合作有力地促进了经济发展,改善了本国的基础设施状况,调整了产业结构,提高了人民生活水平,获得了实实在在的利益,区域经济合作受到成员国的普遍好评,互利共赢战略取得了成效。成员国由最初对上海合作组织区域经济合作持有疑虑转变为积极评价区域经济合作效果,并将上海合作组织视为与中方开展合作的重要平台,对上海合作组织区域经济合作寄予越来越大的希望。2013 年 9 月,习近平主席在出访中亚时提出了共同建设丝绸之路经济带的重大倡议,得到了相关各国的积极响应,形成了广泛共识。哈萨克斯坦前第一副总理杰列先科强调,共建丝绸之路经济带为欧亚地区国家乃至世界提供了新机遇。

2. 上海合作组织成员国加入世界贸易组织取得重大进展

2012 年,随着俄罗斯、塔吉克斯坦加入世界贸易组织,①上海合作组织区域内主要国家加入世界贸易组织取得重大进展,上海合作组织中出现了 5 个 WTO 成员方(中、俄、吉、塔、哈),这样区域经济合作将被纳入多边贸易体

①2011 年 12 月,世界贸易组织第八次部长级会议正式批准俄罗斯加入世贸组织,2012 年 8 月 22 日,俄罗斯正式成为 WTO 第 156 个成员方。

系下，变得更加规范和透明，这将为深化中国与中亚各成员国的合作搭建新的制度平台。上海合作组织各成员国加入世贸组织后将根据协议降低进出口关税、消除非关税壁垒、采取促进投资贸易自由化的各项措施。在后金融危机时代，随着油气、矿产等大宗产品价格上升，未来几年中亚五国经济都将保持恢复性增长态势。另外，上海合作组织各成员国提出，到2020年将逐步实现货物、资本、服务和技术的自由流动，这些有利条件必然提高中国与中亚五国的经贸合作水平。

2015年11月，哈萨克斯坦正式加入WTO，成为世界贸易组织的第162个成员国。为加入WTO，哈萨克斯坦陆续出台了一系列法律法规和相关政策，力图与WTO国际标准接轨。哈萨克斯坦加入世界贸易组织谈判历经20年。2005年，中国与哈萨克斯坦率先签署了哈加入WTO市场准入协定。2015年，哈萨克斯坦与世贸组织成员国的双边市场准入谈判结束。哈萨克斯坦的入世将更加有利于中哈两国企业在多边贸易规则同一平台上开展经贸合作。

3. 中亚国家的政局基本稳定

未来5年，中亚大国哈萨克斯坦、乌兹别克斯坦将保持政局稳定，吉尔吉斯斯坦和塔吉克斯坦可能出现暂时的政治动荡，但因国家小，难以对中亚地区整体政治形势构成威胁。相比较而言，中亚地区的政治局势较上海合作组织成立之初更趋于稳定，这为深化区域经济合作创造了良好的外部环境。另外，俄罗斯、蒙古国和大部分西亚国家政局稳定，经济逐渐步入复苏轨道，加强与中国合作成为其重要的对外经贸战略选择。

（二）中国与中亚国家经贸合作的不利因素

1. 中国外贸发展面临许多问题

一方面，当前世界经济仍处在国际金融危机过后的深度调整期，复苏疲弱、市场萎缩、市场需求不振等影响我国外贸出口。从主要市场来看，当前除了美国经济表现得相对较好以外，其他出口市场经济复苏依然缓慢，全球贸易增长动力仍显不足，需求没有明显改善，订单出现了减少或者是维持弱势增长。2015年以来，我国对欧盟、日本、东南亚等出口持续减少。另一方面，近年来中国外贸综合成本居高不下，传统竞争优势被削弱。尽管2014年下半年以来国际大宗商品价格持续走低，我国外贸企业原材料成本有所下降，但与此同时，劳动力、融资、汇率、环保等成本依然居高不下，传统外贸竞争优势正在被削弱。原材料价格下跌，出口制成品价格被境外客户压低也拉低了出口增长。

总体上看，当前我国外贸发展正处在新旧动力的转换期，依靠数量扩张、粗放经营的边境贸易、一般贸易等旧动力正在消退，跨境电子商务、外贸综合服务体等新兴业态新动力还在孕育。服务贸易虽增长较快，但规模较小，新旧业态和发展动能转换正处在接续关键期，短期内还难以弥补旧动力消退带来的影响。

2. 中亚国家经济增长下滑、货币贬值

2014年以来，国际石油价格下跌超过50%，乌克兰危机导致西方国家对俄罗斯制裁，油价下跌和西方制裁的双重打击，造成卢布兑美元汇率暴跌，导致俄罗斯经济受到重创。俄罗斯经济的恶化在贸易、侨汇（尤其对塔吉克斯坦、吉尔吉斯斯坦）以及直接投资等方面对中亚各国产生影响。2014年，哈萨克斯坦、塔吉克斯坦、吉尔吉斯斯坦国内生产总值分别增长4.3%（同比回落1.7%）、6.7%（同比回落0.7%）和3.6%（同比回落6.9%）。为此，国际货币基金组织（IMF）调低了对中亚和高加索地区2015年经济发展的预期，从4.8%下调到4.4%。俄罗斯和中亚区域各国经济发展前景暗淡。

另外，俄罗斯卢布的急剧贬值打击了投资者的信心，并影响了中亚各国货币汇率波动。2014年，吉尔吉斯斯坦货币索姆兑美元跌幅超过17%，塔吉克斯坦货币索莫尼兑美元下跌了约14%，哈萨克斯坦货币坚戈兑美元跌幅超过19%。2015年1月，土库曼斯坦央行将本国货币兑美元贬值18.6%，从1美元兑换2.85马纳特贬至1美元兑3.5马纳特。2015年，塔吉克斯坦货币再贬值3%。在上述各种因素的影响下，2015年第一季度，新疆实现进出口总值29.37亿美元，同比下降38.3%，其中，新疆对中亚及俄罗斯贸易下降了31.7%。因此，货币贬值导致周边国家居民购买力下降是新疆2015年第一季度出口减少的主要原因。

三、中国与哈萨克斯坦经贸合作发展前景

(一)中哈经贸合作的有利因素

1. 中哈经贸合作机制日趋完善

中国与哈萨克斯坦自建交以来,逐步建立了政府、地方和民间往来的合作关系。中国与哈萨克斯坦一直以来都有进行区域经济合作的强烈愿望,已经签订了一系列经济合作协议。2005 年,两国签署了《中哈关于建立和发展战略伙伴关系的联合声明》,为两国各领域的发展提供了可靠的政治保障。近年来,中哈先后签署了《中哈睦邻友好条约》等重要文件以及经贸合作协定、投资保护协定和商检协定等一系列政府间协定和为两国经贸合作提供了机制保障。

2008 年国际金融危机之后,美欧等西方国家出现了债务缠身和经济低迷的状况,但中国继续保持较好的发展势头,这为深化包括与中亚国家在内的周边国家全面合作奠定了坚实的基础。2012 年,中国已经成为哈萨克斯坦的第一大贸易伙伴。从发展趋势来看,中亚五国在与中国的双边贸易中,哈萨克斯坦还会继续保持领先地位。在中国新疆与哈萨克斯坦接壤的边境线上,边境陆路通商口岸有 7 个,如阿拉山口口岸、霍尔果斯口岸、巴克图口岸等。1992—2010 年,哈萨克斯坦与中国的进出口贸易总量平均占中亚五国与中国贸易总量的 66.14% 。

2. 哈萨克斯坦经济持续增长

据哈萨克斯坦统计署的数据,2012 年,哈萨克斯坦国内生产总值增长 5.2% ,人均 GDP 达到 12 118.9 美元,比 2011 年增加6.7% 。根据哈萨克斯坦中央银行的统计,2012 年,哈萨克斯坦对外贸易额为 1 410 亿美元,其中,出口额为 921 亿美元,同比增加 5.2% ,进口额为 489 亿美元,同比增加 20.2% 。进口增幅超过出口增幅的主要原因是出口价格的下降和石油产量的小幅减少。2013 年,哈萨克斯坦国内生产总值增速保持在 6% 的水平。哈萨克斯坦经济发展和贸易部 2013 年预测,2014—2018 年,哈萨克斯坦经济

增长速度将保持在6%~7.1%,人均GDP名义增长达到12%,2018年人均名义GDP将达到23 674美元。(表6-3)哈萨克斯坦经济将在国际经济增速缓慢和能源需求逐渐恢复的条件下持续发展,同时,由于政府增加对国内基础设施建设和满足居民需求的投资,哈萨克斯坦经济将进入快速增长期。

表6-3 2014—2018年哈萨克斯坦主要经济指标增长速度

主要经济指标	2014—2018年各年增速(%)				
	2014	2015	2016	2017	2018
国内生产总值	6	7.1	6.2	6.5	6.7
内需	8	7.9	7.4	7.1	7.2
进口	4.5	5.4	5.2	4.7	4.7
国内生产	9	8.4	7.7	7.3	7.3
出口	2	6.6	4.8	6.1	6.1

资料来源:根据中华人民共和国驻哈萨克斯坦共和国大使馆经济商务参赞处发布的数据整理而成。

(二)中哈经贸合作前景

1.哈萨克斯坦积极参与上海合作组织区域经济合作

哈萨克斯坦在区域经济合作中一直是积极的推动者,作为地区经济领头羊,哈萨克斯坦也是中亚合作组织的积极倡导者和推动者,曾提出建立中亚共同市场、中亚自贸区等倡议。哈萨克斯坦积极评价中国对上海合作组织区域经济合作所做出的努力和投入,对中方提出的建立上合组织银行间联合体、发展基金、设立上合组织经济合作网站给予积极响应和支持,对中国向上海合作组织提供的优惠出口买方信贷表现出了兴趣并积极使用。

在上海合作组织区域经济合作中,哈萨克斯坦主要关注区域性合作问题,包括形成区域性的共同市场、区域性的交通和能源合作空间,发展区域贸易和多边项目。目前,哈萨克斯坦对中国热衷于从哈萨克斯坦进口原油、矿产和金属等初级产品导致其出口结构低级化不满。因此,中国应该在巩固和优化能源及其相关领域的合作之外,通过扩大与哈萨克斯坦在非能源领域的经贸合作,提高合作水平。为此,需要鼓励中国企业增加对哈萨克斯坦在非能源领域的投资,在运输、石化产品加工、发电和电力输送、道路建设、纺织、食品、建材、家电生产等多方面进行合作。

从长期来看,俄白哈关税同盟的运行对中哈边贸发展有利。一是关税同盟建立后,俄、白、哈三国间取消了关税边境,中国商品进入任何一国市场就相当于进入整个关税同盟大市场。二是关税同盟清理"灰色清关"、规范通关行为,在一定程度上对规范中国出口企业行为、提升企业形象发挥了积极作用,也为推进人民币跨境贸易结算与投资营造更为广阔的空间。三是俄罗斯加入世界贸易组织之后,关税同盟关税税率水平将会按俄罗斯入世承诺下降,俄罗斯入世时承诺总体关税水平将从 2011 年的 10% 降至 7.8%,受统一关税约束,哈萨克斯坦也将调整关税水平。四是俄白哈关税同盟建立后,三国将建立统一运输空间,中国新疆的边贸货物途经哈萨克斯坦进入俄罗斯、白俄罗斯运输成本将有所降低。

2. 中哈经贸发展前景

2014 年 5 月,中哈两国元首签署的《中哈联合宣言》指出,哈萨克斯坦将会积极支持并参与丝绸之路经济带框架下的经贸、运输、投资、金融和文化项目。2014 年 11 月,哈萨克斯坦政府推出了"光明大道"新经济计划,该计划力求通过进行大规模的基础设施建设推动经济结构调整,促进企业发展并创造更多的就业岗位。"光明大道"计划与中方的丝绸之路经济带提倡的加强地区国家之间的互联互通建设相契合,也为拓展中哈双边经贸合作开辟了新的空间,未来两国将大力发展以下领域的合作。

第一,促进双边贸易的稳定发展。要充分利用中哈经济互补的优势,逐步改善贸易结构,扩大双边贸易规模。扩大哈萨克斯坦金属制品、磷肥等特色产品对中国的出口。哈萨克斯坦要为中国有竞争力的机电产品和高科技产品出口创造条件。要大力发展运输、旅游和教育等服务贸易,双方要共同采取措施,打造丝绸之路旅游产品,鼓励实施双方旅游领域的投资项目。

第二,加强互联互通,推动贸易投资便利化。要推动中哈两国在跨境交通运输方面的合作,继续提升阿拉山口—多斯特克和霍尔果斯—阿腾科里铁路口岸的过货能力,为发展国际货运创造良好基础条件。加快中国西部—欧洲西部国际公路建设。加强中哈口岸和海关合作分委会等机制作用,深化边境合作,包括边境口岸和海关管理合作、通关便利化合作、税费政策协调合作等。

第三，扩展非能源领域合作。除了能源之外，中哈两国要推动加工制造、化工、机电、汽车、食品加工、基础设施等领域的合作。例如，两国将在哈萨克斯坦对中国出口小麦、油料作物、肉类、奶制品等方面加强合作，双方将鼓励两国企业商讨在哈萨克斯坦成立种植业和畜牧业产品生产合资企业，产品销往第三国市场。另外，推动两国相关科研机构和企业加强农业合作，实施联合项目和交流农业生产技术经验等。

第四，完善投资合作的法律基础，继续加强两国金融合作。为了促进相互投资，中哈双方应该尽快制订并签署新版《中华人民共和国与哈萨克斯坦共和国政府关于鼓励和相互保护投资协定》，为双边投资和经贸合作提供更加完善的法律保障。另外，要继续扩大两国双边贸易、投融资领域的本币结算。2014 年 9 月，人民币在哈萨克斯坦证券交易所开始挂牌交易，哈萨克斯坦成为中亚第一个进行人民币挂牌交易的国家。

四、中国与吉尔吉斯斯坦经贸合作前景

（一）吉尔吉斯斯坦经济发展前景

吉尔吉斯斯坦独立 20 多年以来，经济结构发生了巨大变化，从原来的农业－工业二元经济结构逐步演变成农业和服务业为主导，农业部门以自然经济成分为主，服务业则以转口贸易为主。吉尔吉斯斯坦每年国内市场的货物周转量高达 80 亿至 100 亿美元，其中向独联体国家的成衣出口额约为 11 亿美元。与其他中亚国家相比，吉尔吉斯斯坦经济总量小、能源缺乏、债务负担重，能源外部依赖性很强，但其企业税负和工资水平都较低，电力价格低廉，劳动力受教育程度较高，这是其提升经济发展的有利条件。

国际货币基金组织（IMF）认为，由于吉尔吉斯斯坦是高加索和中亚地区最开放的经济体之一，其经济主要由黄金出口、侨汇（主要来自俄罗斯）及中国与独联体国家间的转口贸易等三方面支撑。因此，随着其黄金产量的逐步恢复，得益于稳定的侨汇收入及各国际组织援助，吉尔吉斯斯坦经济短期内回升的

可能性很大。据吉尔吉斯斯坦国家统计委员会的数据,2013 年,吉尔吉斯斯坦国内生产总值为 3 500 亿索姆(约合金额为 72.2 亿美元),同比增长 10.5%,主要原因是以库姆托尔金矿为主的加工业,以及贸易、建筑和交通通信的增长带动了整体经济的提升。① 2014 年,吉尔吉斯斯坦 GDP 增速下降至 3.6%。

2012 年 12 月,吉尔吉斯斯坦发布了《2013—2017 年国家可持续发展战略》,根据该规划,其国内生产总值将实现年平均增长 7%,到 2017 年人均 GDP 实现翻一番,贫困人口从目前的 37% 下降到 25%,并且要进入全球"营商环境"排行榜的前 30 位。根据世界银行发布的《2014 年全球营商环境报告》,2014 年吉尔吉斯斯坦的排名位列第 68 位,较上一年提升两位。但 2015 年以来,受俄罗斯经济下滑和石油等原材料价格下跌的影响,中亚各国经济增速普遍放慢。欧洲复兴开发银行预测,2015 年中亚地区经济增长平均增幅为3.8%,2016 年约为 3.9%。② 吉尔吉斯斯坦 2015 年 GDP 增幅为 5%,2016 年为 3.9%。亚洲开发银行预计,2015 和 2016 年,吉尔吉斯斯坦经济增长率分别只有 1.7% 和 2%,外贸增长率则为 10%。③

(二)吉尔吉斯斯坦加入欧亚经济联盟对中吉贸易的影响

1. 吉尔吉斯斯坦已正式加入欧亚经济联盟

由于俄罗斯、哈萨克斯坦等独联体国家是吉尔吉斯斯坦的主要贸易伙伴,2011 年,吉尔吉斯斯坦就提出了加入俄白哈关税同盟的申请。2014 年 5 月,俄、白、哈三国批准了《关于吉尔吉斯斯坦加入关税同盟的路线图》,2015 年 8 月 12 日,吉尔吉斯斯坦正式成为欧亚经济联盟成员国。④ 自此,吉尔吉斯斯坦与哈萨克斯坦之间的海关关境取消,吉尔吉斯斯坦将与俄、白、哈三国进行商品、服务、资

①资料来源:根据中华人民共和国驻吉尔吉斯斯坦共和国大使馆经济商务参赞处网站发布的数据整理而成。

②资料来源:根据中华人民共和国驻吉尔吉斯斯坦共和国大使馆经济商务参赞处网站发布的数据整理而成。

③资料来源:根据亚洲开发银行发布的《2015 年亚洲发展展望》整理而成。

④2014 年 5 月 29 日,俄罗斯、白俄罗斯和哈萨克斯坦三国签署《欧亚经济联盟条约》,宣布欧亚经济联盟于 2015 年 1 月 1 日正式启动。

本和劳动力的自由流动，这将极大推动吉尔吉斯斯坦商品对俄、白、哈三国的出口，并将给吉尔吉斯斯坦商人和其在外务工人员带来极大的便利。

吉尔吉斯斯坦加入欧亚经济联盟后，因其现行关税水平低于欧亚经济联盟的平均关税水平而被迫上调进口关税水平，并同时改变其相关的贸易政策，而吉尔吉斯斯坦作为世界贸易组织成员将面临较其他成员国更大的外部压力。在“入盟”之后，吉尔吉斯斯坦与第三国贸易额短期内将明显下降，其中包括与中国的双边贸易状况将恶化，这不仅不利于双边贸易发展，也不利于区域整体的合作进程。在外部经济环境萧条、自身经济发展困难重重的形势下，这对吉尔吉斯斯坦而言，将是雪上加霜。

2. 吉尔吉斯斯坦“入盟”对中吉贸易的影响

据吉方统计，自2008—2014年，中国已经连续7年是吉尔吉斯斯坦的第二大贸易伙伴，吉尔吉斯斯坦已经成为中国商品出口到中亚国家及俄罗斯的集散地和转口贸易中心。由于欧亚经济联盟的平均关税水平比吉尔吉斯斯坦高出1倍多，吉尔吉斯斯坦加入欧亚经济联盟后将大幅提升关税税率，这必将对其转口贸易产生较大负面影响。另外，“入盟”后，吉尔吉斯斯坦必须按照欧亚经济联盟（主要是俄罗斯标准）来执行进口商品检验，这就提高了其非关税壁垒，这些都对中吉双边贸易带来了不利影响。

根据吉尔吉斯斯坦国家统计委员会的数据，2015年1—8月，吉中双边贸易额为6.009亿美元，同比下降20.8%，其中，吉方从中方进口贸易额为5.833亿美元，同比下降20.8%。[①] 吉中贸易占吉尔吉斯斯坦外贸总额的16.5%，低于俄罗斯的27.4%和哈萨克斯坦的16.9%，这也是中国自2008年以来首次降为吉方的第三大贸易伙伴。这其中的原因除了吉尔吉斯斯坦本币大幅贬值和内需不振之外，其加入欧亚经济联盟后，提高进口关税税率及实施更加严格的通关制度是吉中贸易额下滑的主要原因。

①资料来源：根据中华人民共和国驻吉尔吉斯斯坦共和国大使馆经济商务参赞处网站发布的数据整理而成。

（三）中吉经贸关系前景展望

经过20多年的发展，中国已成为吉尔吉斯斯坦的第二大贸易伙伴和第二大投资来源国，吉尔吉斯斯坦也是中国在中亚地区的第二大贸易伙伴。1992—2014年，中吉双边贸易额从0.35亿美元增长到52.98亿美元，增长了约150倍。2013年9月，中吉签署了《关于建立战略伙伴关系的联合声明》，将两国的关系提升到更高的水平。中吉两国存在较强的经济互补性，完全可以实现两国之间的优势互补。吉尔吉斯斯坦的机电、纺织服装、日用消费品、基础设施建设等产业发展滞后，而这些行业正是中国的优势产业，吉尔吉斯斯坦的矿产和旅游资源丰富，中吉两国在农业、旅游、矿业开发、制造业等领域内的合作都有很大的拓展空间。

2014年初，吉尔吉斯斯坦颁布了新版的《自由经济区法》，为外国投资者在其4个自由经济区投资提供了更加优惠的待遇。例如，外资企业在吉尔吉斯斯坦自由经济区经营期间，免交进出口关税和其他税费；对外资企业输入经济区内的货物免征增值税、消费税和其他税费等；对在自由经济区生产的产品出口到吉尔吉斯斯坦境外时不受其出口配额和许可证的限制；对经由自由经济区转口到第三国的货物免征一切税费等优惠措施。中国具有向吉尔吉斯斯坦投资的区位优势、人文优势和技术优势，中国企业应坚持以投资带动贸易发展的方针，大力推进在吉尔吉斯斯坦的境外工业、农业园区建设。中国政府应该支持和鼓励有竞争力的企业“走出去”，加大对吉尔吉斯斯坦的直接投资，特别是扩大对吉尔吉斯斯坦政府鼓励和支持产业的投资力度。

首先，为了应对吉尔吉斯斯坦“入盟”带来的不利影响，中国对吉尔吉斯斯坦的贸易方式需要转变，要逐步实现由边境贸易为主到一般贸易为主的转型升级。一般贸易的产业带动能力强，产业附加值高，提高一般贸易所占比重也是新疆外贸方式结构优化的方向。其次，为了适应俄白哈关税同盟对货物进口的要求，必须加快清关模式的转变，由以往的按货柜报关，转变为按照货物的实际数量及价值报关，贸易程序上比以前更烦琐和复杂。最后，调整出口商品结构，中国对吉方的出口贸易要从过去的数量扩张型向质量效益型转变，实现由商品贸易为主向边境经济技术合作、服务贸易为主的转型升级。

由于关税同盟限制其成员国与其他国家签订自由贸易区（FTA）协议，关税同盟必须统一与其他国家签署 FTA 协议，中吉两国也不可能达成双边 FTA 协议。由于边境自由贸易区比两国 FTA 协定的合作范围和目标要小，也是跨国次区域经济合作区的一种形式。当传统上的双边 FTA 进展不顺利时，小范围的边境自由贸易区就成为跨国次区域经济合作的战略首选。中哈霍尔果斯国际边境合作中心已经具备了建设边境自由贸易区的基础条件，可以借鉴此模式推动建立中吉边境自由贸易区，将中吉边境自由贸易区设置在新疆对吉尔吉斯斯坦的口岸——伊尔克什坦口岸。

当前，共建丝绸之路经济带也得到了中亚各国的积极响应和广泛共识。2015 年 6 月，吉尔吉斯斯坦正式加入了由中国主导的亚洲基础设施投资银行（简称“亚投行”），并成为亚投行 57 个创始成员国之一。2014 年 5 月，吉尔吉斯斯坦总统阿坦巴耶夫在会见习近平主席时表示，吉尔吉斯斯坦愿意积极参加丝绸之路经济带建设，促进两国经贸往来、基础设施互联互通和人文交流。当前，中国与吉尔吉斯斯坦正在“吉 - 中”天然气管线、吉尔吉斯斯坦“北—南”公路、比什凯克热电站及炼油厂等方面进行密切合作。展望未来，丝绸之路经济带建设必将给中国和吉尔吉斯斯坦的社会经济发展带来巨大的好处，中、吉两国的经贸合作仍具有广阔的发展前景。

五、中国与塔吉克斯坦经贸合作发展前景

（一）中塔经贸合作的有利及不利因素

1. 中塔经贸合作的不利因素

塔吉克斯坦是中亚国家中人均 GDP 最低的国家（2010 年人均 GDP 为 737 美元），属于世界上不发达的国家之一。塔吉克斯坦失业率高，至今还未

完全解决居民的温饱问题，目前全国约50%的人仍生活在贫困线以下，极大地削弱了塔吉克斯坦的消费能力和进口需求增长。另外，塔吉克斯坦产业结构单一，以铝业、电力、棉花加工为主。油气资源缺乏，石油天然气严重依赖进口。塔吉克斯坦外债负担沉重，外债总额近其GDP的1/4，接受外国贷款和援助成为其缓解国内经济困难的重要途径。

虽然塔吉克斯坦经济出现了较快增长，但其经济发展水平与中亚其他国家仍存在较大差距。① 长期以来，塔吉克斯坦由于安全和经济的因素而倚重俄罗斯，据初步统计，2011年有200万塔吉克斯坦侨民外出务工，仅俄罗斯和哈萨克斯坦两国就有100多万人。2011年，塔吉克斯坦国内生产总值的47%来自在俄罗斯等独联体国家劳务移民的汇款。塔吉克斯坦的主要外贸伙伴是独联体国家。2009年11月，俄、白、哈三国在欧亚经济共同体框架下成立了俄白哈关税同盟。俄白哈关税同盟提高关税的直接后果导致了塔吉克斯坦物价上涨，特别是从俄罗斯和哈萨克斯坦进口的粮食价格上涨。为此，2011年10月，塔吉克斯坦已经签署了由8个独联体国家组成的自由贸易区协定，并有可能将来申请加入俄白哈关税同盟，以规避俄白哈关税同盟对其经济发展的负面影响。

在政治体制上，塔吉克斯坦实行总统家族统治，政府官员腐败现象较为严重。据国际透明组织统计，塔吉克斯坦在"全球清廉指数排行榜"上列第154位，被定为"极端腐败"国家。随着阿富汗和中东北非局势的新变化，塔吉克斯坦的政治形势存在不稳定因素。"三股势力"、跨国有组织犯罪、毒品走私活动猖獗，地区安全仍面临严峻挑战。另外，塔吉克斯坦仍然处在向市场经济转型阶段，其政策变化和随意性较大，给中国企业的贸易和境外投资带来一定风险。

2. 中塔经贸合作的有利因素

近年来，中塔经贸合作出现了快速发展，双方签署了一系列经贸法规，为两国经贸往来奠定了坚实的法律保障。1992—2011年，中塔双边贸易额

①2010年哈萨克斯坦GDP为1 460亿美元，人均GDP为8 885.3美元；乌兹别克斯坦是中亚人口最多的国家，2010年人均GDP 1 300多美元。

从280万美元增长到20.69亿美元,20年增长了近738.9倍。2011年,中国成为塔吉克斯坦的第二大贸易伙伴和最大出口市场。虽然中塔贸易规模相比仍然较小,但20多年来,中塔贸易增速远高于同期中哈(67.8倍)、中吉(142倍)、中乌(86.3倍)的贸易增速。由于出口产品匮乏且缺乏竞争力,塔吉克斯坦贸易逆差严重。从中长期看,中国对塔吉克斯坦贸易顺差的状况将延续,且规模有扩大的趋势。

中、塔两国在投资领域也具有较大合作潜力,塔吉克斯坦的轻工业、日用消费品等产业十分薄弱,中国的轻工业、建材、家电等生产设备和技术完全可以满足塔吉克斯坦产业结构升级的需要。例如,中国企业可以利用塔吉克斯坦丰富的棉花和水果等农业资源在塔吉克斯坦建立棉花深加工企业和蔬菜水果加工企业,也可利用塔吉克斯坦丰富的建筑原材料和劳动力资源建立水泥厂、瓷砖厂、大理石加工厂、制砖厂等。

(二)中塔经贸合作前景展望

一方面,包括塔吉克斯坦在内的中亚国家都具有与中国互补性强、空白点多的新兴市场特点,是中国外贸多元化战略应重点开拓的西部国际市场。另一方面,塔吉克斯坦积极参与上海合作组织区域经济合作,希望中国增加对塔吉克斯坦投资,协助其改善交通运输及基础设施状况。塔吉克斯坦对中国提供的金额为9亿美元优惠出口买方信贷很感兴趣,对已经实施的输变电项目、公路项目给予了高度评价,塔吉克斯坦总统拉赫蒙曾称赞“中国是塔吉克斯坦最可依赖和依靠的好邻居、好伙伴”。

2012年12月10日,世界贸易组织批准塔吉克斯坦正式加入WTO,塔吉克斯坦成为WTO的第158个成员国。塔吉克斯坦入世后,其税收政策、经济政策将会按照世界贸易组织的要求做出相应调整,如降低进出口关税、消除非关税壁垒、采取促进投资贸易自由化等各项措施,中塔开展经贸合作将更加便利和符合国际规则。在中国扩大对塔吉克斯坦投资规模及援助的影响下,中塔经贸合作仍具有较大的增长潜力和良好的发展前景。

六、中国与乌兹别克斯坦经贸合作发展前景

(一)乌兹别克斯坦经济发展前景

为促进经济更快发展,乌兹别克斯坦一直以来致力于改善投资环境,鼓励外商投资。为实现这一目标,乌兹别克斯坦政府在法律、税收等方面出台了一系列给予外商的优惠政策。2008 年以来,乌兹别克斯坦在全国建立了 3 个工业特区,包括纳沃伊自由工业经济区、安格连特别工业区和吉扎克自由工业区。近年来,乌兹别克斯坦吸引外资数量快速增长,据国际货币基金组织(IMF)统计,2012 年乌兹别克斯坦外资额占 GDP 比例为 31% ,在独联体国家中最高,对乌兹别克斯坦经济的持续稳定发展发挥了重要作用。

据亚洲开发银行统计,2013 和 2014 年,乌兹别克斯坦 GDP 分别增长了 8% 和 8.1% ,在乌国本币苏姆持续贬值的情况下,通胀率分别为 11.2% 和 8.4% 。2015 和 2016 年,乌兹别克斯坦 GDP 增速将分别为 7% 和7.2% 。据世界银行统计,2013 年乌兹别克斯坦外贸账户盈余达到 GDP 的4.5% ,2014 年达 4% 。①

受俄罗斯经济下滑的影响,2014 年中亚国家经济普遍面临下行压力。但乌兹别克斯坦经济结构相对完善,对外开放度低,受俄罗斯经济影响较小。据乌兹别克斯坦国家统计委员会的数据,2014 年乌兹别克斯坦国内生产总值为 144.9 万亿苏姆(约合金额为 627.8 亿美元),同比增长 8.1% 。乌兹别克斯坦政府制定的《2015—2019 年结构改革、现代化和生产多元化规划》,计划未来将落实 870 个投资项目,总投资额高达 380 亿美元。2015 年世界银行预测,乌兹别克斯坦 2015 年经济增长将高达 7.4% 。

(二)中乌经贸关系前景展望

自中乌建交以来,两国双边贸易保持快速增长,双边投资与经济技术合

①资料来源:根据世界银行 2014 年发布的《全球经济展望》整理而成。

作规模不断扩大。乌兹别克斯坦作为仅次于哈萨克斯坦的中亚地区大国，无论是在地缘政治上还是在国际能源市场上都将扮演重要的角色。随着过境乌兹别克斯坦的中国－中亚天然气管道实现双线通气，以及中乌铀矿合资企业成立，中国目前已成为乌兹别克斯坦的第二大贸易伙伴、第一大投资国。

2013年，中乌双边贸易额达到45.32亿美元，同比增长57.62%。其中，中方出口额为26.14亿美元，同比增长46.51%；中方进口额为19.18亿美元，同比增长75.8%。2013年，中国从乌兹别克斯坦进口天然气9.63亿美元，占自乌进口总额的50.41%，同比增长17.2倍，天然气超过棉花成为第一大进口商品。①

中乌经贸关系中仍存在一些不利因素。例如，中、乌两国互不接壤，航空运输运量小、成本高，公路和铁路运输必须经过哈萨克斯坦和吉尔吉斯斯坦，运输时间长、手续烦琐，而中吉乌公路和铁路建设受制于吉尔吉斯斯坦的政治形势，工期难以预料。此外，乌兹别克斯坦对进口商品征收关税较高，贸易壁垒严重；乌兹别克斯坦政策多变，缺乏连续性，其市场和金融开放程度较低；乌兹别克斯坦国内贪污腐败现象严重，投资环境有待改善等。

中乌经贸合作正面临着难得的发展机遇，两国政治互信程度高、经济互补性强，两国都有继续扩大经贸合作的愿望和现实需求，并且拥有高效率的经济合作机制，既可以通过双边渠道，如中乌经贸合作政府间委员会，也可以通过上海合作组织等多边机制发展经贸关系。2012年6月，卡里莫夫总统访华期间，中乌两国签署联合宣言，宣布正式建立战略伙伴关系，两国关系进入新的历史阶段。在经贸领域，两国提出了到2015年双边贸易额达到50亿美元的目标。随着中、乌两国企业共同合作建设和开发纳沃伊自由工业经济区等经济特区，以及中国－中亚天然气管线的第三条管线（C线）的建成使用，中、乌两国经贸关系仍具有广阔的发展前景和增长潜力。

①根据中华人民共和国驻乌兹别克斯坦共和国大使馆经济商务参赞处发布的数据整理而成。

七、中国与土库曼斯坦经贸合作发展前景

(一)土库曼斯坦经济发展前景

近十年来,土库曼斯坦的经济发展速度始终位列中亚国家前列,经济实力在中亚五国中仅次于哈萨克斯坦,远高于吉尔吉斯斯坦和塔吉克斯坦。据亚洲开发银行统计,2013 和 2014 年,土库曼斯坦经济增长速度分别高达 10.2% 和 10.3% ,通胀率上升至 6.8% 和 6% ,贸易顺差分别为 40.3 亿美元和 43.9 亿美元。在未来一段时间内,土库曼斯坦经济仍将维持高速发展态势。但由于国际能源价格的下跌和对天然气需求的减少,将影响土库曼斯坦的收入。亚洲开发银行报告预测,2015 和 2016 年,土库曼斯坦经济增长将下降至 9.7% 和 9.2% 。

土库曼斯坦根据《2011—2030 年社会经济发展纲要》拟在未来 20 年内维持较大投资力度,以保障经济快速增长和居民生活水平持续提高。土库曼斯坦将继续发展石油天然气开采及加工、纺织工业和电力工业,并将其作为国家三大支柱行业。土库曼斯坦政府制定了《2030 年前油气发展纲要》,提出要加大油气勘探开发力度,提高油气产量。据保守估计,到 2015 年,天然气年开采量将达到 900 亿立方米,其中出口 579 亿立方米;到 2020 年,天然气产量达到 1 400 亿立方米,其中年出口 940 亿立方米;2030 年,开采量将达到 2 300 亿立方米。①

当前,土库曼斯坦面临的最大挑战是经济发展过度依赖天然气出口,国际能源价格波动将严重影响其出口收入,给宏观经济的稳定性带来较大风险。2008 年国际金融危机之后,国际市场对能源需求的急剧下滑导致 2009 年土库曼斯坦出口同比下降了 24.1% ,经济增长速度下降到 6.1% 。为此,

①孙力、吴宏伟:《中亚国家发展报告(2012)》,北京:社会科学文献出版社,2012 年,第 312 页。

土库曼斯坦政府也提出了一些经济改革方案，如增加高科技行业和制造业方面的投资，但也面临经济结构改革困难等问题。

（二）中土经贸合作前景展望

2012 年是中国与土库曼斯坦建交 20 周年。建交 20 年来，两国高层领导互访频繁，经贸合作不断扩大，能源合作取得重大进展，人文交流日益活跃。自建交以来，双方已经签订了国家间和部门间各种协定、协议 100 多个，中国已经成为土库曼斯坦第一大贸易伙伴、最大天然气出口市场和重要的投资来源国。2013 年 9 月，在中国国家主席习近平访问土库曼斯坦时，两国关系提升至战略伙伴关系水平。

土库曼斯坦也十分重视发展与中国的关系，别尔德穆哈梅多夫总统自 2007 年就任以来先后五次访华，并始终奉行对华友好政策，将中国作为外交发展的优先方向。在两国领导人的共同推动下，未来两国在交通、通信、纺织、高科技等非资源领域的合作也将进展迅速。例如，土库曼斯坦虽然是棉花出口大国，但其棉花深加工滞后；土库曼斯坦养蚕业十分发达，但丝绸工艺落后，而中国在纺织和丝绸行业具有先进的技术，可以与土库曼斯坦建立合资纺织企业，带动纺织设备的出口。

土库曼斯坦是中国“西气东输”二线的主供气源国，自中国与土库曼斯坦天然气管道 2009 年 12 月 14 日开通至 2015 年 1 月 26 日，土库曼斯坦向中国出口天然气总量达到了 1 000 亿立方米。根据 2012 年 7 月签署的《中土能源合作委员会第二次会议纪要》，中国 - 中亚天然气管道 C 线于 2012 年 9 月开工，土库曼斯坦对中国将增加 250 亿立方米天然气出口，这样年天然气出口总量有望达到 650 亿立方米。随着中亚天然气三线和四线的规划建设，在未来 5—10 年，中土天然气贸易完全可能增加到每年 1 000 亿立方米以上，使能源“丝绸之路”不断壮大，中国与土库曼斯坦双边贸易仍具有良好的发展潜力和前景。

八、小结

“一带一路”建设已经提升为我国新时代全方位对外开放的重大举措。“一带一路”倡议提出的背景是我国已成为世界第二大经济体和第一大贸易国,我国经济增速位列全球前列,我国与世界各国的经济依存度不断提高。“一带一路”建设构成我国新时代周边经济战略,这一战略融入了中国新的外交理念。“一带一路”倡议有利于我国应对周边安全环境的挑战,有利于形成我国全方位对外开放新格局,有利于应对新的国际区域经济合作形势,有利于我国实现更广泛的经济利益。

中国与中亚国家经贸合作的有利因素是丝绸之路经济带建设提升为新时代我国全方位对外开放的重大举措,上海合作组织成员国加入世界贸易组织取得重大进展,中亚国家的政局基本稳定。不利因素是世界经济仍处在国际金融危机过后的深度调整期,中国外贸成本依然居高不下,国际能源价格下跌导致中亚国家经济增长下滑、货币贬值等许多问题。

哈萨克斯坦经济未来几年将持续增长。哈萨克斯坦在区域经济合作中一直是积极的推动者和倡导者,中国与哈萨克斯坦经贸合作机制日趋完善,哈萨克斯坦入世有利于中哈两国在多边贸易规则下开展经贸合作。中国已经成为哈萨克斯坦的第一大贸易伙伴,哈萨克斯坦积极支持并参与丝绸之路经济带建设项目,实现丝绸之路经济带建设与哈萨克斯坦的“光明大道”新经济计划对接合作。

吉尔吉斯斯坦是中亚地区非常开放的经济体,其经济主要由黄金出口、侨汇及中国与独联体国家间的转口贸易三方面支撑。中国已是吉尔吉斯斯坦的第二大贸易伙伴和第二大投资来源国,吉尔吉斯斯坦拥有发展转口贸易的良好条件,中、吉贸易与投资合作潜力较大。吉尔吉斯斯坦加入欧亚经济联盟之后,会对中吉双边贸易带来不利影响。丝绸之路经济带建设必将给吉尔吉斯斯坦的社会经济发展带来巨大的好处,中吉两国经贸合作仍具有广阔的发展前景。

中国与塔吉克斯坦经贸合作的不利因素包括塔吉克斯坦经济实力较

弱,市场规模小,政府官员腐败严重。但随着 2012 年塔吉克斯坦入世,中塔两国开展经贸合作将更加便利和符合国际规则。

乌兹别克斯坦是仅次于哈萨克斯坦的中亚地区大国,中国目前已成为乌兹别克斯坦的第二大贸易伙伴、第一大投资国。中国与乌兹别克斯坦经贸关系中仍存在一些不利因素,但随着中国与乌兹别克斯坦正式建立战略伙伴关系,以及中国 - 中亚天然气管线的第三条管线(C 线)的建成使用,中国与乌兹别克斯坦两国经贸关系仍具有广阔的发展前景。

土库曼斯坦的经济发展速度始终位列中亚国家之首。中国已经成为土库曼斯坦第一大贸易伙伴、最大天然气出口市场和重要的投资来源国。随着中国与土库曼斯坦两国长期战略伙伴关系的建立,以及中国 - 中亚天然气管道三线和四线的规划建设,土库曼斯坦将扩大对中国的天然气出口,中国与土库曼斯坦两国的贸易与投资合作仍具有良好的发展前景。

第七章 促进中国与中亚五国经贸合作的策略及政策建议

一、推动中国与中亚国家的贸易投资便利化建设

（一）加强大通关机制及口岸建设

贸易投资便利化是区域经济合作的一项长期工作。通过在海关、质检、运输、投资促进、法律救济等方面，为中国与中亚各国企业开展贸易和投资活动创造公开、透明、可预见的良好环境，减少企业经贸活动的成本，降低投资风险，有利于进一步扩大贸易和投资的规模。为此，中国要充分利用上海合作组织、亚洲开发银行和联合国开发计划署新亚欧大陆桥合作机制，参与中亚地区贸易投资便利化进程，加强与周边国家边境地区的合作与协调，改善海关通关及质检标准，完善口岸基础设施，优化政策服务，为建立高效便利的向西开放通道奠定基础。

1. 加强政策沟通与协调，减少贸易壁垒

中亚国家检验检疫程序复杂，限制了贸易便利化。例如，中亚各国对进出口贸易单证的检验要求多且重复。资料表明，就进口而言，吉尔吉斯斯坦需要单证多达 13 份，哈萨克斯坦需 14 份，乌兹别克斯坦需 11 份，中国需 6 份，而德国需 5 份，新加坡仅需 4 份，过多的检验单证要求增加了进出口企业的检验费用。为此，要加强中国与中亚国家各级政府机构及主管部门之间建立相应的沟通协调工作机制，加强交流与磋商，推动检验检疫等认证认可的互认工作，逐步扩大与中亚国家实施“一站式”“单一窗口”的海关管理模式，增加各国海关领域法律法规的一致性和透明度，最大限度地减少贸易壁垒。

哈萨克斯坦政府正在大力推进电子口岸建设，探讨开展电子申报试点并逐步过渡到进出口货物完全实现电子申报的制度。哈萨克斯坦海关实施了“绿色通道”计划，诚信守法企业的货物在口岸通关时间将不超过 100 分钟，企业在口岸通关后，可尽快将货物运抵指运地海关，指运地海关在一天之内完成货物清关手续。2013 年 12 月，中哈巴克图 - 巴克特口岸农产品快

速通关“绿色通道”正式开通。

首先,要推动中国与中亚各国商品检验检疫的信息交换和互认工作。2013 年 6 月,吉尔吉斯斯坦海关总署与中国检验认证集团签署了《关于通过信息交换简化中吉外经贸商品过境海关程序的协议》。自 2013 年 8 月 1 日起,中国检验认证集团向中国对吉尔吉斯斯坦出口的商品进行质量检验,并根据检验情况颁发合格证。对拥有上述检验合格证的商品,在通过吐尔尕特口岸和伊尔克什坦口岸时,吉尔吉斯斯坦海关将简化检查程序或免检;对于无中方检验合格证的商品,吉尔吉斯斯坦海关将加大检查力度。

其次,要促进人员跨境流动。加强中国与周边国家相关机构之间的磋商,尽快制订符合中国新疆实际情况的人员出入境管理办法,便利人员往来。2013 年,俄罗斯联邦政府制定了俄罗斯出入境管理法修正案,放宽对乘火车入境游客的签证限制:乘坐火车入境的外国游客在俄滞留不超过 72 小时无须签证。俄罗斯官方表示,72 小时免签制将不仅针对外国游客,还可能扩展至有回程机票的任何外国公民。中国列入首批免签证国家,这将促进两国之间的人员往来。

最后,“大通关”建设还需要加强中国与中亚国家金融机构的合作。这就需要充分利用上海合作组织框架下建立起来的双边或多边机制,如上海合作组织银联体、合作委员会、金融合作分委员会的合作机制,加强金融机构间的合作,通过货币互换、支付体系建设等方式,促进经贸合作的深入发展。

2. 加快我国新疆对中亚各国的边境口岸建设

第一,增加口岸建设投入。根据新疆维吾尔自治区经济发展规划,新疆将新开中哈霍尔果斯铁路口岸、中吉乌什口岸、中俄喀纳斯口岸、伊宁航空口岸等,将动工新建卡拉苏口岸,搬迁伊尔克什坦口岸。这些新开或搬迁口岸都需大量建设资金,因此需要将口岸基础设施建设资金纳入中央和自治区地方财政的年度预算,加大中央财政转移支付资金支持力度;充分利用亚洲开发银行等金融机构的贷款资金,大力引进民间资本,以确保新疆新开放口岸和口岸改造建设的资金需求,以及解决部分边境口岸基础设施升级改造问题。

第二，完善口岸开放体系。尽快正式开放阿黑土别克、木扎尔特两个国际一类口岸；延长乌拉斯台口岸、塔克什肯口岸、红山嘴口岸、红其拉甫口岸、老爷庙口岸、卡拉苏口岸6个季节性一类口岸的开放时间，使其尽快转为常年开放口岸。将6个国家二类口岸尽快升级为国家一类开放口岸，争取开通中吉乌铁路口岸，开通中吉乌什口岸、中俄喀纳斯口岸和伊宁航空口岸。

目前，新疆对俄罗斯的边境口岸仍没有开通。由于缺少直接的贸易口岸，新疆与俄罗斯的贸易合作通常是通过第三国（哈萨克斯坦）公路运输进行的，贸易成本较高。新疆与俄罗斯边境线长54千米，新疆正在申报对俄罗斯开通吉克普林口岸，该口岸位于布尔津县境内，不在喀纳斯风景区规划范围内，更有利于喀纳斯自然保护区的森林资源保护。随着中俄天然气西线输气管道建设工程的启动，吉克普林口岸的开通成为必然。吉克普林口岸的开通意义重大，不仅可以消除新疆对俄贸易带来的干扰多、成本高的不利影响，而且将使俄罗斯中部的石油、天然气、木材等资源进入中国。新疆阿勒泰地区正在编制口岸建设的可行性研究报告，争取将吉克普林口岸纳入国家“十三五”口岸发展规划并开工建设。

第三，大力推进电子口岸建设。贸易便利化涉及外贸管理、海关、商检、银行等多个部门，只有协调好这些部门，形成合力，才能实现“大开放、大口岸、大通关”的综合目标。贸易便利化当前的首要任务就是大力推进电子口岸建设。通过整合资金和信息资源，将口岸各部门、单位和企业大通关核心流程及相关物流商务服务程序纳入新疆电子口岸平台，实现互联互通与信息资源共享，建成具有“一个门户”入网、一种认证登录和“一站式”办事等功能、集口岸通关执法管理及相关物流商务服务为一体的“大通关”统一信息平台。另外，通过加强海关、检验检疫、边检、口岸等部门间的协同配合，推行口岸各管理部门联检制度等，简化通关程序，提高通关效率。

（二）加快基础设施互联互通及国际大通道建设

加快我国新疆与中亚等周边国家基础设施（道路、通信、能源网络等）的互联互通，大力开展贸易投资便利化建设，加快新疆各口岸及国际大通道建设，将新疆建设成为丝绸之路经济带的核心区。

首先，要大力发展连接新疆与中亚和南亚国家的陆路通道建设，构建运输网络。第二次中央新疆工作座谈会提出加快新疆对外开放步伐，要把新疆打造成为我国向西开放的重要门户和基地，以及面向中亚、西亚、南亚至欧洲的国际大通道。完善以阿拉山口口岸为主的第二条亚欧大陆桥建设；建设经过霍尔果斯口岸、连霍高速公路和精伊霍铁路形成的新陆路大通道；随着精伊霍铁路的全线贯通，霍尔果斯将形成集公路、铁路、管道运输为一体的交通运输体系。通过加强国际协调，推进我国与中亚等周边国家的物流合作，加快新疆与周边国家基础设施（道路、通信、能源网络等）的互联互通，积极推动中吉乌铁路建设，使之成为"第二亚欧大陆桥"的南部通道，力争中巴铁路项目及早开工建设。

其次，在国内要加快建设南疆库尔勒—青海格尔木的铁路通道，大力推动内蒙古额济纳—哈密—准东—吉木乃的新疆北线铁路通道建设。2015 年底，内蒙古额济纳至新疆哈密的铁路线路正式开通运营，这样大大缩短了新疆与我国华北地区的运输距离，并且新增了一条出疆铁路大通道。

根据国家向西开放的发展需要，新疆应全面提高交通运输通道能力，突出国际运输通道，畅通国内运输通道，拓展口岸交通功能，加密综合交通网络，逐步形成以乌鲁木齐为中心，向西、向南、向北三个方向为主轴连接周边各国，同时与国内交通网络实现良好衔接的国际运输通道格局。

第一，向西国际通道。向西国际运输通道是我国连接中亚国家最多的直接通道，主要包括中哈国际运输通道、中吉乌国际运输通道、土库曼斯坦至中国的天然气管道。中哈国际运输通道是"第二亚欧大陆桥"的重要组成部分，是中国通过陆路与中亚各国实现便捷联系的重要通道。中吉乌国际运输通道，是通过南疆中心城市喀什经伊尔克什坦口岸出境至吉尔吉斯斯坦卡拉苏的铁路，再延伸到乌兹别克斯坦的国际运输通道。中土天然气管道是土库曼斯坦经过哈萨克斯坦到达霍尔果斯口岸的天然气通道。

第二，向南国际通道，主要是规划建设中巴国际运输通道。该通道由中国与巴基斯坦合作共建，包括公路和铁路或油气管道。该通道是通过新疆喀什经红其拉甫口岸出境，南北贯穿巴基斯坦全境，至印度洋阿拉伯海的港口卡拉奇或瓜达尔港。巴基斯坦瓜达尔港至中国新疆国际通道全部都在巴基斯坦境内,不经过第三国,这条国际运输通道的建设将彻底改善中国与印度洋的交通联系,形成马六甲海峡之外的又一条中国通往西亚各国和印度洋的重要战略通道,对于保障我国能源安全具有非常重要的战略意义。

第三,向北国际通道,即新疆至俄罗斯国际运输通道。该通道规划建设阿勒泰—喀纳斯—俄罗斯西西伯利亚铁路通道,连接俄罗斯铁路网,形成又一条沟通中国与俄罗斯两国的大运量铁路运输通道。这对于拓展我国能源进口通道建设具有重要的战略意义。

二、促进新疆与中亚国家发展边境贸易的政策建议

边境贸易是新疆对外贸易最具特色和优势的组成部分,对促进边疆地区经济增长、口岸建设、增加边民收入和就业、社会稳定发挥着重要作用,边境贸易的经济增长效应及其综合效应是显著的。

1. 实施差异化的边境贸易政策

虽然世界贸易组织的一个重要原则是要求成员国的贸易政策必须无条件地给予其他成员国,但同时也规定了“例外”条款——允许成员国给予边境贸易更优惠的待遇。因此,新疆可自行制定特殊灵活和差异化的边境贸易政策。中国政府应继续加大政策扶持力度,加大边贸财政转移支付返还比例等措施,具体措施如下。

第一,支持新疆旅游购物贸易发展,设立边境贸易旅游购物出口海关监管代码,对旅游购物贸易出口(含旅购包机)实行不退税也不征税政策,免予出口收汇核销,在通关环节实行简便快捷措施。

第二,放宽边贸项下进出口配额许可证管理商品限制,如不能恢复边境贸易进口关税和进口环节增值税减半征收政策,应扩大对边贸财政转移支付规模。

第三,扩大边民互市免税商品范围,适当增加边民互市免税额度,延长边民互市采购时间;增加现行的边民互市进口商品免税额度,从目前的每人每天 8 000 元人民币提高到每人每天 2 万至 3 万元人民币;放宽互市贸易品

种和数量,将边民互市贸易免税商品种类进一步扩大。①

第四,对于新疆进口本地生产所需的资源类产品,进一步降低进口关税,或放宽进口申请条件,增加关税配额数量或进口允许量。

2. 提高边贸出口商品质量,加快新疆进出口产业基地建设

边境贸易一直占新疆对外贸易的50%以上,对改善我国产品在中亚等周边国家的质量形象有重要作用。随着周边国家居民收入的提高,消费水平将出现升级,新疆边贸企业要致力于提高制成品,以及具有高附加值、中高档产品的出口规模和数量,实施品牌战略,以质量取胜,严把出口产品质量关,防止伪劣产品出口。

更重要的是加强新疆边境贸易发展的产业基础建设,大力推进新疆进出口产品加工产业基地建设,充分发挥企业在市场竞争中的主导作用。当前,新疆外贸"通道经济"的特点显著,进出口基地建设严重滞后,但新疆具有承接东部地区产业转移的巨大空间,外向型设施农业具有较大潜力。为此,应该重点规划建设以乌鲁木齐为核心的乌昌工业品出口基地,以伊宁市为核心的能源、矿产资源、建材进出口加工基地和农副产品出口基地,以喀什市为核心的南疆农副产品出口基地和工业品加工基地,以石河子市为核心的天山北坡经济带食品出口产业基地,以塔城市为核心的塔额盆地农副产品出口基地,以阿拉山口口岸为依托的博州进口资源加工基地。②

3. 支持边贸企业能力建设,拓宽边境贸易企业融资渠道

首先,鼓励新疆边贸企业发展壮大,扶持培育龙头企业,形成一批在周边国家有影响力和竞争力的贸易企业集团。其次,支持边贸企业实业化发展,加强信息化建设,充分利用上海合作组织、商务部、亚洲发展银行等机构提供的条件,共同建立政府、中介组织及企业共同参与的贸易信息服务平台——中亚信息研究中心,为企业开拓周边国家市场提供优质、准确的信

①根据海关规定:哈萨克斯坦公民每人每次携带8 000元人民币以下的生活用品进入新疆各口岸的边民互市贸易市场予以免税。目前,新疆对哈萨克斯坦主要口岸都实行了边民互市"一日免签"或"三日免签"政策。

②赵青松:《新疆进出口基地的产业选择及重点区域分析》,《黑龙江对外经贸》2010年第12期,第60页。

息，大力发展跨境电子商务。最后，进一步完善信用担保制度，构建中小边境贸易企业信用担保体系，鼓励银行以存货、应收账款、仓单等各种动产为抵押担保，为中小边贸企业提供信贷融资。拓宽中小边境贸易企业融资渠道，除采用出口押汇等传统贸易融资方式外，还可通过国际保理、福费廷等新型国际结算方式扩大企业融资规模。①

4. 积极应对俄白哈关税同盟的影响

俄白哈关税同盟对新疆外贸发展有短期冲击，但三国建立统一的关税政策更符合贸易规范与便利化的要求，对打击“灰色清关”和提高贸易透明度有利。另外，关税同盟统一市场提供了更为广阔的销售市场，新疆外贸企业可以将原先一对一的贸易转变为一对三的贸易。今后新疆出口哈萨克斯坦的产品就进入3个国家的市场，这对新疆出口企业也是机遇。这就需要新疆边贸企业采取以下两点措施积极应对。第一，适应哈萨克斯坦海关对货物进口的要求，加快贸易方式和清关模式的转变，由以往的按货柜笼统报关，转变为按照货物的实际数量及价值报关，由此贸易程序上比以往要烦琐，提供的通关文件更复杂。第二，调整进出口商品的结构，放弃出口那些由于关税上涨而无利可图的货物。由于关税同盟下调了包括消费类电子产品、零部件在内的部分商品进口关税，这为扩大消费类电子产品的出口提供了新机遇。

5. 推进我国与周边国家货币互换、扩大跨境贸易人民币结算

国家中央银行间的货币互换是我国开展国际金融合作的重要方式。通过央行间签订货币互换协议，本国商业机构可以借到对方国家的货币，用于支付进口商品，本国出口企业也可以得到本币计价的货款，这样能够有效规避汇率风险和降低汇兑费用。2011年，中国人民银行和乌兹别克斯坦中央银行签署了金额为7亿元人民币的双边本币互换协议，与哈萨克斯坦央行签署了金额为70亿元的双边本币互换协议。2014年，中国与哈萨克斯坦续签了双边本币互换协议，互换规模为70亿元人民币（2 000亿坚戈），协议有效期3年。

①福费廷是“Forfaiting”的音译，也称为“包买票据”。福费廷业务是一项与出口贸易密切相关的新型贸易融资业务产品，是指银行或其他金融机构无追索权地从出口商那里买断由于出口商品或劳务而产生的应收账款，是提前获得货款的一种资金融通形式。

开展跨境贸易本币结算既可以降低交易成本，也有利于规避美元汇率波动的影响。早在2003年，中国就与吉尔吉斯斯坦签署以双方货币作为支付结算的协定。2005年，中国与哈萨克斯坦中央银行签署以双方货币作为边境贸易支付结算的协定，逐步开展边境贸易人民币结算。2009年7月，中国颁布并实施《跨境贸易人民币结算试点管理办法》。2014年，中国与哈萨克斯坦签订了新的双边本币结算与支付协议，本币结算从边境贸易扩大到一般贸易，两国企业可自行决定用美元、人民币或哈萨克坚戈进行商品的结算与支付。

在此基础上，要继续加强中国与周边国家金融机构的沟通协调，推进边境贸易的本币结算，制定相关配套政策，扩大中国（新疆）与周边国家人民币计价结算使用范围和规模。另外，加快包买票据（福费廷）、远期结售汇等外汇衍生新产品发展，有效地提高实体经济资金周转和规避汇率风险的水平。

三、将新疆建设成为丝绸之路经济带国际商贸物流中心

2014年，第二次中央新疆工作座谈会指出，将新疆打造成丝绸之路经济带核心区。2015年，国务院发布的《“一带一路”愿景与行动》明确了新疆丝绸之路经济带核心区的战略定位。新疆维吾尔自治区总体规划中确定丝绸之路经济带核心区的主要内涵为“五中心、三基地、一通道”。其中，“五中心”即区域性交通枢纽中心、商贸物流中心、金融中心、文化科教中心和医疗服务中心。商贸物流中心是推进其他四个中心的基础，由商贸流通与现代物流两大服务体系构成，是丝绸之路经济带核心区建设的重要战略支撑，也是实现产业集聚、开放型经济发展及新疆长治久安的先导性环境要素和基础性服务平台。因此，新疆建设丝绸之路经济带国际商贸物流中心具有重要的现实意义。

（一）新疆建设丝绸之路经济带国际商贸物流中心的可行性及必要性

1. 可行性

新疆具有建设丝绸之路经济带国际商贸物流中心的许多有利条件，包

括区位优势、资源优势、人文优势、后发优势和政策优势。新疆是中国陆地边境线最长、交界邻国最多的省区。新疆周边与8个国家接壤，拥有17个国家一类口岸和12个二类口岸，已形成了沿边、沿桥（新欧亚大陆桥）和沿交通干线向国际国内拓展的全方位对外开放格局，成为我国开拓中亚、南亚、西亚和欧洲市场的贸易大通道。2014年，新疆外贸进出口总额为276.69亿美元，位列我国西部12个省区第四位、西北五省第一位。在物流通道建设方面，新疆目前已形成了以乌鲁木齐为中心，辐射中亚等周边国家，集公路、铁路、航空和管道“四位一体”的立体交通综合运输网络。

新疆少数民族占自治区总人口的60%以上，境内的哈萨克族、塔吉克族等少数民族由于历史的原因都是“跨国民族”，与周边国家语言相通，风俗相近，传统友谊源远流长，有着广泛的文化认同。第二次中央新疆工作座谈会进一步明确了新疆工作的目标任务和政策措施。除了新一轮19省市对口援疆的支持外，国家还批准了《天山北坡经济带发展规划》，给予其财政、投资、产业等大量支持政策；批准设立了喀什、霍尔果斯两个经济开发区，在税收等各方面给予了专门的政策优惠；商务部已确定在新疆打造五个商贸物流中心城市，它们分别是乌鲁木齐、喀什、伊宁、霍尔果斯、奎屯。因此，新疆建设丝绸之路经济带国际商贸物流中心具有较强的可行性。

2. 必要性

建设商贸物流中心不仅能带动第三产业的发展，优化产业结构，还能成为区域经济活动的枢纽，形成区域集聚、辐射能力。丝绸之路经济带国际商贸物流中心建设将有利于新疆社会经济发展和实现长治久安。一方面，新疆区域经济发展不平衡，扶贫攻坚任务艰巨。新疆地域宽广、运距长、远离内陆发达省份，物流成本居高不下，“通道经济”特点显著。另一方面，自“渝新欧”①班列运行以来，成都、郑州、武汉等许多内陆城市开通了面向欧洲国家的国际铁路运输，新疆面临与其他内地省份的激烈竞争的形势，存在着被

①“渝新欧”是重庆至欧洲国际铁路大通道的简称，“渝”指重庆，“新”指新疆阿拉山口，“欧”指欧洲。“渝新欧”班列于2011年3月正式开通运行。

边缘化的风险。在此背景下，新疆建设丝绸之路经济带国际商贸物流中心具有一定的必要性和紧迫性。

（二）新疆建设国际商贸物流中心的目标、指导原则及城市定位

1. 总体目标与指导原则

到2020年末，新疆要基本建成大跨度、广覆盖、立体式和开放型的商贸物流骨干体系，大幅提升新疆商贸物流业的专业化、标准化、信息化和国际化水平，支撑新疆产业经济发展的功能进一步强化，商贸物流业成为新疆基础性、战略性和优势主导产业，基本建成立足新疆、面向全国、聚合周边、贯通丝绸之路、辐射亚欧的国际商贸物流中心，巩固提升新疆“国际物流枢纽”“向西开放战略平台”和“丝绸之路经济带”互联互通重要节点的地位作用。①

新疆建设丝绸之路经济带国际商贸物流中心的指导原则是统一规划和合理布局，整合各类资源，实现优势互补。具体是要统筹内贸与外贸、商贸物流业与制造业、自治区与兵团、区域内各结点的不同供给与需求；突出冷链物流、口岸物流及市场主体培育等重点；新疆不同地区的商贸中心城市和口岸建设要有所差别，实行错位发展。

2. 各城市定位

乌鲁木齐是新疆的政治、经济、文化和交通中心。乌鲁木齐火车站是新疆地区铁路的总枢纽和全国重点铁路编组站，地窝堡国际机场是国内五大门户枢纽机场之一。乌鲁木齐拥有近200个各类商品交易市场，有3个国家级开发区、1个国家一类口岸和7个二类口岸。华凌市场、边疆宾馆、商贸城等一批二类口岸及综合市场已成为辐射全疆及中亚等周边国家的区域性商品集散地。在乌鲁木齐举办的中国－亚欧博览会、亚欧商品贸易博览会已经成为新疆与亚欧国家开展经贸合作交流的重要平台。因此，乌鲁木齐有条件建设成为中国西部中心城市和面向中亚地区的国际商贸中心。

喀什具有“五口通八国、一陆连欧亚”的区位优势，喀什与吉尔吉斯斯

①赵青松：《新疆建设丝绸之路经济带国际商贸物流中心的战略思考》，《商业经济研究》2016年第10期，第204页。

坦、塔吉克斯坦、巴基斯坦、印度和阿富汗接壤,周边有 5 个一类口岸和 1 个二类口岸。喀什在历史上就是我国西部重要的商贸和旅游中心,享有“不到喀什,就不算到新疆”的美誉。2014 年国务院批准设立的喀什综合保税区是南疆首个综合保税区。当前,喀什正大力推进优势资源转换战略和新型工业化进程,努力将喀什打造成为面向中亚、西亚和南亚的区域性商贸和旅游中心城市。

伊宁市是我国西部最大的沿边开放城市和新疆第二大城市,伊犁地区与哈萨克斯坦接壤,拥有霍尔果斯、都拉塔和木扎尔特 3 个国家一类口岸,还有国家级伊宁边境经济合作区和中哈霍尔果斯国际边境合作中心。伊宁市是哈萨克斯坦正在实施的“双西工程”干线上的重要节点城市。作为新疆 3 个副中心城市之一,伊宁市将建成天山北坡西部中心城市。

霍尔果斯是我国西部最大的公路口岸,也是新疆基础设施最好、发展承载力最强的口岸。霍尔果斯口岸与中亚国家的大城市和人口稠密区距离最近,向西开放的战略地位极其重要。精伊霍铁路及哈萨克斯坦热特肯—霍尔果斯铁路的建成通车使霍尔果斯成为同时拥有铁路、公路口岸的国际交通新枢纽。国务院批准设立喀什、霍尔果斯两个特殊经济开发区,进一步提升了喀什和霍尔果斯作为区域性国际商贸物流中心的定位。

奎屯市地处北疆交通枢纽,是北疆地区的商贸物流中心和连接乌昌经济区和北疆经济区的“节点”。奎屯火车站是我国境内通往中亚和欧洲的第一个编组站,拥有 29 条专用货运铁路线。近年来,奎屯市商贸物流业发展较快,众多物流园区(神华伊棉物流基地、北疆国际汽车城等)在奎屯落户并启用。新疆唯一 B 型保税物流中心——奎屯保税物流中心也于 2014 年正式封关运营。

新疆除了上述 5 个商贸物流中心城市(口岸)之外,阿拉山口市也具备了构建丝绸之路经济带国际物流节点城市的条件。阿拉山口口岸是我国西部最大的铁路口岸,过货量已经连续 6 年位居全国陆路口岸首位。阿拉山口是“第二亚欧大陆桥”的重要门户和通道枢纽,在新疆对外贸易中具有重要战略地位,新疆从周边国家进口的大宗商品主要通过阿拉山口口岸。

（三）新疆建设丝绸之路经济带国际商贸物流中心的制约因素

1. 开放型产业基础薄弱，地缘优势地位不断削弱

新疆开放型产业基础薄弱、配套能力弱，制造加工业发展滞后，"贸易通道"特点显著。新疆出口产品70%以上来自内地，主要是纺织服装及日用消费品，地产品出口占比只有20%左右；进口商品70%以上是资源类产品。多年来，新疆外贸企业依靠地缘优势，一直是内地产品销往境外的"中间商"。但在劳动力和人民币汇率等各种因素的影响下，新疆外贸综合成本居高不下，传统竞争优势被削弱，周边国家的许多客商开始采取直接从内地采购的方式，在新疆采购的外商大量外流，导致近年来新疆边境贸易增速出现持续下滑。

此外，我国许多内地省市已经开通运行了多条中欧铁路集装箱班列，主要包括"渝新欧""汉新欧""郑欧""义新欧"等国际货运班列。这些中西部省市以前都要经东部沿海进出关口，如今可以通过陆上通道直通欧洲，成为欧洲对华贸易的新枢纽。面对内地省市的激烈竞争，新疆的地缘区位优势不断被削弱，存在着被边缘化的风险。

2. 运距长导致物流成本居高不下

新疆地处我国西北边陲，远离国内主要中心市场，偏远的地理位置导致物流成本远远高于东中部地区。最典型的一个例子是新疆网民在淘宝网、京东商城等电商平台上网购的商品都需要支付一笔数量不等的送货费，送货时间远超过商品到达内地省区的时间，而内地省市很多都是免运费的。另外，新疆地域辽阔，各地州市之间距离也较远。据统计，新疆各地州市到乌鲁木齐的平均距离700多千米，各地州市到所辖县城的平均距离150多千米。较长的交通运距导致物流成本居高不下，成为制约新疆物流业发展的重要因素。①

3. 国际大通道和交通基础设施建设滞后

一方面，由于缺乏资金投入，新疆大多数陆路口岸的通关条件、基础设

①阿不都伟力·买合普拉：《基于丝绸之路经济带框架的新疆现代物流业发展路径》，《中国流通经济》2014年第9期，第34~39页。

施都比较差，部分口岸查验装备不足，影响通关效率。另一方面，许多与新疆接壤国家的陆路口岸基础设施也非常滞后，通关手续烦琐、效率低下，再加上我国铁路轨距标准与中亚国家不同，这些都制约了新疆与周边国家双边贸易的发展。

新疆与中亚国家及新疆与内地的双向联通水平都有待提高，特别是新疆的铁路建设比较滞后。目前，仅有阿拉山口和霍尔果斯口岸实现了与哈萨克斯坦的铁路对接，南疆规划的又一条国际铁路通道——中吉乌铁路，由于吉尔吉斯斯坦受欧亚经济联盟的影响，在项目融资、线路走向和铁路的轨距标准方面提出了与中方不同的要求，导致这一工程仍处在规划设计阶段。此外，整个新疆铁路网并未形成，新疆与内地的交通联系长期依赖于运力趋于饱和的兰新铁路。

（四）新疆建设丝绸之路经济带国际商贸物流中心的战略举措

1. 大力开拓面向中亚、西亚、俄罗斯的国际铁路通道

2014 年 3 月，新疆组织开行了首列新疆—中亚国际货运班列，截至 2015 年 7 月已运行了 58 列，新疆—中亚国际货运班列目前已经实现了常态化和市场化运行。另外，2014 年 8 月，开行了乌鲁木齐至莫斯科的国际邮件（跨境电子商务）列车，开创了我国首次通过铁路货运班列运输国际邮件的先河。在此基础上，新疆要继续加强与周边国家在物流上的国际合作，力争实现新疆—格鲁吉亚、新疆—俄罗斯班列常态化运行；适时开行新疆—土耳其、新疆—伊朗、新疆—拉脱维亚、新疆—立陶宛等货运班列。运营好乌鲁木齐—哈萨克斯坦阿斯塔纳—俄罗斯车里雅宾斯克州国际物流运输通道项目。通过大力开拓国际物流通道，增加新疆地产工业品和特色农产品出口，并根据国内市场需求扩大进口先进技术设备、资源能源产品及一般消费品。

2. 打造综合物流基地及中欧国际货运班列集结中心

依托新疆 5 个商贸物流中心城市、产业集聚区和交通枢纽，建设一批物流园区和配送中心，形成若干个市场竞争力强、辐射范围广的综合物流园区或物流枢纽基地。加快建设乌鲁木齐“五大物流园”（乌拉泊国际物流基地、

米东公路物流园、空港物流园区、国际铁路物流园、甘泉堡物流园区），重点建设乌鲁木齐铁路货运站和集装箱中心站，打造中欧班列集结编组中心和外贸进出口货物分拨中心。

我国目前开通的多条中欧铁路集装箱班列都要途经乌鲁木齐、奎屯，通过阿拉山口出境。为此，要大力支持乌鲁木齐铁路局建设铁路集装箱中心站，吸引内地发往欧洲的国际货运班列以内外贸货物混编方式在新疆集结，新疆发往欧洲货物搭载各省市的中欧班列，以各自编号发往欧洲各国。内地发往中亚、西亚的货物在新疆甩挂，集拼后与新疆—中亚班列重新编组发往中亚、西亚各国。最终形成内地各省市以欧洲班列为主、新疆以中亚班列为主，发挥各自优势，提高班列运行频次，降低物流成本，通过建设向西进出口货物集散中心及陆、铁、空配套联运的物流基地，使乌鲁木齐和奎屯成为中欧国际货运班列的中转中心。

3. 建设新疆陆路港和物流信息网络，推进跨境电子商务发展

加快建设新疆物流公共信息平台及各专业市场交易信息平台，建成连接中亚国家和内地各省区的物流信息网络。2015 年，新疆陆路港项目正式启动建设。该项目通过移动互联网等技术，计划打造陆路港货运信息交易平台，可为物流企业提供货运信息、交易撮合等多种功能的综合交易服务。新疆陆路港项目建设要实现线上线下高度融合，线上重点发展第四方、第五方物流和跨境电子商务。

大力发展电子商务（跨境电子商务）是新疆缩小与东中部地区差距的有效手段，需要采取以下措施。一是积极争取将乌鲁木齐纳入国家跨境电子商务试点城市，在新疆设立海关多式联运监管中心，使更多的县市进入国家电子商务进农村试点示范的行列。二是充分发挥新疆国际电子商务产业园等国家电子商务基地的引领示范作用。充分发挥各类电子商务园区产业集聚作用，争取已入驻园区的阿里巴巴、唯品会、惠民网、九正科技、软通科技等大型电商企业建设新疆总部、物流基地和配送中心。三是落实好《关于加快新疆电子商务发展的意见》，用好国家支持跨境电子商务零售出口的有关政策，支持有条件的地方和企业开展跨境电子商务零售出口业务，发展对俄罗斯、中亚国家市场的国际快递出口业务。

4. 加快新疆进出口基地建设

新疆具有承接东部地区产业战略转移的巨大空间。在国内加快经济发展方式转变和调结构的背景下，东部发达省区的部分高载能（能源消耗密集型）产业和出口加工业将向中西部地区转移，有利于新疆承接产业转移，发展向西出口加工制造业。新疆地域辽阔，资源丰富，具有发展现代工业和特色农业的独特优势，应成为吸收内地资金、承接东部地区产业转移的重要接替区。同时，新疆也应该成为进口中亚等周边国家能源、资源的国际大通道和进口资源深加工基地。天山北坡经济带在新疆外贸中占有主导地位。2008 年，伊犁州、乌鲁木齐、昌吉州、博州、塔城 5 个地区进出口贸易总额将近全区外贸总额的 83%，这些区域是进出口基地建设的重点区域。

新疆应该以园区建设为支撑和平台，搭建出口商品基地。以边境口岸和边境经济合作区为依托，规划建设进口资源加工基地。围绕建设面向中亚、西亚、南亚乃至欧洲的区域性商贸中心，重点规划建设以乌鲁木齐、伊宁、石河子、塔城、喀什、阿拉山口口岸为核心的六大区域进出口商品基地，逐步形成初具规模的对外加工特色产业，抓好重点产业选择，形成轻纺、机电、建材及农副产品出口生产规模，打造新疆制造品牌。

新疆六大出口基地包括：以乌鲁木齐为核心的乌昌工业品出口基地，以伊宁市为核心的能源、矿产资源、建材进出口加工基地和农副产品出口基地，以喀什市为核心的南疆农副产品出口基地和工业品加工基地，以石河子市为核心的天山北坡经济带食品出口产业基地，以塔城市为核心的塔额盆地农副产品出口基地，以阿拉山口口岸为依托的博州进口资源加工基地。随着我国深化沿边开放，扩大向西开放，中央对新疆的各种优惠效应显现，19 个省市对口援疆将改变新疆的产业结构，进而对与中亚各国的贸易投资产生重大影响，新疆地产商品出口的比重将大幅度提高，对外投资的中小项目也将被拉动。

5. 充分发挥中国－亚欧博览会的平台作用

2010 年 5 月，中共中央、国务院召开新疆工作座谈会，发布《关于推进新疆跨越式发展和长治久安的意见》并明确指出，将乌洽会升格为中国－亚欧博览会，进一步扩大博览会在中亚、西亚、南亚乃至欧洲的影响力；举办中国－亚欧博览会是落实中央新疆工作座谈会和推进新疆跨越式发展和长治久安的重要举措。国家对中国－亚欧博览会的定位是把展会办成中国与亚欧国家开展首脑外交的重要平台，推动新疆与亚欧国家合作的重要渠道和树立新疆良好形象的重要窗口。

2011—2013 年，中国－亚欧博览会已经成功举办了三届，每一届都有突破、创新和提升。中国－亚欧博览会有效地搭建了新疆对外招商引资和区域经济发展的平台，促进了新疆与我国东部地区和周边国家的经贸合作。作为目前国内规格较高的展会，中国－亚欧博览会受到了国内外社会各界的高度关注和重视。众多政要和嘉宾云集，一系列论坛专题活动精彩纷呈，招商招展成果喜人，贸易促进项目洽谈活动盛况空前。例如，首届中国－亚欧博览会吸引了 52 个国家、地区及国际组织的展商参展，共计 1 400 多家企业，到会国内客商约 2 万人，国际采购商约 4 000 人。第二届中国－亚欧博览会有 55 个国家和地区及世界银行等 7 个国际组织参加展会，到会国内客商和参会代表超过 2.5 万人，国际客商约 5 000 人。第三届中国－亚欧博览会参展企业 1 565 家，到会国内客商 2.5 万余人，境外客商 5 000 余人。

第一至第三届中国－亚欧博览会实现对外经济贸易成交额分别为 55.06 亿美元、62.4 亿美元、56.38 亿美元，其中，外贸进出口成交额分别为 46.08 亿美元、57.8 亿美元、45.84 亿美元，对外经济技术合作项目成交额分别为 8.98 亿美元、4.6 亿美元、10.54 亿美元。总体上，三届中国－亚欧博览会对外经济贸易成交总额共计 173.85 亿美元，其中，出口成交总额 88.3 亿美元，进口订货总额 61.42 亿美元，对外经济技术合作项目成交总额 24.13 亿美元。中国－亚欧博览会已经成为推动新疆外贸增长的强大助推器，其进出口成交额均占当年新疆外贸总额的较大比例，如第一至第三届中国－亚欧博览会外贸进出口成交额占当年新疆外贸总额的比例分别为 21.2%、23% 和 16.6%。

三届中国－亚欧博览会的成功举办全面提升了新疆的经济和社会发展水平，开创了新疆对外开放的新局面。中国－亚欧博览会已经成为新疆的一个品牌，其社会和国际影响与日俱增。根据“新疆商务十二五规划”的目标，新疆要全面提升会展经济发展水平，集全区之力把中国－亚欧博览会打造为面向中亚、西亚、南亚和欧洲，具有重大影响力的区域性国际品牌展会。

新疆力争用5年左右时间形成比较成熟的中国－亚欧博览会办会模式和运行机制，以中国－亚欧博览会为龙头，积极发挥对新疆会展经济的示范带动效应，推动新疆会展经济快速发展。

四、促进中国与中亚国家经贸合作的中长期策略

（一）扩大对中亚各国的直接投资

1.改变中国企业重贸易轻投资的现状

当前，中国与中亚国家的经贸合作除了能源方面等国家项目外，大部分中小企业进入中亚市场还是以商贸为主，投资相对不足。由于贸易与投资具有一定的替代关系，在中亚各国投资可以间接带动出口，改变当前中国企业重贸易轻投资的现状。因此，中国企业应坚持以投资带动贸易发展的方针，加大对中亚各国和关税同盟成员国的直接投资。为此，中国政府应该加快推出对中亚各国投资的产业政策和优惠措施，支持和鼓励有竞争力的企业“走出去”，通过投资带动出口。

从中国企业对中亚五国直接投资的产业分布来看，中国从中亚五国获取自然资源的动机非常明显，同时在基础设施建设、通讯和交通运输设备制造、进出口贸易等产业，也已经具备了较强的竞争优势和市场基础。尽管如此，中国企业对中亚五国直接投资的产业选择仍需要与中亚五国经济发展水平和经济结构相适应。近年来，中亚五国均提出了新的经济发展规划，对本国的产业发展指明了方向。因此，中国企业要根据中亚五国的产业发展方向，适当调整对中亚五国直接投资的产业策略，以期获得中亚各国的产业成长利益和相关优惠政策。

另外，要积极创造条件，让中国企业“走出去”开展跨国经营，推动境外承包工程和对外劳务合作的快速发展。特别是要大力开展对外承包工程，提升中国企业对外承担工程的合作层次；鼓励中国企业深度开拓中亚国家市场并逐步扩展市场范围；加强道路、桥梁、电站、工业与民用建筑工程等传

统领域的承包工程并开拓新的业务领域；支持中国企业承揽对外援助项目和国际组织开发项目。

2. 扩大对吉尔吉斯斯坦的直接投资

中国与吉尔吉斯斯坦存在着较强的经济互补性，除了黄金等矿产开采业和电力产业外，吉尔吉斯斯坦的机电、纺织服装、日用消费品等产业发展滞后，而这些正是中国的优势产业，因此，中国与吉尔吉斯斯坦经贸合作完全可以实现两国之间的优势互补。2013 年 9 月，中、吉签署了《中华人民共和国和吉尔吉斯共和国关于建立战略伙伴关系的联合宣言》，将两国的关系提升到更高的水平。

2014 年初，吉尔吉斯斯坦颁布了新版的《自由经济区法》，为外国投资者在其 4 个自由经济区投资提供了更加优惠的待遇。例如，外资企业在吉尔吉斯斯坦自由经济区经营期间，免缴进出口关税和其他税费；对外资企业输入经济区内的货物免征增值税、消费税和其他税费等；对在自由经济区生产的产品出口到吉尔吉斯斯坦境外时，不受其出口配额和许可证的限制；对经由自由经济区转口到第三国的货物，免征一切税费等优惠措施。①中国具有向吉尔吉斯斯坦投资的区位优势、人文优势和技术优势，中国企业应坚持以投资带动贸易发展的方针，大力推进在吉尔吉斯斯坦的境外工业、农业园区建设。中国政府应该支持和鼓励有竞争力的企业“走出去”，加大对吉尔吉斯斯坦的直接投资，特别是扩大对吉尔吉斯斯坦政府鼓励和支持产业的投资力度。

3. 扩大非能源领域的经贸合作

中国与中亚各国的能源合作除了石油和天然气的进口外，还可以延伸至石油天然气加工、石化及动力机械制造、能源运输、电力、油气深加工、终端销售等领域，这不仅可以拓展合作领域，延长合作价值链，为双边和多边合作创造更多的价值，而且也有利于增加劳动力就业和加快地方经济发展。

①资料来源：根据《对外投资国别（地区）指南——吉尔吉斯斯坦（2013 年版）》发布的内容整理而成。

哈萨克斯坦对中方热衷于从哈进口原油、矿产和金属等初级产品导致其出口结构低级化表现出不满。因此,中国需要通过扩大非能源领域经贸合作,提高合作水平。此外,需要鼓励中国企业走出去,增加对中亚国家非能源领域的投资,主要包括进行勘探、运输、石化产品加工、发电和电力输送、道路建设、纺织、食品、建材、家电生产等多方面的合作。在世界跨国公司竞相进入中亚市场的严峻形势下,中国必须化被动为主动,变短期合作为长远战略合作,全面提升中国与中亚各国的经济合作水平。中国与中亚各国非资源领域的合作应进一步拓展,加工制造、农业合作、交通运输、基础设施、节能环保乃至高新领域的合作具有广阔的发展前景。

(二)推动新疆对中亚国家边境贸易的转型升级

1. 由边境贸易为主向一般贸易方式为主转变

从贸易效益看,一般贸易的产业带动能力比其他贸易方式要强,产业附加值高,外贸顺差的质量更好,一般贸易在我国东部发达省区的外贸发展中一直占据着主导地位。因此,新疆边境贸易转型升级的路径就是由边境贸易为主向一般贸易为主的贸易方式转变,提高一般贸易的比重是新疆贸易方式结构进一步优化的方向。依托新疆自身的资源优势和特色产业积极发展一般贸易,加快建设农副产品、畜牧产品、轻纺、化工、新型建材、民族特色产品加工出口基地,形成一批外向型产业集群。

实际上,新疆近年来一般贸易份额所占比重已经呈现逐步上升趋势,2009 年一般贸易占比只有 21.4%(2009 年全国该数据为 44%);2011 年一般贸易进出口额为 64.8 亿美元,占比上升至 28.4%;2012 年一般贸易进出口额为 84.53 亿美元,同 2011 年相比增长 30.6%,占新疆外贸总额的比重上升到33.6%,与边境贸易占比呈现相反的变化趋势。① 据统计,2014 年新疆一般贸易进出口额为 110 亿美元,占新疆外贸总额的比重为

①赵青松:《论析新疆边境贸易转型升级的路径及对策》,《对外经贸实务》2014 年第 2 期,第 32 页。

39.8%；边境贸易进出口额为 142.25 亿美元，占新疆外贸总额的比重为 51.4%。①

2. 实现边境贸易的转型升级，积极扩大对外投资

新疆边境贸易要从过去的数量扩张型向质量效益型转变，调整出口商品结构，实现由商品贸易为主向区域经济技术合作、对外投资、服务贸易为主的转型升级。中国与中亚各国存在较强的经济互补性，中亚国家的机电、纺织服装、日用消费品等产业发展滞后，而这些行业正是中国的优势产业，中国与中亚各国经贸合作完全可以实现优势互补。中亚各国也制定了许多吸引外资的政策措施。

3. 从依靠政策向发挥自身优势转变，推动建立“边境自由贸易区”

我国边贸政策始终贯穿“扶持促进”为主的设计理念，加入世界贸易组织时做出的承诺促使我国边贸政策步入“系统规范”的轨道，政府转而使用财政、税收等综合政策工具进行管理。新疆边贸政策一直在全国外贸政策体系中寻找优惠政策存在的空间，在配额、许可证和减免税收等方面进行频繁小幅的调整。但随着我国外贸政策体系的完善与规范，边境贸易所能享受例外优惠政策的空间越来越小。因此，边境贸易的发展不能长期依赖于优惠政策，新疆的边境贸易要逐步从依靠国家政策向发挥自身优势转变，应该把建立“边境自由贸易区”作为地区经济合作的发展方向。

边境自由贸易区作为跨国次区域经济合作区的一种形式属于区域经济一体化范畴，而自由贸易区要实现区域内贸易自由化，区域内关税为零，其发展层次和生产要素流动程度都要高于次区域经济合作区。从范围和目标来看，边境自由贸易区比两国自由贸易区（FTA）协定的合作范围和目标要小，当传统上的双边自由贸易区进展不顺利时，小范围的边境自由贸易区就成为跨国次区域经济合作的战略首选。

鉴于俄白哈关税同盟已运行，而关税同盟限制其成员国与其他国家签

①资料来源：根据《新疆维吾尔自治区 2014 年国民经济和社会发展统计公报》发布的数据整理而成。

订 FTA 协定,即关税同盟必须统一与其他国家签署 FTA 协定。2015 年,吉尔吉斯斯坦加入欧亚经济联盟,因此,当前中哈、中吉达成双边 FTA 协定的可能性不大。在此背景下,可以通过建立中吉边境自由贸易区来应对欧亚经济联盟给中国外贸带来的不利影响。目前,中哈霍尔果斯国际边境合作中心已经具备了建设边境自由贸易区的基础条件,可以借鉴此模式,推动建立中吉边境自由贸易区,并将中吉边境自由贸易区设置在新疆对吉尔吉斯斯坦的伊尔克什坦口岸。

4. 加快中哈霍尔果斯国际边境合作中心建设

中国与哈萨克斯坦要继续加快中哈霍尔果斯国际边境合作中心建设,这种“一区跨两国”的边境合作模式是新型经贸合作的重大尝试。中方曾为该中心在建的 14 个项目投入了 35 亿美元,2011 年 12 月,边境合作中心建设中方区域基本完成。中国已赋予合作中心较多优惠政策,例如,由中国进入中心的基础设施建设物资和中心内企业自用设备,按照出口贸易政策,予以退税;企业从哈萨克斯坦进口基础设施物资和区内设施自用设备进入该中心中方区域,按照保税区政策,免征关税及进口环节增值税;从该中心进入中方境内的货物按一般贸易税收管理规定照章征收关税和进口环节增值税;旅客从该中心进入中国境内的,每人每日一次可携带 8 000元人民币的免税物品等。哈萨克斯坦也建立了“霍尔果斯东大门”经济特区,并在该区域实行自由保税区制度。2012 年 4 月,边境合作中心哈方区域封关运行,两国通道正式开启。

中哈霍尔果斯合作中心将建设成为投资自由、贸易自由、人员出入自由、高度开放的综合性国际经济交流区域,成为中国西部边境重要的商品集散地和商贸城。要全面建成并积极发挥中哈霍尔果斯国际边境合作区的平台作用,以合作中心为突破口和示范区,推动中哈霍尔果斯国际边境合作中心成为上海合作组织下区域经济合作的重要通道和创新平台及我国西部省区参与次区域国际经济合作的示范区。中哈霍尔果斯国际边境合作中心从功能定位上来说,既是跨国边境合作区,也是边境自由贸易区的前期项目,因此有望以该项目的建设为突破口,率先推动中哈边境自由贸易区的建立，继而发挥示范与外溢效应，逐步推广到俄罗斯、塔吉克斯坦、乌兹别克斯坦、吉尔吉斯斯坦，最终带动整个中国－中亚自由贸易区的建立。

（三）适时启动上海合作组织自由贸易区谈判

1. 大力推动中亚各国加入世界贸易组织

上海合作组织需要尽快改变长期以来经济合作滞后于政治、安全合作的状况。力促上海合作组织成员国尽早加入世界贸易组织（WTO），这是建立上合组织下自由贸易的基本前提。从世界范围来看，建立自由贸易区的国家基本上都是 WTO 成员，这就意味着，自由贸易区是在多边贸易体制框架下做出的区域贸易优惠安排。因此，在推进贸易投资便利化的基础上，中国应力促土、乌两国加快加入 WTO 的谈判进程（吉尔吉斯斯坦、塔吉克斯坦、哈萨克斯坦已经加入世界贸易组织），使上合组织成员国能够在遵循市场经济和多边贸易规则同一平台上，通过各方磋商适时地启动旨在深化区域经济合作的自由贸易区谈判。

2. 适时启动上海合作组织自由贸易区谈判

中国及中亚各国政府应尽快达成建立上海合作组织自由贸易区或中国－中亚自由贸易区的共识。随着世界区域经济一体化的快速发展，建立自由贸易区已经成为各个区域组织的普遍和优先选择，中亚各国应该充分认识到自由贸易区是区域经济合作的主导模式。另外，《上海合作组织多边经贸合作纲要》的基本目标也明确指出，“远期（2020 年前）目标是在本区域内逐步实现货物、资本、服务和技术的自由流动”，这里就包括要素流动自由化的基本内容。而建立自由贸易区就是要消除和减少要素流动的壁垒和障碍，这是最现实的制度安排和模式选择，符合各成员国的长远利益。虽然俄白哈关税同盟比自由贸易区一体化程度高，但从区域经济一体化的发展历程来看，其遵循的一般规律都是优惠贸易安排—自由贸易区—关税同盟—经济联盟。俄罗斯试图以关税同盟的方式一举实现与中亚国家的区域经济一体化，这一设想缺乏现实基础，并且没有充分考虑中亚已经形成的新格局。

中国一直是组建上海合作组织自由贸易区的积极推动者和重要力量，在很大程度上发挥了协调成员国政策、稳定区域内部经济、促进区域经济发展的重要职能。自上海合作组织成立以来，中国对其财政贡献比其他任何成员国都要大，对推动区域经济合作发挥了重大作用。例如，早在2004年塔什干峰会上，中国就宣布向其他成员国提供金额为9亿美元优惠出口买方信贷。组建上海合作组织自由贸易区不仅符合包括中国在内的所有成员国共同利益，也是本地区积极参与国际分工与合作的重要途径，对各方而言都具有深远的战略意义。而区域内各国之间的互补性和地理上的紧密联系恰好为组建自由贸易区提供了得天独厚的良好条件。

鉴于中亚对中国具有重大的安全、经济和地缘政治意义，中国必须立足周边，在中亚一体化进程中，发挥大国应有的启动性作用和主导性作用，增大在重要合作议题上的声音和分量，加快推动上合组织自由贸易区建设。因此，充分利用新疆与中亚各国的地缘优势及与中亚各国合作的经验，在自贸区建设中发挥主承担区的作用。这既需要“输血式”的支持，更需要特殊政策的支持，包括合作平台的搭建（如尽快成立由国家相关部委、新疆维吾尔自治区人民政府以及中亚相关国家组成的自贸区建设筹委会，以乌鲁木齐市为永久会址）、合作项目的推动、项目融资支持体系的建设、相关法律和合作机制的完善等都需要国家的配套政策支持。①

从长远来看，中方应以自身的经济实力和世界贸易组织成员国地位，继续发挥区域内经济增长极的作用，引领区域经济合作的方向。中国要大力开拓新兴市场，加强与新兴市场国家的经贸、投资和金融合作，推动国际贸易、国际投资的主体和流向的多元化发展。中方应将推进自由贸易区战略与到2020年建立上合组织自由贸易区目标相结合，大力推动上合组织区域经济合作的制度化建设，为实现区域内贸易与投资自由化创造制度性条件。

---

①李宝琴：《中国－中亚自由贸易区建设研究：以次区域经济合作为视角》，《边疆经济与文化》2012年第8期，第5～7页。

（四）深化与亚行中亚区域经济合作机制的合作

1. 亚行中亚区域经济合作机制概况

中亚区域经济合作机制（简称 CAREC），是由亚洲开发银行（简称“亚行”）在 1997 年倡导，2002 年正式成立的。CAREC 目前有 10 个正式成员国和 6 个多边国际机构作为其合作伙伴，10 个成员国是中国、哈萨克斯坦、吉尔吉斯斯坦、乌兹别克斯坦、塔吉克斯坦、阿塞拜疆、阿富汗、蒙古国、土库曼斯坦和巴基斯坦。6 个国际金融机构分别是亚洲开发银行、欧洲复兴开发银行、国际货币基金组织、伊斯兰发展银行、联合国开发计划署及世界银行。由于这个机制框架主要是由亚行倡导并组织策划的，亚行在其中起着倡导者、组织者、协调者和融资者的作用。①

目前，CAREC 已建立起以部长会议、高官会议、行业协调委员会和区域工商圆桌会议为主的合作协调机制。其中，部长级会议负责总体战略指导和政策抉择，每年召开一次；高官会议负责落实部长会议的政策指示，指导并监督各行业委员会及论坛的工作；行业协调委员会负责各自领域具体项目的设计与实施；工作组负责地区具体项目的评估、提议和执行，并协调与项目相关的捐赠者和机构的关系。CAREC 将合作领域分为两个层次：第一个层次的合作包括交通、能源、贸易便利化和贸易政策四大领域的合作；第二个层次的合作包括人力资源开发、环保、艾滋病防控、人禽流感防控、农业和旅游等重点项目。

2. CAREC 发展历程与成果

从 1996 年开始，亚行就倡议中国、哈萨克斯坦、乌兹别克斯坦、吉尔吉斯斯坦、塔吉克斯坦五国开展区域间经济合作，由亚行提供技术援助资金。2002 年 3 月，CAREC 第一次部长级会议在菲律宾马尼拉举行，这标志着中亚区域经济合作进入实质性发展阶段，会议确定了建立中亚区域经济合作

①刘兴宏：《亚洲开发银行与中亚区域经济合作》，《东南亚纵横》2010 年第 5 期，第 93 ~ 96 页。

机制以及交通、能源、贸易便利化和贸易政策四大重点合作领域。

从成立至2013年,CAREC共举行了11次部长会议,制定、发布和落实了一系列规划和战略。其中,2006年制定的中长期合作战略框架《中亚区域经济合作综合行动计划》,为CAREC成员国合作提出了明确的任务和具体目标,近期目标是通过合作促进发展,加速区域经济合作和减少贫困;远期目标是各成员国建设“好邻居、好伙伴、好前景”。

自CAREC项目启动以来,与CAREC相关的规划和项目总投资接近200亿美元,而CAREC各成员国政府、多边机构合作伙伴和其他援助方也提供了大量资金和技术援助。例如,2006年10月,CAREC成员国对2006—2008年的投资和援助项目做了详细规划,项目总数65个,确认项目投入总金额超过26.3亿美元。① 总体上看,CAREC以推动中亚经济合作、促进区域经济发展、消除贫困等为主要目标,不针对第三方,淡化了意识形态色彩,在推动中亚贸易和交通便利化、改善中亚地区投资环境以及向区域性项目提供融资等方面做了许多务实工作,对推动中亚地区发展做出了一定的贡献,并得到各成员国的普遍认可和欢迎。

3. 中国与亚行CAREC合作现状

中国自加入CAREC以来,一直积极参与相关项目的合作,建立了由国家发改委、财政部、外交部、交通部、商务部、海关总署和新疆参加的内部协调机制,并确定新疆为中国的主要项目执行区。例如,2006年,CAREC援助金额70万美元用于新疆的物流发展与能力建设。2007年,亚洲开发银行贷款金额1.5亿美元实施新疆地区公路走廊项目。2011年,新疆克拉玛依市和奎屯市城市发展和环境改善项目列入利用亚行贷款备选项目规划,该项目总投资金额约为21.8亿元,利用亚行贷款金额2亿美元。阿勒泰地区边境县及口岸镇基础设施和生态环境改善项目也列入了亚行贷款备选项目规划,项目总投资金额10.42亿元,其中亚行贷款额1亿美元。

①张胜军、路征、邓翔:《西部省区参与国际区域经济合作的效应分析》,《云南财经大学学报》2012年第3期,第51~58页。

近年来，中国与中亚各国凭借 CAREC 机制在贸易、投资、能源等方面的合作不断发展，公路、铁路、航空、通信、油气管道等互联互通网络正在形成。根据“中亚区域经济合作 2020 发展战略”，各成员国还将获得数百亿美元的金融支持，这对建成多条运输走廊、保障能源安全、确保现有经济走廊发展必不可少。

另外，CAREC 的发展也存在一定问题。由于亚行目前采用的决策制度是基于股金比例的投票授权制，美国和日本为与亚行并列的第一股权国，分别占全部股权的 15.6%，中国占 6.4% 位列第二，其他成员国投票权则更少。因此，亚行主导下的 CAREC 机制在各个国家实施的项目，在一定程度上会反映日本和美国的决策取向。

4. 深化中国与亚行 CAREC 合作的政策建议

第一，将 CAREC 未来十年的战略重点与我国未来十年的国家发展规划有机结合起来，从国家层面加强国内协调，建立交通、能源、贸易与投资、旅游、环境、电信、金融等行业或项目的联席会议制度。例如，在基础建设领域，可以在 CAREC 框架下促成尽快修建中吉乌铁路，促进我国与中亚国家的贸易交流，以保证能源运输线路的多样化和安全性。

第二，把新疆借助 CAREC 合作机制实施向西开放战略提升到国家战略的高度来。研究 CAREC 中的各项重点工作，从中找出以新疆为平台，从国家层面来组织实施的项目，最大限度地用好用活政策。此外，在 CAREC 框架下建立新疆与中亚国家在微观层面的对话机制，包括新疆与周边国家同级地方政府之间的定期会晤、互访机制，新疆与中亚国家相对应职能部门间的对话机制等。

第三，加强 CAREC 机制下中国与中亚国家的信息交流和知识共享。中国应以 CAREC 学院落户新疆乌鲁木齐为契机，逐步推进深度参与学院机制建设的目标，争取更多的学院培训和研讨活动在中国举办，从而为中国与中亚国家的合作提供更好的信息、技术交流平台。

五、小结

促进中国与中亚国家经贸合作的政策建议主要包括以下几个方面。

第一，推动中国与中亚国家开展贸易投资便利化建设。加强与中亚各国的政策沟通与协调，减少贸易壁垒；加快新疆对中亚各国的边境口岸建设，完善口岸开放体系，大力推进电子口岸建设及中哈霍尔果斯国际边境合作中心建设和发展；加快中国与中亚国家的基础设施互联互通及国际大通道建设。

第二，促进新疆边境贸易发展的政策。包括实施差异化的边境贸易政策，扩大对边贸财政转移支付规模，扩大边民互市的免税商品范围和增加免税额度等；提高边贸出口商品质量，加强边境贸易发展的产业基础建设，加快新疆进出口产业基地建设；支持边贸企业能力建设，拓宽边境贸易企业融资渠道；推进我国与中亚等周边国家的货币互换，扩大跨境贸易人民币结算，积极应对俄白哈关税同盟的影响。

第三，新疆是丝绸之路经济带建设的核心区，新疆建设丝绸之路经济带国际商贸物流中心具有一定的可行性和必要性。新疆要打造乌鲁木齐、喀什、伊宁、霍尔果斯、奎屯5个商贸物流中心城市。新疆建设丝绸之路经济带国际商贸物流中心的战略举措包括：大力开拓面向中亚、西亚、俄罗斯的国际铁路通道；打造综合物流基地及中欧国际货运班列集结中心；建设新疆陆路港和物流信息网络，推进跨境电子商务发展；加快新疆进出口基地建设，充分发挥中国－亚欧博览会的平台作用。

第四，促进中国与中亚国家经贸合作的中长期策略。一是扩大对中亚各国的直接投资，改变中国企业重贸易轻投资的现状，扩大非能源领域的经贸合作。二是推动新疆对中亚国家边境贸易的转型升级，由边境贸易为主向一般贸易方式为主转变，从依靠政策向发挥自身优势转变，推动建立中吉、中哈边境自由贸易区。三是大力推动中亚各国加入世界贸易组织，适时启动上海合作组织自由贸易区谈判。四是深化与亚洲发展银行所倡导的中亚区域经济合作机制(CAREC)的合作,将其未来的战略重点与我国的发展规划有机结合起来,利用这一机制促进中国与中亚的经贸合作。

附录

中国与中亚五国经贸关系二十年大事记

一、中国与哈萨克斯坦经贸关系大事记

1992 年 1 月 3 日，中国外经贸部部长李岚清、外交部副部长田曾佩率中国政府代表团访问哈萨克斯坦，双方签署了两国建交公报，中国与哈萨克斯坦正式建交。中国也是最早承认哈萨克斯坦独立的国家之一。

1992 年 2 月，哈萨克斯坦总理捷列先科访华，江泽民总书记和李鹏总理与其进行了会谈。中哈双方签署了两国政府关于建立政府间经贸和科技合作委员会的协定、关于中国在哈萨克斯坦开办商店的协定等文件，建立了中国与哈萨克斯坦之间的经贸合作机制。同年 8 月，两国签署《中华人民共和国政府和哈萨克斯坦共和国政府关于开放边境口岸协定》《中华人民共和国政府和哈萨克斯坦共和国政府关于鼓励和相互保护投资协定》《中华人民共和国铁道部和哈萨克斯坦共和国交通部过境铁路协定》等文件。短短一年内，中国与哈萨克斯坦迅速建立起双边经贸关系的基本合作框架，为两国经贸的发展奠定了基础。

1993 年 4 月 20 至 25 日，哈萨克斯坦最高苏维埃主席阿布季尔金应中国人大常委会邀请对中国进行正式友好访问。1993 年 10 月 18 至 21 日，哈萨克斯坦总统纳扎尔巴耶夫对中国进行正式访问。江泽民主席、李鹏总理分别同纳扎尔巴耶夫总统会谈和会见，双方签署了《关于中华人民共和国和哈萨克斯坦共和国友好关系基础的联合声明》。联合声明规定，两国将根据联合国宪章，在互相尊重主权和领土完整、互不侵犯、互不干涉内政、平等互利、和平共处等原则及其他国际法准则基础上发展睦邻友好、互利合作关系。双方都特别重视发展符合两国共同利益的经贸合作，双方认为，中国与哈萨克斯坦经济在结构上具有互补性，两国的互利合作具有广阔的前景。双方将在本国相应的法律范围内创造良好条件，为相互投资和财产提供保护，全力促进并发展两国各部门、各地区、各企业间的互助合作，鼓励各种经济合作形式。双边经济合作应集中在工业、农业、轻工业、生物技术、交通、能源、宇宙研究等重要领域。

1994 年 4 月 25 至 28 日，中国国务院总理李鹏正式访问哈萨克斯坦，两国首脑签署了一系列文件，其中涉及经贸领域的有《关于中华人民共和国向

哈萨克斯坦共和国政府提供政府贷款的协定》《两国发展铁路客货运输会谈纪要》《中华人民共和国政府和哈萨克斯坦共和国政府科技合作协定》等。

1995 年 2 月 20 至 24 日，哈萨克斯坦第一副总理伊辛加林对中国进行正式访问。李鹏总理、李岚清副总理、对外贸易经济合作部部长吴仪分别同伊辛加林副总理举行会见和会谈。双方签署了《经贸合作会谈纪要》和《两国 1995 年贸易备忘录》。

1995 年 9 月 11 至 13 日，哈萨克斯坦总统纳扎尔巴耶夫对中国进行国事访问。江泽民主席、李鹏总理分别同纳扎尔巴耶夫总统会谈和会见，双方签署了《中华人民共和国政府和哈萨克斯坦共和国政府关于进一步发展和加深两国友好关系的联合声明》《中华人民共和国政府和哈萨克斯坦共和国政府关于利用连云港装卸和运输哈萨克斯坦过境货物的协定》等。联合声明中经贸部分除规定进一步利用两国现有优势最大限度挖掘经贸合作潜力外，还首次提及探讨铺设哈萨克斯坦至中国石油管道的可能性，为以后两国的能源合作奠定了基础。

1996 年 7 月，江泽民主席访问哈萨克斯坦期间，中哈两国签署了《中华人民共和国人民银行和哈萨克斯坦国家银行合作协议》，为两国金融合作奠定了基础。

1997 年 9 月 24 至 27 日，李岚清副总理访问哈萨克斯坦期间，中国与哈萨克斯坦签署了《中华人民共和国政府和哈萨克斯坦共和国政府关于在石油天然气领域合作的协议》，该协议是中哈石油领域大规模合作的基础文件。文件中明确规定中国将从哈萨克斯坦进口石油，双方共同支持建设中哈两国间的石油管道等内容。中国石油天然气总公司与哈能源及矿产资源部签署了《中华人民共和国石油天然气总公司和哈萨克斯坦共和国能源及矿产资源部关于油田开发和管道建设项目总协议》。为加强两国海关合作，便利两国间货物和人员的往来，加强对违反两国海关法规的非法贸易活动打击，共同维护两国经济利益，中国与哈萨克斯坦签署了《中华人民共和国政府和哈萨克斯坦共和国政府海关合作与互助协定》。

1999 年 3 月 5 日，中国与哈萨克斯坦、俄罗斯、朝鲜、蒙古国、越南五国签署了协商 1999 年进出口和过境货物转运量及其保障措施协定，开始制定运输保障计划细则。

2000年7月27至30日，应哈萨克斯坦总统纳扎尔巴耶夫邀请，中国国家副主席胡锦涛对哈萨克斯坦进行了正式访问。访问期间，双方签署了《中华人民共和国政府和哈萨克斯坦共和国政府经济技术合作协定》，为两国经济技术合作奠定基础。

2001年5月22至23日，中哈科技合作委员会第一次会议在阿拉木图举行。会议决定进一步扩大中国与哈萨克斯坦间科技交流，并审批了19个合作项目。

2001年6月27至29日，中国与哈萨克斯坦政府间合作委员会交通口岸分委会第一次会议在乌鲁木齐召开。中国交通部副部长胡希捷和哈交通运输部副部长兹维里科夫主持会议。会后，双方共同签署了中哈政府间经贸合作委员会交通口岸分委会第一次会议纪要。

2001年9月12日，为进一步保护两国投资者，促进两国相互投资，中国与哈萨克斯坦签署《中华人民共和国政府和哈萨克斯坦共和国政府关于对所得避免双重征税和防止偷税漏税的协定》。协定对两国自然人和法人在对方国家经营所得税收划分和如何避免重复征税做了规定。

2003年6月2至4日，中国国家主席胡锦涛访问哈萨克斯坦，两国签署《中华人民共和国和哈萨克斯坦共和国2003年至2008年合作纲要》，由此确定了双方在各领域的合作优先发展方向和领域，这是中哈双边各领域合作的指导性文件。

2003年9月23至24日，上海合作组织成员国总理在北京举行第二次会议并通过了《上海合作组织成员国多边经贸合作纲要》，提出上合组织经贸合作的长期目标是在互利基础上最大效益地利用区域资源，为贸易投资创造有利条件，以逐步实现货物、资本、服务和技术的自由流通。《上海合作组织成员国多边经贸合作纲要》的签署标志着上海合作组织区域经济合作有了指导性纲领文件，上合组织经贸合作进入一个新阶段。

2004年5月17日，中国和哈萨克斯坦合作委员会正式成立，委员会下设经贸、交通、口岸、海关、科技等10个分委会，为中哈各领域合作进行制度性保障。2004年5月16至19日，哈萨克斯坦总统纳扎尔巴耶夫对中国进行国事访问，访问期间，两国签署了《中华人民共和国政府和哈萨克斯坦共和国政府关于在油气领域开展全面合作的框架协议》《中华人民共和国政府和哈萨克斯坦共和国政府经济贸易合作协定》《中华人民共和国政府铁道部和哈萨克斯坦共和国政府运输通信部铁路运输合作协定》等一批各领域合作的文件，标志着中国与哈萨克斯坦全面大规模合作时代的到来。

2004 年 9 月 24 至 25 日，哈萨克斯坦总统纳扎尔巴耶夫访问新疆期间，两国签署了《中华人民共和国政府和哈萨克斯坦共和国政府关于建立中哈霍尔果斯国际边境合作中心的框架协议》。霍尔果斯国际边境合作中心是我国首个跨境经济贸易和投资合作中心，合作中心内实现货物、人员、车辆自由跨境流动。这一合作中心的建立对促进新疆与哈萨克斯坦边境贸易的发展，提高边境居民生活水平，巩固我国与哈萨克斯坦等中亚国家的经贸合作具有重要意义。

2005 年 7 月 3 至 4 日，中国国家主席胡锦涛访问哈萨克斯坦期间，两国元首签署了《中华人民共和国和哈萨克斯坦共和国关于建立和发展战略伙伴关系的联合声明》，双方表示将全力支持并提供一切必要条件，确保中哈石油管道和天然气管道项目的顺利开展以及中哈霍尔果斯国际边境合作中心的建设。在双边贸易领域，两国将努力增加高附加值和高技术含量产品在双边贸易中的比重，共同采取措施，优化贸易结构。双方同意就其他两国间合作的紧迫问题建立磋商和对话机制。此外，双方还签署了《中华人民共和国政府和哈萨克斯坦共和国政府关于霍尔果斯国际边境合作中心活动管理的协定》《中华人民共和国政府和哈萨克斯坦共和国政府关于地质和矿产利用领域合作的协议》等 8 个双边合作文件。

2006 年 12 月 19 至 22 日，哈萨克斯坦总统纳扎尔巴耶夫对中国进行国事访问。其间，两国签署了《中华人民共和国和哈萨克斯坦共和国 21 世纪合作战略》《中华人民共和国和哈萨克斯坦共和国经济合作发展构想》等文件。《中华人民共和国和哈萨克斯坦共和国 21 世纪合作战略》对两国未来各领域合作做了系统阐述，有关经济领域合作的内容有如下几个方面：双方将力争使双边贸易额在 2010 年达到 100 亿美元，在 2015 年达到 150 亿美元；继续深化能源领域合作，加快推进中哈石油、天然气管道建设工作；推进非资源领域合作;提高过境运输便利化水平;完善海关通关手续,简化通关程序;商讨劳务合作问题。

2008 年 10 月 31 日,中华人民共和国政府和哈萨克斯坦共和国政府发表联合公报。公报指出,两国在加强能源领域合作的同时,将发展在非资源经济领域的合作,落实《中华人民共和国政府和哈萨克斯坦共和国政府间非资源经济领域合作规划》。公报明确指出双方将继续加强和深化在海关、金融、科技和农业领域的合作。在应对国际金融危机方面,两国将加强在金融监管、经验交流、信息共享等方面的合作。

2010 年 6 月 11 至 12 日,中国国家主席胡锦涛对哈萨克斯坦进行了国事访问。中国与哈萨克斯坦发布的联合公报表示,两国将努力优化双边贸易结构,改善投资环境,拓宽合作领域,使双边贸易额恢复至危机前乃至更高水平。同时,双方强调要确保中哈原油管道等重点能源合作项目顺利建设并长期稳定运营,以及将加强协调和配合,共同推动霍尔果斯国际边境合作中心成功运营。另外,访问期间,双方签署了《关于中哈天然气管道二期设计、融资、建设、运行原则协议》《哈萨克斯坦国家原子能工业公司和中广核铀业发展有限公司天然铀销售和采购合同》和《关于修订中哈两国政府间在非资源领域开展合作协定措施计划的议定书》。

2011 年 2 月 21 至 23 日,哈萨克斯坦总统纳扎尔巴耶夫应邀对中国进行了国事访问。中国与哈萨克斯坦联合公报在重申确保油气领域合作项目顺利建设并长期稳定运营的同时,特别强调双方应扩大核能、风能、太阳能等可再生能源领域的合作,以及发展边境口岸交通运输网络的建设。

2011 年 7 月 25 日,第七次中哈金融合作分委会在阿斯塔纳举行,两国央行就开立人民币/坚戈互换专门账户达成一致意见。双方均强调,在两国贸易额逐年稳步增长的大好形势下,扩宽两国本币支付业务范围已具备条件且势在必行。会议经过深入讨论并同意进一步积极采取措施落实双边本币互换安排、推动本币结算。

2011 年 11 月 11 日,在第一届“丝绸之路国际运输物流商务论坛”上,哈萨克斯坦国有铁路公司同重庆市政府签署了运输互谅备忘录,双方将通力合作,发展和促进“中国—欧洲”及“中亚—中国”的货物运输,其中包括通过

“霍尔果斯—阿腾科里”站的过境货运。

2011年12月2日，中哈边境霍尔果斯口岸举行中国和哈萨克斯坦霍尔果斯国际边境合作中心启动仪式暨中哈铁路对接仪式，两国铁路在此实现对接，中哈第二条跨境铁路通道开通。中共中央政治局委员、国务院副总理张德江与哈萨克斯坦副总理伊谢克舍夫共同出席了启动对接仪式。

2012年4月，中哈霍尔果斯国际边境合作中心哈萨克斯坦方区域封关运营，中哈两国通道正式开启。中哈霍尔果斯国际边境合作中心开始全面运行。

2012年6月7日，上海合作组织成员国元首理事会第十二次会议在北京举行。为促进成员国发展，支持上海合作组织框架内经济合作项目，中方决定向其他成员国再提供100亿美元贷款。

2012年12月22日，哈萨克斯坦至中国的“热特肯—霍尔果斯”铁路开始投入运营。该铁路在哈萨克斯坦境内路段为热特肯至阿腾科里。“阿腾科里—霍尔果斯”铁路口岸段铺轨工程于2011年完工。中哈新过境铁路开通后，欧亚大陆的铁路运输中就增加了从中国通过哈萨克斯坦到欧洲的运输路线，增强了中国过境哈萨克斯坦的货运和物流。

2013年9月7日，中国国家主席习近平在阿斯塔纳与哈萨克斯坦总统举行会谈。会谈中，两国元首总结了中哈关系发展，全面规划了今后合作，就深化中哈全面战略伙伴关系达成了广泛重要共识。

2013年11月28日，首条西安至哈萨克斯坦阿拉木图的国际货运专列开行。该国际货运班列从西安出发，经宝鸡、乌鲁木齐、阿拉山口，抵达阿拉木图，全长3 860千米，历时6天。

2013年12月22日，中哈边境巴克图－巴哈特口岸正式开通农产品“绿色通道”，即在口岸设置运输农产品车辆通关的专用通道，以加速农产品通关。

2014年2月26日，哈萨克斯坦经济和预算规划部副部长扎克塞雷科夫与中国商务部副部长钟山在北京召开中哈经贸合作分委会第七次会议。会谈中讨论了双边合作系列问题，包括发展哈中过境运输潜力，建设边境谷物中转站，建立联合农业工作组。

2014年5月19日，哈萨克斯坦总统纳扎尔巴耶夫访华期间，与中国国家元首签署《中华人民共和国和哈萨克斯坦共和国联合宣言》，并见证了一系列合作协议的签署。哈萨克斯坦方表示将积极参与丝绸之路经济带范围内的经贸、运输、投资、金融和文化项目。萨姆鲁克卡泽纳基金与中信集团签署了相互谅解与合作备忘录,与中国进出口银行签署了哈 PK 公司项目融资协议。哈萨克斯坦开发银行与中国开发银行在上合组织银联体框架内签署了 5 亿美元的授信总协议,用于对哈萨克斯坦非资源领域项目投资。哈油气股份公司与中石油签署了建设油气管道厂的框架协议。中国进出口银行将为哈开发银行提供 10 亿美元上合组织框架内优惠贷款用于奇姆肯特炼油厂改造项目。

2015 年 3 月 27 日,哈萨克斯坦马西莫夫总理访华并出席博鳌亚洲论坛,与习近平主席和李克强总理分别举行会晤。会后,两国签署了加强产能与投资合作备忘录,以及两国开展钢铁、有色金属、平板玻璃、炼油、水电、汽车等广泛领域产能合作的 33 份文件,项目总金额达 236 亿美元。

2015 年 8 月 31 日,哈萨克斯坦总统纳扎尔巴耶夫对中国进行访问。中哈两国元首高度评价中哈关系发展,一致决定推动双边关系向更高水平、更广空间迈进。会谈后,两国元首共同签署了《中华人民共和国和哈萨克斯坦共和国关于全面战略伙伴关系新阶段的联合宣言》。纳扎尔巴耶夫总统还出席了中国的“9·3”阅兵式。

2015 年 12 月 13 日,首班哈中(连云港)物流基地中欧班列驶出铁路专用线。该班列从中国连云港出发,途径哈萨克斯坦,最终到达欧洲目的地德国,这标志着哈中(连云港)物流基地中欧班列正式开通。

2015 年 12 月 14 日,哈萨克斯坦马西莫夫总理访华,分别会见了习近平主席和李克强总理。马西莫夫总理表示,哈方始终高度重视中国提出的“一带一路”倡议,哈萨克斯坦政府愿同中方积极对接发展战略,深入推进产能合作,并从金融、人力资源等方面加大支持力度。

2016 年 6 月 25 日,中国商务部与欧亚经济委员会签署《关于正式启动中国与欧亚经济联盟经贸合作协议谈判的联合声明》。

2016 年 10 月 10 至 12 日,中哈交通合作分委会第十次会议在湖北省武汉市举行。中哈双方共同签署了《中华人民共和国交通运输部和哈萨克斯坦共和国投资与发展部关于建立国际汽车运输行车许可证制度的议定书》。议定书的签署标志着中哈两国将在互利共赢基础上,建立货运、客运业务的全面监管制度。

二、中国与吉尔吉斯斯坦经贸关系大事记

1992 年 1 月 5 日，中国外经贸部部长李岚清、外交部副部长田曾佩率中国政府代表团访问吉尔吉斯斯坦，与吉方签署《中华人民共和国和吉尔吉斯斯坦共和国建交联合公报》《中华人民共和国政府和吉尔吉斯斯坦共和国政府经济贸易合作协定》。经济贸易协定涉及最惠国待遇、互相保护投资、双边经贸业务的结算和支付的技术程序、企业设立代表处等多方面问题，这使两国的经贸合作有了一个法律基础。

1992 年 5 月 16 日，吉尔吉斯斯坦总统对中国进行正式访问，双方发表联合公报并签署经贸合作文件。双方认为，中吉双边经济合作具有巨大潜力，将促进这一领域关系的进一步发展，在经济合作方面支持采用世界通用的一切形式。

1994 年 4 月 22 至 25 日，中国国务院总理李鹏对吉尔吉斯斯坦进行正式访问，双方签署了《中华人民共和国政府和吉尔吉斯斯坦共和国政府关于建立中吉政府间经贸合作委员会的协定》。政府间经贸合作委员会的建立是为了检查两国间经贸合作协定和有关协议的执行，促进双方经贸关系的稳步发展，提出建议以及解决经贸活动中可能出现的问题。这为双方经贸合作提供了一个交流渠道和平台。

1995 年 6 月 13 至 15 日，中吉政府间经济贸易合作委员会第一次会议在比什凯克举行。同年 10 月 23 至 27 日，吉尔吉斯斯坦总理朱马古洛夫正式访华。为了促进双边贸易发展，保证两国间进出口商品质量并简化商品检验手续，双方签署了《中华人民共和国政府和吉尔吉斯斯坦共和国政府进出口商品质量认证协定》，这标志着中吉经贸合作开始注重贸易商品质量及为经贸合作提供便利。

1996 年 9 月 6 日，中国驻吉尔吉斯斯坦大使姚培生同吉尔吉斯斯坦外交部第一副部长杰克申库洛夫分别代表本国政府在比什凯克签署了《中华人民共和国政府和吉尔吉斯共和国政府关于开放边境口岸及其管理制度的

协定》。两国边境口岸开放和管理正规化标志着双方经贸合作进入了一个新的发展阶段。

1997年7月21日，吉尔吉斯斯坦总理朱马古洛夫、新疆维吾尔自治区政府主席阿不来提、中国驻吉大使姚培生等出席中吉伊尔克什坦口岸开通仪式。伊尔克什坦口岸距新疆乌恰县城150千米，距阿图什市250千米。与伊尔克什坦口岸相对应的口岸为吉尔吉斯斯坦的伊尔克什坦口岸，位于吉奥什州境内，从该口岸至吉尔吉斯斯坦奥什州仅210千米，比从吐尔尕特口岸出境到奥什州近800千米。1999年1月，该口岸建设全面开工，总投资人民币4 000万，2000年底口岸“一关两检”、货场、商业、客运、通信等基础建设已全部建设完成。

1997年9月1至3日，吉尔吉斯斯坦总理朱马古洛夫应中国政府邀请对新疆进行工作访问。其间，朱马古洛夫出席了乌鲁木齐对外经济贸易洽谈会并访问乌鲁木齐、库尔勒等地，探讨中吉在经贸、地矿等领域的合作问题。

1998年4月10至13日，中吉政府间经贸合作委员会第三次会议在比什凯克举行。

1998年4月26至30日，吉尔吉斯斯坦总统阿卡耶夫对中国进行国事访问。两国领导人主要就双边关系、经贸合作、中吉边界等问题交换了意见，并签署了经济贸易合作协定。这一协定是对1992年两国签订的经济贸易合作协定的升级。新协定规定缔约双方在各自国家现行法律、法规的范围内将采取一切必要措施，促进两国经贸关系的持续稳定发展，鼓励两国企业开展多种形式的贸易，如现汇贸易、易货贸易、补偿贸易等，并为此创造有利条件。

1998年7月3日，中国与吉尔吉斯斯坦两国领导人出席了在阿拉木图举行的“上海五国”国家元首会晤。会晤各方商定，相互提供国际通用的贸易条件，以扩大贸易额；鼓励和支持各种形式的地方和边境地区经贸合作以及五国大企业和大公司间的合作；改善各自投资环境，为增加对各国经济项目的投资创造条件。同时各方认为，必须大力加强和鼓励所有经济领域，包括油气管道基础设施，以及铁路、公路、水运和空运领域的大规模长期合作。

1998 年 10 月 14 日,世界贸易组织总理事会通过了工作组的报告和吉尔吉斯共和国加入议定书。吉尔吉斯斯坦加入了世界贸易组织(WTO),成为独联体国家中第一个加入 WTO 的国家。世界贸易组织各成员国于 1998 年 7 月结束了关于吉尔吉斯共和国货物和服务贸易的谈判,通过了吉尔吉斯斯坦加入议定书草案和工作组的报告草案。入世后,吉尔吉斯斯坦根据 WTO 的要求对贸易管理体制进行了调整,使其经济更加开放,总体关税水平降到 10% 以下。

1999 年 12 月 15 至 20 日,中吉政府间经贸合作委员会第四次会议在北京举行。

2000 年 3 月 20 日,中国与吉尔吉斯斯坦签署关于中国加入世界贸易组织的双边协议。该协议的签署将有利于扩大双边贸易,进一步促进吉尔吉斯斯坦与中国经贸关系的发展。

2001 年 4 月 11 至 13 日,中吉政府间经贸合作委员会第五次会议在比什凯克举行。

2001 年 6 月 14 日,上海合作组织各成员国国家元首在上海举行第六次会谈;6 月 15 日,上海合作组织国家元首举行首次会谈并签署《上海合作组织成立宣言》,上海合作组织正式成立。

2002 年 6 月 23 至 25 日,吉尔吉斯斯坦总统阿卡耶夫对中国进行工作访问。中吉双方签署《中华人民共和国和吉尔吉斯共和国睦邻友好合作条约》《中华人民共和国政府和吉尔吉斯共和国政府公民往来的协定》《中华人民共和国政府和吉尔吉斯共和国政府关于在能源领域开展合作的框架协定》《中华人民共和国政府和吉尔吉斯共和国政府关于对所得避免双重征税和防止偷漏税的协定》《中华人民共和国政府和吉尔吉斯共和国政府关于相互承认学历和学位证书的协定》等文件。《中华人民共和国政府和吉尔吉斯共和国政府关于对所得避免双重征税和防止偷漏税的协定》的签署,避免和消除了中吉双边投资的双重征税,鼓励和保护本国企业及个人到双方国家投资及从事相关经营活动,对促进两国经济交流发挥了重要作用。

2003 年 9 月 6 至 7 日,中国外交部部长李肇星访问吉尔吉斯斯坦,分别与吉尔吉斯斯坦总统阿卡耶夫、总理塔纳耶夫举行会见会谈,双方互换《中华人民共和国和吉尔吉斯共和国睦邻友好合作条约》批准书。在中吉睦邻友好合作条约中,双方表示将在平等互利的基础上开展经贸、军事、科技、能源、环保、金融、信息技术及其他双方共同感兴趣领域的合作,促进两国边境和地方间经贸合作的发展,并将在平等互利的基础上发展交通和过境运输合作,并致力于促进包括本国在内的区域间交通运输网的建设。

2004 年 5 月 19 至 20 日,中吉政府间经贸合作委员会第六次会议在北京举行。

2004 年 9 月 21 至 22 日,中国国务院总理温家宝对吉尔吉斯斯坦进行正式访问,分别与吉尔吉斯斯坦总统阿卡耶夫、总理塔纳耶夫等会见会谈。双方签署《中华人民共和国政府和吉尔吉斯共和国政府联合公报》《中华人民共和国和吉尔吉斯共和国 2004 年至 2014 年合作纲要》《中华人民共和国政府和吉尔吉斯共和国政府关于中吉国界线的勘界议定书》等文件。合作纲要中,双方提出要充分挖掘和利用中吉政府间经贸合作委员会的潜力。经贸合作委员会应采取有效措施,促进优先领域合作项目尽快发挥出经济效益;要促进两国经营实体在能源、交通、基础设施、采矿、农业、食品、加工工业及其他领域中开展优化生产工艺的合作,并使这种合作向专业化、协作化方向发展;促进制订具体的两国合作项目和经济合作规划,以及建立实施上述计划的联合机构;双方依据国内立法,采取措施提高双边贸易额,为经营主体创建公平的法律和经济条件。

2006 年 5 月 17 日,中吉政府间经贸合作委员会第七次会议在比什凯克举行。

2006 年 6 月 9 至 10 日,吉尔吉斯斯坦总统巴基耶夫来中国进行国事访问。胡锦涛主席、吴邦国委员长、温家宝总理分别与巴基耶夫举行会谈、会见。双方签署了《中华人民共和国和吉尔吉斯共和国联合声明》等一系列双边合作文件。联合声明特别提出,双方将扩大公路交通运输和过境运输的能力,在公路、铁路和航空运输方面相互提供便利条件。双方支持扩大两国及过境运输,促进《上海合作组织成员国政府间国际道路运输便利化协定》早日签署。双方指出,尽快修复和开通中国—吉尔吉斯斯坦—乌兹别克斯坦跨国公路对促进三国友好关系和经贸合作、推动本地区经济发展具有重要意义，双方将为该项目的顺利实施创造一切必要条件。双方愿与乌兹别克斯坦方面一道，继续进行建设中国—吉尔吉斯斯坦—乌兹别克斯坦铁路的经济技术论证，并研究融资问题，积极推动该项目取得进展。

2007 年 8 月 14 至 16 日，中国国家主席胡锦涛对吉尔吉斯斯坦进行国事访问并出席上海合作组织比什凯克峰会，分别同吉尔吉斯斯坦总统巴基耶夫、总理阿塔姆巴耶夫和议长苏尔丹诺夫举行会谈、会见。双方签署了《中华人民共和国和吉尔吉斯共和国关于进一步深化睦邻友好合作关系的联合声明》等多项文件。这些文件是规范中国和吉尔吉斯斯坦相互关系准则的重要政治、法律文件。它把双方“世代友好、永保和平”的思想以法律形式确定下来，对促进双方睦邻互信和互利合作，推动经贸合作发展具有重要意义。

2009 年 6 月 10 至 11 日，中吉政府间经贸合作委员会第八次会议在北京召开。

2009 年 8 月 24 至 25 日，中吉乌铁路项目融资联合工作组第一次会议在比什凯克召开。中吉乌铁路起自中国新疆南疆铁路的终点喀什站，经中国与吉尔吉斯斯坦边境的伊尔克什坦叶尔尕特山口，再经吉尔吉斯斯坦的卡拉苏或贾拉尔拉巴德，至乌兹别克斯坦的安集延。中吉乌铁路对中国和吉尔吉斯斯坦均有重要的战略意义。

2010 年 3 月 30 至 31 日，中吉乌铁路项目中吉专家组会议在北京召开。同年 4 月 1 日，中吉乌铁路项目融资工作组第二次会议在北京召开。

2011 年 2 月 22 日，吉尔吉斯斯坦国家电网公司与中国特变电工股份有限公司正式签订了吉尔吉斯斯坦南部电网改造项目的合同，建设工期为 18 个月。

2011 年 9 月 1 至 4 日，吉尔吉斯斯坦总统奥通巴耶娃在乌鲁木齐出席首届中国 - 亚欧博览会。中国 - 亚欧博览会是乌鲁木齐对外经济贸易洽谈会的继承和升华，以峰会、商品贸易、投资洽谈、论坛研讨为主要内容，发挥新疆在资源和区位方面的优势，突出新疆区域特色和特点，中国 - 亚欧博览会的举办对密切中国与吉尔吉斯斯坦的经贸关系有着重要作用。

2013 年 9 月中旬，习近平主席出访吉尔吉斯斯坦并出席上合组织元首峰会。其间,中吉双方共签署了总金额约30亿美元的经贸合作协议。此次访问将中吉两国关系提升到战略伙伴关系。

2013年7月3日,由中国特变电工公司承建的“吉南部电网改造项目”顺利竣工,吉尔吉斯斯坦政府在项目所在地贾拉拉巴德州举行了竣工仪式,吉尔吉斯斯坦总统阿塔姆巴耶夫和中国驻吉尔吉斯斯坦大使齐大愚出席仪式,为项目竣工剪彩并致辞。

2013年12月30日,吉尔吉斯斯坦总统批准了2013年9月11日签署的《中吉政府间关于建设与运营“吉尔吉斯－中国”天然气管线协议》。“吉－中天然气管线”将土库曼斯坦产的天然气,经乌兹别克斯坦、塔吉克斯坦和吉尔吉斯斯坦输送到中国。吉尔吉斯斯坦境内段总长224千米,项目总期限35年,其中建设期3年,中方总投资约14亿美元。管道建成运营后,中方将按过境输气量每年向吉方支付特别税,预计32年运营期的吉方税收总金额将达21.5亿美元。

2014年7月17日,中吉政府间经贸合作委员会第十次会议在比什凯克召开。吉尔吉斯斯坦第一副总理萨尔帕舍夫在会议上表示,吉尔吉斯斯坦积极支持中国国家主席习近平提出的建设“丝绸之路经济带”的倡议。

2014年11月20日至12月10日,对外经济贸易大学举办了“2014年吉尔吉斯斯坦引资研修班”,共有来自吉尔吉斯斯坦经济部门的24位官员参加。

2015年12月17日,吉尔吉斯斯坦总理萨里耶夫访华期间,中吉双方签署了关于“吉尔吉斯－中国”天然气管线的投资协定,以及文化教育旅游、金融机构危机管理等方面的合作协议。

2016年5月22日,吉尔吉斯外交部部长阿布德尔达耶夫与中国外交部部长王毅举行会谈。在记者会上,阿布德尔达耶夫表示,中国是吉尔吉斯斯坦最主要的贸易伙伴和最大的投资来源国之一,吉中合作的大批交通、能源和矿产领域项目成功实施。中方支持吉方提出的将中国的过剩产能企业转移到吉尔吉斯斯坦的建议,吉方近期将向中方提交包含约40个项目的合作清单,双方相关部门将就此积极开展工作。此外,中方还将支持扩大吉尔吉斯斯坦产品对华出口。

2016 年 10 月 13 日，中吉政府间经贸合作委员会第 12 次会议在比什凯克市举行。

三、中国与塔吉克斯坦经贸关系大事记

1992 年 1 月 4 至 5 日，中国外经贸部部长李岚清、外交部副部长田曾佩率中国代表团访问塔吉克斯坦，与塔方签署建交联合公报，建立了大使级外交关系。

1992 年 9 月 1 至 7 日，塔吉克斯坦合作总社社长率塔吉克斯坦政府代表团和经贸代表团来中国参加乌鲁木齐经济贸易洽谈会。

1993 年 3 月 7 至 11 日，塔吉克斯坦国家元首、最高苏维埃主席拉赫蒙正式访华，中国党政最高领导人与其会面或会谈。双方签署了《关于中华人民共和国与塔吉克斯坦共和国相互关系基本原则的联合声明》，还签署了关于互免公务旅行签证的协定、两国外交部合作议定书、关于鼓励和相互保护投资协定、关于中国向塔吉克斯坦提供商品贷款协定、科技合作协定、广播电视合作协定、航空运输纪要、旅游合作协定、卫生与医学科学合作协定等 11 个文件。

1993 年 7 月 23 至 26 日，中国全国人大常委会副委员长铁木尔·达瓦买提率中国人大代表团访问塔吉克斯坦。塔吉克斯坦国家元首、最高苏维埃主席拉赫蒙等分别会见了代表团成员。

1994 年 6 月 21 至 28 日，塔吉克斯坦最高苏维埃第一副主席多斯季耶夫率代表团访华。

1996 年 9 月 16 至 20 日，塔吉克斯坦总统拉赫蒙对中国进行国事访问，中国党政最高领导人与其会面或会谈。双方签署了《中华人民共和国和塔吉克斯坦共和国联合声明》、两国民事和刑事司法协助的条约、经济贸易关系协定、环境保护合作协定、通信合作议定书、教育合作协议等文件，以及中国向塔吉克斯坦提供无偿物质援助的换文。

1998 年 6 月 21 至 24 日，中国外经贸部部长助理杨文生率政府经贸代表团访问塔吉克斯坦。双方签署了中国向塔吉克斯坦提供优惠贷款的框架

协议和提供无偿援助的换文。

1999 年 6 月 6 至 8 日，中国国务院副总理钱其琛对塔吉克斯坦进行了正式访问。访问期间，钱其琛副总理会见了塔总统拉赫蒙，双方签署了两国政府经济技术合作协定。

1999 年 8 月 11 至 14 日，塔吉克斯坦总统拉赫蒙对中国进行了友好访问，中国党政最高领导人与其会面或会谈，双方签署了《中华人民共和国和塔吉克斯坦共和国关于进一步发展两国睦邻友好和互利合作关系的联合声明》《中华人民共和国政府和塔吉克斯坦共和国政府汽车运输协定》《中华人民共和国政府和塔吉克斯坦共和国政府关于禁止非法贩运和滥用麻醉药品、精神药物和管制化学品前体的合作协议》等文件。

2000 年 4 月 16 至 18 日，中国外经贸部副部长张祥率中国政府经贸代表团访问塔吉克斯坦，双方就扩大中塔经贸合作交换了意见。

2000 年 7 月 3 至 5 日，中国国家主席江泽民赴杜尚别出席“上海五国”元首会晤，并对塔吉克斯坦进行国事访问。7 月 4 日，江泽民主席与塔吉克斯坦总统拉赫蒙会谈。会谈结束后，中塔两国签署了《中华人民共和国和塔吉克斯坦共和国关于发展两国面向二十一世纪的睦邻友好合作关系的联合声明》《中华人民共和国和塔吉克斯坦共和国关于中塔两国国界协定》《中华人民共和国政府和塔吉克斯坦共和国政府经济技术合作协定》《中华人民共和国政府和塔吉克斯坦共和国政府间关于鼓励和相互保护投资协定》《中华人民共和国最高人民检察院和塔吉克斯坦共和国总检察院合作协议》等文件。这些文件的签署，为中塔经贸合作发展奠定了牢固的法律基础。另外，钱其琛副总理出席了中国援塔汽车交接仪式。

2001 年 4 月 8 至 11 日，中塔经贸合作委员会成立，并在塔吉克斯坦首都杜尚别召开第一次会议。中国外经贸部部长助理何晓卫与塔吉克斯坦经贸部副部长马赫穆多夫共同主持会议，双方探讨和解决了贸易、工程承包、对塔无偿援助项目等一系列经贸问题。

2001 年 6 月 15 日，上海合作组织在上海正式成立，这是中国倡议成立的以中国城市命名的第一个区域性国际组织，六个成员国国家元首签署了《上海合作组织成立宣言》《打击恐怖主义、分裂主义、极端主义上海公约》等文件。

2001年9月14日，上海合作组织各成员国总理在阿拉木图举行首次会议，六国总理签署了《上海合作组织成员国政府间关于区域经济合作的基本目标和方向及启动贸易和投资便利化进程的备忘录》，确定建立成员国经贸部长会晤机制，以落实区域经济合作和启动贸易投资便利化谈判，这标志着区域经济合作进程的正式启动。其间，朱镕基总理与塔吉克斯坦总理在阿拉木图会晤。2001年中塔经贸混委会机制的建立和上海合作组织经贸合作框架的形成为两国的经济贸易往来奠定了坚实的基础。

2002年5月16至19日，塔吉克斯坦总统拉赫蒙对华进行工作访问，中国党政最高领导人与其会面或会谈。双方签署了《中华人民共和国和塔吉克斯坦共和国关于中塔国界的补充协定》《中华人民共和国和塔吉克斯坦共和国联合声明》《中华人民共和国政府和塔吉克斯坦共和国政府关于能源领域合作的协定》等文件。

2003年5月28日，在莫斯科出席上海合作组织各成员国首脑会议期间，中国国家主席胡锦涛与塔吉克斯坦拉赫蒙总统举行了会谈，为当今和未来的中塔经贸合作指明了方向。

2004年5月25日，中国与塔吉克斯坦两国边境口岸"卡拉苏—阔勒买"口岸正式开通，卡拉苏口岸是中塔两国之间唯一的陆路口岸，属于季节性口岸。

2004年6月16日，上海合作组织各成员国元首第四次会议在乌兹别克斯坦首都塔什干举行。胡锦涛主席出席会议，并与拉赫蒙总统单独会晤。会议商定将尽快制定落实多边经贸合作纲要的措施计划，启动能源、交通、环保等优先领域项目合作，建立上海合作组织合作发展基金、实业委员会等。为推动上海合作组织区域经济合作尽快取得实质性成果，胡锦涛主席宣布向上海合作组织其他成员国提供9亿美元的优惠买方信贷，用于商定的经济技术合作项目。

2004年7月20日，塔吉克斯坦经贸部部长萨利耶夫率塔吉克斯坦政府代表团赴华参加中塔经贸混委会第二次会议。

2005年，中国与塔吉克斯坦开通了"杜尚别—乌鲁木齐"航线。2007年

3月,开通了“乌鲁木齐—胡占德”航线。

2005年10月,在塔吉克斯坦杜尚别举行了上海合作组织各成员国经贸部长第四次会议,会议通过了《〈上海合作组织成员国多边经贸合作纲要〉实施措施计划》的实施机制草案,并批准了经贸部长会议专业工作组工作条例,就建立上海合作组织发展基金、实业家委员会和银行间联合体、区域经济合作网站建设等有关问题交换了意见。

2006年6月,上海合作组织元首峰会期间,中国承诺向其他成员国提供的优惠出口买方信贷9亿美元全部签署了用贷协议,促进了上海合作组织区域经济合作大型经济技术合作项目的实施。

2006年7月、9月,利用中国政府优惠贷款建设的塔乌之路(杜尚别—恰纳克),以及塔吉克斯坦境内500千伏南北高压输变电线项目先后开工。

2006年9月14至16日,上海合作组织成员国总理第五次会议在塔吉克斯坦首都杜尚别举行,温家宝总理应邀出席会议并正式访问塔吉克斯坦。会议批准了上合组织秘书处提交的《〈多边经贸合作纲要〉落实情况报告》,并就制定便利化方案、制定贸易投资环境报告、商签多边投资保护协定等达成了共识。温家宝总理在访问期间会见拉赫蒙总统,与阿基洛夫总理举行会谈,两国总理签署了中塔政府联合公报。

2006年9月,中塔双方经贸混委会第三次会议在塔吉克斯坦召开。截至2006年,中塔双方共签署政府间协议30多项,为双方经贸合作奠定了法律基础。

2007年1月15至21日,塔吉克斯坦总统拉赫蒙对中国进行国事访问,中塔两国签署《中华人民共和国和塔吉克斯坦共和国睦邻友好合作条约》。塔吉克斯坦总统拉赫蒙与胡锦涛主席并共同出席教育、经济技术合作、民航运输、金融等领域合作协议签字仪式。

2008年3月,经中国国务院批准,中国唯一对塔吉克斯坦开放的陆路口岸——卡拉苏口岸成为全天候开放口岸。

2008年6月,中国与塔吉克斯坦签署了世界贸易组织(WTO)双边市场准入协定,双方正式结束双边市场准入谈判。

2008年7月29日,中塔贸易投资展览会在塔吉克斯坦首都杜尚别举行。

2008 年 8 月 26 至 27 日，中国国家主席胡锦涛对塔吉克斯坦进行国事访问。双方签署了《中华人民共和国与塔吉克斯坦共和国 2008 年至 2013 年合作纲要》《中华人民共和国政府和塔吉克斯坦共和国政府对所得和财产避免双重征税和防止偷税漏税的协定》以及《中华人民共和国政府与塔吉克斯坦共和国政府关于扩大和深化经贸合作的框架协议》。

2010 年 11 月 24 至 25 日，中国国务院总理温家宝对塔吉克斯坦进行正式访问，并出席在杜尚别举行的上海合作组织首脑理事会例行会议。温家宝会见了塔吉克斯坦总统拉赫蒙，双方签署了《中华人民共和国政府和塔吉克斯坦共和国政府联合公报》。

2011 年 6 月 14 日，中国国家主席胡锦涛在上海合作组织阿斯塔纳峰会期间与塔吉克斯坦总统拉赫蒙会晤，两国元首就双边关系和其他共同关心的问题交换了意见。6 月 15 日，中国向塔吉克斯坦提供 1.2 亿元人民币捐助。

2011 年 10 月 14 日，由新疆特变电工承建的塔吉克斯坦“胡占德 – 艾妮”220 千伏输变电工程成功投入运行。

2013 年 5 月 20 日，塔吉克斯坦总统拉赫蒙访问中国，与中国国家主席习近平举行会谈。两国元首决定，建立中塔战略伙伴关系。

2013 年 7 月 16 日，中塔政府间经贸合作委员会中国新疆 – 塔吉克斯坦分委会第三次会议在乌鲁木齐召开。会议双方认为，在分委会机制下，双方在经济技术、农业、运输等方面的合作均取得了实质性进展。

2013 年 10 月 1 日，由中国路桥公司承建的塔中公路乔尔马扎克隧道工程举行了隆重竣工交接仪式，塔吉克斯坦总统拉赫蒙等出席仪式。塔吉克斯坦总统对隧道工程的质量及设备设施的现代化程度给予高度评价。乔尔马扎克隧道位于杜尚别—瓦赫达特—丹加拉公路，全长 4 430 米，双向两车道，为中亚地区又一超长隧道。该工程于 2010 年 3 月 15 日开始动工，2013 年 1 月17 日隧道顺利实现掘进贯通。

2014 年 5 月 14 日，中塔农业领域合作委员会第二次会议在塔吉克斯坦首都杜尚别举行。中塔双方代表对农业领域合作所取得的成就表示满意，并商定将继续开展种植业等领域合作,如在塔吉克斯坦建立高技术含量的农业示范项目、进行良种培育等。访问期间,塔吉克斯坦总理拉苏尔佐达会见了中方代表团。

2014 年 7 月 3 日,中塔经贸合作委员会第六次会议在塔吉克斯坦首都杜尚别召开。两国代表就深化双边经贸合作、扩大塔吉克斯坦农产品对华出口、推动落实两国大型合作项目、促进中国新疆与塔吉克斯坦开展经贸合作等问题深入交换了意见。

2015 年 9 月 2 至 4 日,中国人民银行代表团访问塔吉克斯坦,与塔吉克斯坦央行签署了规模为 30 亿元人民币/30 亿索摩尼的双边本币互换协议,互换协议有效期为 3 年,经双方同意可展期。

2015 年 9 月 2 日,中国国家主席习近平在北京会见了塔吉克斯坦总统拉赫蒙。会见后,中塔双方签署了塔中政府间关于制订四方合作规划的备忘录、塔中政府间经济技术协定、塔中两国文化部关于文化领域交流规划等合作文件。

2015 年 10 月 18 日,塔吉克斯坦总统拉赫蒙出席了艾尼—彭基肯特高速公路通车仪式并剪彩。艾尼—彭基肯特公路全长 112.6 公里,总投资为 1.15 亿美元(亚行投资)。该项目由新疆北新路桥公司负责承建,于 2012 年 10 月开工,2015 年 10 月竣工。

2016 年 3 月 23 日,中国企业华新水泥公司在塔吉克斯坦举行索格特新厂投产仪式,塔吉克斯坦总统拉赫蒙与中国驻塔吉克斯坦大使岳斌共同出席活动。岳大使在致辞中表示,华新水泥索格特新厂正式投产,不仅彻底改写了塔吉克斯坦水泥依赖进口的历史,而且还将出口国外,同时为当地创造数百个就业岗位,并带动相关产业的发展。

2016 年 10 月 14 日,中国商务部副部长房爱卿率团访问塔吉克斯坦,同塔吉克斯坦经济贸易和发展部部长希克玛杜罗佐达共同主持召开中塔政府间经贸合作委员会第八次会议。

2016 年 12 月 8 日,由中国新疆特变电工集团有限公司承建的杜尚别 2 号火电站二期项目竣工仪式在杜尚别举行,塔吉克斯坦总统拉赫蒙、上议院议长乌巴依杜罗耶夫、中国驻塔吉克斯坦大使岳斌等出席仪式。杜尚别 2 号火电站二期项目建设金额为3.49亿美元，主要使用中方的两优贷款实施。火电站一期（100兆瓦电力）项目于2012年11月启动实施并于2014年竣工。

四、中国与乌兹别克斯坦经贸关系大事记

1992年1月2日，中国外经贸部部长李岚清、外交部副部长田曾佩率团访问乌兹别克斯坦。访问期间，双方签署了建交联合公报、中乌政府经济贸易协定等文件。

1992年3月12日，乌兹别克斯坦总统卡里莫夫访问中国，中国国家主席杨尚昆、中共中央总书记江泽民、国务院总理李鹏分别与之会谈。会后，中乌两国发表联合公报，并签署了《中华人民共和国政府和乌兹别克斯坦共和国政府关于建立中乌政府间经贸合作委员会的协定》《中华人民共和国政府和乌兹别克斯坦共和国政府关于鼓励和相互保护投资协定》《中华人民共和国政府向乌兹别克斯坦共和国政府关于提供商品贷款协定》等文件，建立中乌经贸合作委员会，在互相尊重主权和平等互利的原则上，鼓励和保护双方在对方领土内投资，并为之创造良好的条件。

1994年4月18至20日，中国国务院总理李鹏对乌兹别克斯坦进行了正式访问。双方签署了关于中国向乌兹别克斯坦提供商品贷款协定、民用航空运输协定以及中国贸促会和乌兹别克斯坦外经部合作协议等文件。

1994年10月24至26日，乌兹别克斯坦总统卡里莫夫对中国进行了国事访问，双方签署了《中华人民共和国和乌兹别克斯坦共和国关于相互关系基本原则和发展与加强互利合作的声明》和《中华人民共和国和乌兹别克斯坦共和国领事条约》。声明指出“双方将在尊重主权和领土完整、互不侵犯、互不干涉内政、平等互利、和平共处的原则基础上发展长期的关系”。同时，“双方将在平等互利的基础上发展和深化经贸合作，促进共同繁荣。双方将在本国相应的法律和双边协议范围内，鼓励对方在自己领土上投资并给予保护，在贸易上相互提供最惠国待遇，促进并发展两国各部门、各地区、各企业间的合作，鼓励各种经济合作形式，并为此创造良好条件”。

1995 年 6 月 8 至 12 日，中国同乌兹别克斯坦政府经贸合作委员会第一次会议在乌兹别克斯坦首都塔什干举行。

1995 年 10 月 28 至 11 月 2 日，中共中央政治局常委、书记处书记胡锦涛对乌兹别克斯坦进行了正式访问。1995 年 12 月 15 日，乌兹别克斯坦首任驻华大使阿利莫夫向中国国家主席江泽民递交国书。

1996 年 7 月 2 至 3 日，中国国家主席江泽民对乌兹别克斯坦进行了国事访问。访问期间，签署了《中华人民共和国和乌兹别克斯坦共和国联合声明》《中华人民共和国政府和乌兹别克斯坦共和国政府铁路运输合作协定》《中华人民共和国政府和乌兹别克斯坦共和国政府关于对所得避免双重征税和防止偷漏税的协定》及向乌兹别克斯坦提供无偿援助的换文。

1998 年 12 月 6 至 9 日，中乌两国政府间经贸混委会第二次会议在北京举行，会议由外经贸部副部长张祥和乌兹别克斯坦外经贸部第一副部长阿斯卡罗夫共同主持。会议结束后，双方签署了会议纪要。

1999 年 10 月 18 至 20 日，中乌经贸和科技合作委员会第三次会议在乌兹别克斯坦首都塔什干召开，中国对外贸易与经济合作部部长助理徐秉金、乌兹别克斯坦对外经济联络部第一副部长阿斯卡罗夫分别率本国代表团与会。

1999 年 11 月 8 至 10 日，乌兹别克斯坦共和国总统卡里莫夫对中国进行国事访问。访问期间，两国签署了《中华人民共和国和乌兹别克斯坦共和国关于进一步发展两国友好合作关系的联合声明》《中华人民共和国政府和乌兹别克斯坦共和国政府关于中国向乌兹别克斯坦提供优惠贷款的框架协议》等文件。联合声明中提出双方“应进一步发挥两国在轻纺、家电、通讯、食品和农产品加工等领域的潜力，积极开展各种形式的互利经济技术合作，促进双方在共同感兴趣的领域内相互投资”。

2000 年 4 月 9 至 16 日，中国外经贸部副部长张祥率领政府经贸代表团访问乌兹别克斯坦。2000 年 7 月 23 日，中乌经济贸易混委会第一次会议中方代表团访问乌兹别克斯坦。2000 年 8 月 3 日，外经贸部副部长龙永图与来中国出席中乌合资企业成立仪式的乌兹别克斯坦内阁外经协调局局长（部长级）穆希多夫举行会谈，双方就两国在经贸合作领域的问题深入交换了意见。

2000年7月5日，中国国家主席江泽民在出席“上海五国”元首杜尚别会晤期间，与以观察员身份参加会晤的乌兹别克斯坦总统卡里莫夫举行会谈，双方就双边关系及国际形势等问题交换了意见。

2001年4月11至12日，中国国务院副总理李岚清率中国政府代表团访问乌兹别克斯坦，双方签署了中国向乌兹别克斯坦提供无偿援助的换文和提供无息贷款的政府协定。

2001年6月15日，“上海五国”机制升级为“上海合作组织”，乌兹别克斯坦与中国、俄罗斯、哈萨克斯坦、吉尔吉斯斯坦、塔吉克斯坦成为上海合作组织的创始成员国，共同签署了《“上海合作组织”成立宣言》《关于打击恐怖主义、分裂主义和宗教激进主义上海公约》。

2001年9月14日，上海合作组织成员国总理在哈萨克斯坦首都阿拉木图举行首次会晤。会晤期间，签署了《上海合作组织成员国政府间关于区域经济合作的基本目标和方向及启动贸易和投资便利化进程的备忘录》，确定建立成员国经贸部长会晤机制、落实区域经济合作和启动贸易投资便利化谈判。

2003年5月29日，中国国家主席胡锦涛在出席上海合作组织莫斯科峰会期间，与乌兹别克斯坦总统卡里莫夫举行双边会晤。

2003年9月23日，温家宝总理在北京与前来出席上海合作组织成员国总理第二次会议的乌兹别克斯坦总理苏尔丹诺夫举行双边会晤。上海合作组织成员国总理在北京举行的第二次会议上通过了《上海合作组织成员国多边经贸合作纲要》，提出了上合组织长期目标是在互利基础上最大效益地利用区域资源，为贸易投资创造有利条件，以逐步实现货物、资本、服务和技术的自由流通。《上海合作组织成员国多边经贸合作纲要》的签署标志着上海合作组织区域经济合作开始步入正轨。

2004年6月14至16日，中国国家主席胡锦涛对乌兹别克斯坦进行国事访问。胡锦涛分别与乌兹别克斯坦总统卡里莫夫、议长哈利洛夫举行会见会谈。两国元首签署了《中华人民共和国和乌兹别克斯坦共和国关于进一步发展和加深两国友好合作伙伴关系的联合声明》，强调“必须根据两国各自的国内法律和加入的国际条约扩大贸易规模，促进贸易平衡发展，通过提高高科技产品、机械产品和电子产品在双边贸易中的比重优化贸易结构；为两国货物、服务、投资和人员进入对方市场创造条件；加强经贸和投资合作，包括鼓励双向投资和技术转让”。两国元首还签署了《中华人民共和国政府与乌兹别克斯坦共和国政府经济技术合作协定》《中华人民共和国政府向乌兹别克斯坦共和国政府提供优惠贷款的框架协议》《中华人民共和国政府和乌兹别克斯坦共和国政府扩大经济贸易、投资和金融合作备忘录》《中华人民共和国石油天然气集团公司与乌兹别克斯坦共和国国家石油天然气公司在石油天然气领域开展互惠合作的协议》。

2004 年 6 月 17 日，上海合作组织第四次峰会在乌兹别克斯坦首都塔什干举行。中国国家主席胡锦涛发表了题为《加强务实合作共谋和平发展》的重要讲话，六国元首签署了《上海合作组织成员国元首塔什干宣言》。

2004 年 11 月 9 至 12 日，中乌政府间经贸合作委员会第六次会议在北京举行。会议期间，双方签署了《关于中国政府同意在无偿援助项下提供医疗设备和电脑教学设备的换文》《关于中国政府同意在援助项下为丘别加丹钾肥厂可研项目提供部分资金的换文》《关于中国政府同意在无息贷款项下提供河流清淤机械的换文》《中国进出口银行与乌兹别克斯坦外经银行三亿美元优惠出口买方信贷总协议》《湖南省科技厅与乌兹别克斯坦内阁科技中心关于建立乌杂交水稻及其他农业技术示范中心的协议》和《中乌科技合作分委会第二次会议议定书》。

2005 年 5 月 25 至 27 日，乌兹别克斯坦总统卡里莫夫对中国进行国事访问。胡锦涛主席与卡里莫夫总统共同签署了《中乌友好合作伙伴关系条约》，双方有关部门还签署了《中乌关于海关互助的协定》等 14 个双边合作文件。

2007 年 11 月 2 至 3 日，中国国务院总理温家宝对乌兹别克斯坦进行正式访问，两国发表中乌政府联合公报，并签署了经贸、农业和环保等多个领域的合作文件。公报指出：“保持两国贸易额持续增长、推动中乌经济技术项目合作是当前两国经贸合作的重点方向。为此，双方决定进一步采取有效措施，挖掘合作潜力，充分发挥两国政府经贸合作委员会的作用，进一步扩大在能源、交通、电信、农业、化工、采矿、基础设施建设等传统领域的合作,并不断开辟新的合作领域,优化贸易投资环境,为双方企业从事生产经营、开展经贸合作创造有利条件。""双方同意尽快修复和开通中国—吉尔吉斯斯坦—乌兹别克斯坦跨国公路,积极推进中吉乌铁路项目,在航空运输方面相互提供便利。""乌方支持中国企业在乌兹别克斯坦境内进行能源和矿产资源勘探开发。双方将为两国有关部门和企业开展上述项目合作提供便利和支持。""责成双方有关部门制定《中华人民共和国和乌兹别克斯坦共和国友好合作伙伴关系条约》5 年落实纲要草案。"

2008 年 6 月 30 日,中乌天然气管道开工仪式在乌兹别克斯坦布哈拉州举行。国家发改委副主任兼能源局局长张国宝作为中国政府特使和乌兹别克斯坦政府副总理沙伊斯马托夫出席了开工典礼仪式,并为工程剪彩。

2009 年 4 月 21 至 22 日,国家发改委副主任、能源局局长张国宝访问乌兹别克斯坦,分别与乌兹别克斯坦内阁副总理沙伊斯马托夫和乌兹别克斯坦国家石油天然气控股公司总裁纳扎罗夫举行了会谈。9 月 7 日,中乌商务论坛在塔什干国际商务中心举行。12 月 4 日,中乌政府间经贸合作委员会第八次会议在北京举行,中国商务部副部长高虎城与乌副总理兼外经贸部部长加尼耶夫共同主持会议。12 月 16 日,国家能源局局长张国宝与乌兹别克斯坦国家石油天然气控股公司第一副总裁马季托夫分别代表中乌双方出席"中国 – 中亚"天然气管道暨首站正式运营庆祝仪式。

2010 年 5 月 1 至 4 日,中国财政部部长谢旭人赴乌兹别克斯坦参加亚行理事会第 43 届年会,并与乌兹别克斯坦卡里莫夫总统、第一副总理兼财政部部长阿济莫夫举行会谈。

2010 年 6 月,中国国家主席胡锦涛对乌兹别克斯坦进行国事访问,两国元首共同签署了中乌关于全面深化和发展两国友好合作伙伴关系的联合声明。联合声明表示,双方将共同采取措施,进一步优化双边贸易结构,提高双边贸易额。双方同意积极开展自然资源贸易领域的合作,以及在互利基础上扩大中乌天然气管道输送能力。双方认为"两国在非资源和高科技领域开展合作潜力巨大,应成为下一阶段中乌务实合作的重点领域之一"。此外,中方重申将积极落实中国向乌兹别克斯坦提供的长期优惠信贷项目。双方将不断加强在国际和地区经济和金融组织的相互协作,进一步改善贸易和投资环境，积极支持对方企业在本国境内的经营活动，为两国货物、服务、投资和商务、工程技术人员进入对方市场创造条件。双方认为，签署新的《中华人民共和国政府和乌兹别克斯坦共和国政府关于促进和保护投资的协定》将促进双边投资合作发展。双方将积极发展交通运输领域的合作，促进区域基础设施网络化建设。双方将采取积极措施，扩大在铁路、公路及航空运输和电信领域的合作。

2011 年 4 月，乌兹别克斯坦总统卡里莫夫对中国进行国事访问，在访问期间两国元首签署中乌联合声明。联合声明指出，双方将完善双边贸易结构，实现进出口商品种类多样化，促进两国贸易增长，扩大高新技术和非资源领域的贸易规模，落实两国政府 2010 年 6 月签订的《中华人民共和国政府和乌兹别克斯坦共和国政府非资源和高科技领域合作规划》，加快实施大型合作项目，为中乌经贸合作持续、健康、稳定发展创造条件。双方认为，中乌天然气管道项目的运营是两国能源合作的重大成就，决定继续深化天然气领域合作，加强自然资源的勘探、开发和贸易合作。双方愿积极扩大金融投资领域的协作，落实纳沃伊自由工业经济区合资项目，加强在国际和地区经济、金融组织内的相互协作。双方表示，将交通、通信领域合作视为发展双边关系和促进经贸合作的重要内容和优先方向。双方将支持区域通信、交通和过境运输网络化及便利化建设，采取积极措施深化两国铁路、公路及航空运输领域的合作。

2011 年 4 月 19 日，中国人民银行与乌兹别克斯坦中央银行在北京签署金额为 7 亿元人民币的双边本币互换协议；中国石油天然气集团公司与乌兹别克斯坦国家石油天然气控股公司签订中乌天然气管道建设协议。2011 年 5 月 22 日，“2011 年乌兹别克斯坦中国新疆商品展”在塔什干开幕。

2013 年 8 月 28 日，中国对外贸易中心、中国驻乌兹别克斯坦使馆商务参赞处在乌兹别克斯坦首都塔什干举行了以“共筑友谊，共谋发展”为主题的第 114 届中国进出口商品交易会推介会。

2013 年 9 月 8 至 10 日，中国国家主席习近平对乌兹别克斯坦进行国事访问。访问期间，中国与乌兹别克斯坦两国就能源、交通、金融、科技园、人文合作等方面签署了一系列合作文件。

2014 年 12 月 19 日，由中国—乌兹别克亚洲跨境天然气管道合资公司承建的“中亚 - 中国”天然气管道乌兹别克斯坦段三线管道部分完工，并预测在 2015 年 1 月将开始试气并运营。乌兹别克斯坦段三线管道总长 529 千米，价值 22 亿美元，始建于 2011 年 12 月，计划自 2015 年中开始供气，设计输气能力为每年 550 亿立方米。

2015 年 6 月 16 日，中国与乌兹别克斯坦政府间委员会第三次会议在山东日照举行，中乌双方签署了《关于在落实建设“丝绸之路经济带”倡议框架下扩大互利经贸合作的议定书》。议定书中强调，共建丝绸之路经济带将加深和扩大两国在贸易、投资、金融、交通等领域的互利合作。

2015 年 7 月 10 日，在上海合作组织乌法峰会上，中国国家主席习近平会见乌兹别克斯坦总统卡里莫夫时称，中国将提供 3.5 亿元人民币的援助，帮助乌兹别克斯坦进行医疗和教育改革。

2016 年 7 月 8 日，首列京津冀至乌兹别克斯坦塔什干国际货运班列开行。该班列是京津冀地区首列直通中亚的国际货运班列，运行路线为北京—天津—石家庄—太原—乌鲁木齐—霍尔果斯—阿拉木图—塔什干，全程 5 000 余公里，运行时间 8 天。

2016 年 11 月 8 至 10 日，第八届乌兹别克斯坦中国新疆商品展览会在乌兹别克斯坦首都塔什干市贸易展览中心举行。乌兹别克斯坦中国新疆商品展览会每年举办一届，举办方为新疆国际贸易促进委员会和乌兹别克斯坦工商会。

五、中国与土库曼斯坦经贸关系大事记

1992 年 1 月 6 日，中国对外经济贸易部部长李岚清及外交部副部长田曾佩率领的中国政府代表团访问土库曼斯坦，两国政府签署了《中华人民共和国和土库曼斯坦建交联合公报》《中华人民共和国政府和土库曼斯坦政府经济贸易协定》和《中华人民共和国政府和土库曼斯坦政府经济贸易合作纪要》。中国与土库曼斯坦正式建立外交关系，中国和土库曼斯坦的贸易由此开始。中国与土库曼斯坦两国相互确认给予贸易最惠国待遇，双方贸易按

国际价格进行，中国决定在土库曼斯坦兴建纺织、化学和加工业等方面的一系列合资企业。

1992 年 3 月，中国银行行长同土库曼斯坦国家商业银行行长签订了关于双方银行直接进行结算业务的合同。同年 7 月，中国山西省代表团访问土库曼斯坦，计划在土库曼斯坦兴建针织、皮货加工厂并在天然气开采、酵母生产方面进行合作。同年 9 月，土库曼斯坦工业贸易部部长参加乌鲁木齐商品展销会，同中国有关方面在农产品加工、纺织等部门以及在阿什哈巴德兴建宾馆进行合作事项达成协议。

1992 年 11 月 19 至 23 日，土库曼斯坦总统尼亚佐夫对中国进行国事访问。其间，江泽民总书记、李鹏总理分别同尼亚佐夫总统举行了会见与会谈。会谈后，两国元首出席签字仪式并签署了《中华人民共和国和土库曼斯坦关于进一步发展和加强两国友好合作关系的联合声明》。两国政府有关部门负责人签署了《中华人民共和国政府和土库曼斯坦政府关于建立中土政府间经贸合作委员会的协定》《中华人民共和国政府和土库曼斯坦政府关于中国向土库曼斯坦提供优惠贷款的框架协议》《中华人民共和国政府和土库曼斯坦政府科学技术合作协定》《中华人民共和国政府和土库曼斯坦政府投资保护协定》《中华人民共和国政府和土库曼斯坦政府民航协定》等 8 个文件。双方保证在互利平等、长期稳定的基础上发展经贸关系。

1994 年 4 月 20 至 22 日，应土库曼斯坦总统尼亚佐夫的邀请，李鹏总理对土库曼斯坦进行了正式访问。双方签订了中国向土库曼斯坦提供 5 000 万元人民币的政府贷款协定及提供 150 万元人民币的人道主义物质援助协定。另外，双方还签署了两国外交部磋商议定书、中国石油天然气总公司与土库曼斯坦石油天然气部开展合作的意向书等文件。这些协定及意向书的签署为中国在土库曼斯坦开展经贸合作提供了优惠政策、法律地位及法律保障。

1998 年 8 月 31 至 9 月 4 日，土库曼斯坦总统尼亚佐夫访问中国，中土双方签署了《中华人民共和国和土库曼斯坦关于进一步发展和加强两国友好合作关系的联合声明》《中华人民共和国向土库曼斯坦提供贷款和无偿援助的协定》，以及《中华人民共和国政府和土库曼斯坦政府关于建立中土政府间经贸合作委员会的协定》《中华人民共和国政府和土库曼斯坦政府科学技术合作协定》《中华人民共和国政府和土库曼斯坦政府民用航空运输协定》《中华人民共和国政府和土库曼斯坦政府旅游合作协定》《中华人民共和国政府和土库曼斯坦政府 1998—2000 年教育合作协定》等文件。

2000 年 7 月 5 至 7 日，中国国家主席江泽民对土库曼斯坦进行国事访问。两国元首共同签署了《中华人民共和国和土库曼斯坦联合声明》。中国对外经贸部部长石广生同土库曼斯坦副总理坎德莫夫签署了关于中国向土库曼斯坦提供 1 亿元人民币优惠贷款的框架协议；中国石油天然气集团公司与土库曼斯坦副总理古尔班穆拉多夫签署了《中国石油天然气集团公司与土库曼斯坦石油部在石油天然气领域合作的谅解备忘录》。

2002 年 1 月，中国国务委员司马义·艾买提在中国和土库曼斯坦建交十周年之际访问阿什哈巴德，访问期间双方签署了油气领域合作的协定。根据协定，中国向土库曼斯坦西部的库德达克油田提供成套设备，以帮助其提高原油的回采率。

2004 年 10 月 20 日，土库曼斯坦总统尼亚佐夫会见了正在土库曼斯坦进行国事访问的中国外长李肇星。双方探讨了两国互利关系的发展前景，会谈结束后签署了两项政府协议。

2006 年 4 月 2 至 8 日，土库曼斯坦总统尼亚佐夫对中国进行国事访问。4 月 3 日，中国国家主席胡锦涛与尼亚佐夫举行会谈，两国元首共同签署了《中华人民共和国和土库曼斯坦联合声明》，并出席了中土经济合作等方面七个文件的签字仪式。其中，中土两国签署的《中华人民共和国政府和土库曼斯坦政府关于实施中土天然气管道项目和土库曼斯坦向中国出售天然气的总协议》规定，从 2009 年起的 30 年内，土库曼斯坦每年将经中亚天然气管道向中国输送 300 亿立方米天然气。为保障建成投产后的中土天然气管道有足够的天然气供应，双方还将共同勘探和开发土库曼斯坦境内阿姆河右岸的气田。

2007 年 7 月 16 至 18 日，土库曼斯坦总统库尔班古力·别尔德穆哈梅多夫对中国进行国事访问，胡锦涛主席、温家宝总理分别与其会谈。双方签署了《中华人民共和国和土库曼斯坦关于进一步巩固和发展友好合作关系的联合声明》《中华人民共和国和土库曼斯坦教育合作协议》《中华人民共和国和土库曼斯坦关于进一步巩固和发展友好合作关系的经济技术合作协定》等文件。其中，签署的为期30年的《关于土库曼斯坦阿姆河右岸巴格德雷合同区块产品分成合同》和《中土天然气购销协议》，使合作协议得到具体落实。根据协议，从2009年1月起的30年运营期内，土库曼斯坦每年向中国输送300亿立方米的天然气，其中170亿立方米来自商业购买，130亿立方米来自中国石油天然气集团公司在阿姆河右岸勘探开发天然气的产品分成。

2008年8月28至29日，中国国家主席胡锦涛对土库曼斯坦进行国事访问。两国元首共同签署了《中华人民共和国和土库曼斯坦联合声明》。除此之外，中土双方签署了《扩大100亿立方米天然气合作框架协议》，标志着土库曼斯坦天然气合作项目作为中国－中亚天然气管道的起点和主气源，将在未来的30年内，每年向中国输送的天然气由300亿立方米增加到400亿立方米。

2009年6月23至25日，中国国务院副总理李克强正式访问土库曼斯坦，土库曼斯坦总统别尔德穆哈梅多夫同李克强副总理举行会见。双方签署了两国在能源、经贸、金融等领域的合作文件。

2009年6月24日，中国石油天然气集团公司与土库曼斯坦石油天然气康采恩、油气署等签署天然气合作协议。土库曼斯坦总统别尔德穆哈梅多夫、中国国务院副总理李克强在双方会谈后共同出席签字仪式。根据有关协议，这一项目每年将通过中国－中亚天然气管道向中国输送300亿立方米天然气。

2009年12月14日，中国－中亚天然气管道通气仪式在土库曼斯坦阿姆河右岸巴哥德雷合同区第一天然气处理厂举行。中国国家主席胡锦涛同土库曼斯坦总统别尔德穆哈梅多夫、哈萨克斯坦总统纳扎尔巴耶夫、乌兹别克斯坦总统卡里莫夫共同出席中国－中亚天然气管道建成通气庆典仪式。

2011年11月22至25日，土库曼斯坦总统别尔德穆哈梅多夫对中国进行国事访问。胡锦涛主席同别尔德穆哈梅多夫举行会谈，两国元首和相关部门签署了《中华人民共和国和土库曼斯坦关于全面深化中土友好合作关系的联合声明》《中华人民共和国政府和土库曼斯坦政府在若干经济领域合作规划》等14项文件。2011年，中国和土库曼斯坦双方签署了18份国家、政府和企业间合作文件，极大地巩固了中国与土库曼斯坦友好合作的法律基础，双方合作机制更加完善。中国与土库曼斯坦政府间合作委员会下设的能源、经贸、安全、人文四个分委会分别举行首次会议，对相关领域的务实合作做出了规划。

2011 年 12 月 13 日，中国石油阿姆河天然气项目二期工程（第二天然气处理厂）开工奠基仪式在土库曼斯坦列巴普州阿姆河右岸的巴格德雷合同区隆重举行。土库曼斯坦总统别尔德穆哈梅多夫、中国驻土库曼斯坦大使肖清华、中国石油天然气集团总经理周吉平，以及土库曼斯坦内阁成员和各国驻土库曼斯坦使节代表等出席。

2013 年 5 月，土库曼斯坦总统别尔德穆哈梅多夫签发决议，批准土库曼斯坦天然气康采恩与兰州国民油井工程公司（又称“兰州兰石石油装备公司”）签订合同，采购该公司生产的 5 套 ZJ70DBS 型钻井设备。设备将全部用于土库曼斯坦最大天然气气田复兴气田的开发。

2013 年 9 月 3 至 4 日，中国国家主席习近平对土库曼斯坦进行国事访问，并与别尔德穆哈梅多夫总统共同签署了《中华人民共和国与土库曼斯坦关于建立战略伙伴关系的联合宣言》。在访问期间，习近平主席和别尔德穆哈梅多夫总统共同出席了中石油公司承建的“复兴”气田一期工程竣工投产仪式。

2014 年 5 月 7 日，土库曼斯坦总统别尔德穆哈梅多夫亲临土库曼斯坦列巴普州的巴格德雷区块，出席了中石油土库曼斯坦第二天然气处理厂投产仪式。仪式结束后，土库曼斯坦总统会见了国家发改委副主任、国家能源局局长吴新雄和中石油中亚区负责人吕功训。

2014 年 5 月 11 至 14 日，土库曼斯坦总统别尔德穆哈梅多夫对中国进行国事访问。两国政府共同签署了《中华人民共和国和土库曼斯坦友好合作条约》《中华人民共和国和土库曼斯坦关于发展和深化战略伙伴关系的联合宣言》《关于通过〈中土战略伙伴关系发展规划（2014—2018 年）〉的声明》，两国元首还见证了天然气、农业、交通、金融、文化等领域多项合作文件的签署。

2014 年 8 月 5 日，中国外交部副部长程国平在访问土库曼斯坦期间，参加了中土合作委员会副外长级安全合作领域分委会第四次会议，双方就中土安全领域的合作，以及双方共同关心的国际和地区问题广泛交换了意见。

双方一致同意下次分委会会议在北京举行。

2014 年 8 月 28 日，正在土库曼斯坦阿什哈巴德访问的中国国务院副总理张高丽会见了土库曼斯坦总统别尔德穆哈梅多夫，双方就加强能源领域战略合作问题进行了讨论。

2014 年 12 月 26 日，土库曼斯坦议会批准了关于土库曼斯坦与吉尔吉斯斯坦之间友好、相互理解和合作的条约。土库曼斯坦、吉尔吉斯斯坦都参与了向中国供应天然气项目，中国与土库曼斯坦签订了到 2020 年天然气增供达 650 亿立方米的长期协议。

2015 年 3 月 19 日，土库曼斯坦总统别尔德穆哈梅多夫会见在阿什哈巴德进行工作访问的中国国家发展和改革委员会副主任、国家能源管理局局长时表示，土库曼斯坦视中国为重要的战略合作伙伴，双方就建立在长期合作基础上的重点领域合作问题交换了意见，并一致认为，中国与土库曼斯坦人民高水平地相互信任、相互理解，定期高效地举行政府间对话，为加深和扩大中国与土库曼斯坦在经贸、能源、交通、通信及其他国民经济领域的合作创造了便利条件。

2015 年 6 月 29 日，中国青海省政府与土库曼斯坦驻华使馆在青海联合举办了中国 - 土库曼斯坦经贸和人文合作论坛，该论坛为纪念土库曼斯坦中立 20 周年系列活动之一。土库曼斯坦代表团主要介绍了扩大中国与土库曼斯坦经贸合作前景，包括发展生产和加工石化产品领域的合作伙伴关系。双方探讨了青海省向土库曼斯坦出口建材、进口土库曼斯坦地毯的可能性。

2015 年 11 月 11 至 12 日，土库曼斯坦总统别尔德穆哈梅多夫对中国进行访问，与中国国家主席习近平举行会谈。两国元首同意共同努力，提高两国各领域合作水平，不断充实中土战略伙伴关系内涵，造福两国人民。访问期间，别尔德穆哈梅多夫还会见了中国企业界部分代表，表示会加强双方在能源、化工、交通、电信、纺织、食品、旅游、体育等领域的合作，继续扩大双方人文领域，尤其是教育和经济干部培训领域的联系。

2016 年 4 月 28 日，土库曼斯坦驻中国大使馆、哈萨克斯坦驻中国大使馆及哈铁路公司代表处在北京共同举办了中国—哈萨克斯坦—土库曼斯坦—伊朗铁路干线运输推介会。

2016 年 7 月 4 日，中国商务部部长助理张骥与土库曼斯坦贸易和对外联络部副部长库尔班诺夫在土库曼斯坦首都阿什哈巴德市主持召开了中国 - 土库曼斯坦合作委员会经贸分委会第四次会议。

参考文献

一、普通图书

[1]李钢. 上海合作组织:加速推进的区域经济合作[M]. 北京:中国海关出版社,2004.

[2]中华人民共和国商务部,中华人民共和国国家统计局,国家外汇管理局. 2003年度中国对外直接投资统计公报[M]. 北京:中国统计出版社,2004.

[3]范晔. 后汉书[M]. 北京:中华书局,2006.

[4]须同凯. 丝绸之路上的新商机:中亚经贸投资指南[M]. 北京:中国海关出版社,2007.

[5]须同凯. 上海合作组织区域经济合作——发展历程与前景展望[M]. 北京:人民出版社,2010.

[6]赵传君. 创建中俄自由贸易区的问题探索[M]. 北京:社会科学文献出版社,2010.

[7]张彬,等. 国际区域经济一体化比较研究[M]. 北京:人民出版社,2010.

[8]秦放鸣. 中国与中亚国家区域经济合作研究[M]. 北京:科学出版社,2010.

[9]潘广云. 独联体框架内次区域经济一体化问题研究[M]. 北京:北京师范大学出版社,2011.

[10]李光辉. 中国自由贸易战略研究[M]. 北京:中国商务出版

社,2011.

[11]赵华胜. 上海合作组织:评析与展望[M]. 北京:时事出版社,2012.

[12]王海燕. 新地缘经济——中国与中亚[M]. 北京:世界知识出版社,2012.

[13]孙力,吴宏伟. 中亚国家发展报告(2012)[M]. 北京:社会科学文献出版社,2012.

[14]新疆财经大学课题组. 中国-亚欧博览会年度报告(2011)[M]. 乌鲁木齐:新疆人民出版社,2012.

[15]孙力,吴宏伟. 中亚国家发展报告(2013)[M]. 北京:社会科学文献出版社,2013.

[16]李进峰,吴宏伟. 上海合作组织发展报告(2013)[M]. 北京:社会科学文献出版社,2013.

[17]新疆财经大学课题组. 中国-亚欧博览会年度报告(2013)[M]. 乌鲁木齐:新疆人民出版社,2014.

[18]新疆维吾尔自治区统计局. 新疆统计年鉴[M]. 北京:中国统计出版社,2000—2014.

[19]中华人民共和国商务部,中华人民共和国国家统计局,国家外汇管理局. 2013年度中国对外直接投资统计公报[M]. 北京:中国统计出版社,2014.

[20]《中国商务年鉴》编辑委员会. 中国商务年鉴2014年[M]. 北京:中国商务出版社,2014.

[21]中华人民共和国国家统计局. 中国统计年鉴2014[M]. 北京:中国统计出版社,2014.

[22]中国人民大学重阳金融研究院. 欧亚时代:丝绸之路经济带研究蓝皮书(2014—2015)[M]. 北京:中国经济出版社,2014.

[23]刘慧. 国家安全蓝皮书:中国国家安全研究报告(2014)[M]. 北京:社会科学文献出版社,2014.

[24]Tinbergen,J. Shaping the World Economy:Suggestions for an Interna-

tional Economic Policy[M]. New York:The Twentieth Century Fund,1962.

二、报告

[1]亚洲开发银行. 亚洲发展展望报告 2012[R]. 马尼拉,2012.

[2]IMF,World Economic Outlook 2014[R]. Washington,DC,2014.

三、学位论文

[1]梁雪松. 遗产廊道区域旅游合作开发战略研究——以丝绸之路中国段为例[D]. 西安:陕西师范大学,2007.

[2]皮坚. 丝绸之路对外贸易走向衰落研究[D]. 长沙:湖南大学,2010.

[3]刘婷婷. 新疆的边境贸易及其边贸政策研究[D]. 上海:复旦大学,2011.

[4]陆军. 新疆对外贸易结构优化研究[D]. 石河子:石河子大学,2011.

[5]张利俊. 边境贸易法律保障研究:以内蒙古自治区为例[D]. 北京:中央民族大学,2012.

[6]徐雅雯. 上海合作组织贸易投资便利化问题研究[D]. 大连:东北财经大学,2012.

[7]Julius D. A. Reynolds. An Empirical Application of Regional Security Complex Theory:The Securitization Discourse in China's Relation with Central Asia and Russia [D]. Budapest:Central European University,2009.

四、期刊中析出的文献

[1]季羡林.《丝绸之路贸易史研究》序[J]. 兰州商学院学报,1990(4):1.

[2]陈联璧. 乌兹别克斯坦的对外经济合作[J]. 俄罗斯中亚东欧市场,1996(2):28-31.

[3]余万里. 相互依赖研究评述[J]. 欧洲研究,2003(4):51-61.

[4]徐建军. 东盟自由贸易区:区域内贸易的发展和利益分配[J]. 世界经济,2004(8):13-17.

[5]李明伟. 丝绸之路研究百年历史回顾[J]. 西北民族研究,2005(2):90 – 106.

[6]高伟江,徐新荣. 基于经济合作的丝绸之路开发[J]. 改革与管理,2005(3):1 – 3.

[7]周金秦,罗文宝. 浅析构建中印自由贸易区的现实意义[J]. 天府新论,2005(11):91 – 92.

[8]吴大辉. 美国在独联体地区策动"颜色革命"的三重诉求——兼论中俄在上海合作组织架构下抵御"颜色革命"的当务之急[J]. 俄罗斯中亚东欧研究,2006 (2):1 – 8.

[9]贾俐贞. 构建上海合作组织自由贸易区的战略思考[J]. 俄罗斯中亚东欧研究,2007(1):75 – 80.

[10]陈汉林,涂艳. 中国 – 东盟自由贸易区下中国的静态贸易效应:基于引力模型的实证分析[J]. 国际贸易问题,2007(5):47 – 50.

[11]赵常庆. 中国与中亚国家在合作与互动中共同发展[J]. 俄罗斯中亚东欧市场,2007(6):1 – 4.

[12] 李众敏. 中国区域贸易自由化战略研究[J]. 世界经济,2007(8):46 – 51.

[13]肖昭升,吴文化. 我国向西开放国际运输通道的战略构想[J]. 综合运输,2007(10):21 – 29.

[14]宋玉华,李锋. 亚太区域内自由贸易协定的"轴心 – 辐条"格局解析 [J]. 世界经济与政治,2008(2):69 – 79.

[15]李钢. 中国特色的区域经济合作总体布局与实施自由贸易区战略[J]. 国际贸易,2008(4):11 – 17.

[16]李豫新,倪超军. 新疆在中国与中南亚区域经济合作中的战略地位与作用[J]. 中国软科学,2008(6):74 – 87.

[17]王新平,陈锐. 中哈金融合作与制度安排——对中哈本币结算的探讨[J]. 俄罗斯中亚东欧市场,2008(11):25 – 31.

[18]陈雯. 中国 – 东盟自由贸易区的贸易效应研究:基于引力模型"单国模式"的实证分析[J]. 国际贸易问题,2009(1):61 – 66.

[19]李瑞哲.古代丝绸之路商队的活动特点分析[J].兰州大学学报(社会科学版),2009(3):37－44.

[20]谢锐,赖明勇.中国自由贸易区建设:演化历程、特点与趋势[J].国际经贸探索,2009(4):35－40.

[21]东艳,冯维江,邱薇.深度一体化:中国自由贸易区战略的新趋势[J].当代亚太,2009(4):111－136.

[22]张晔,秦放鸣.上海合作组织自由贸易区实现路径探析:基于次区域经济合作视角[J].新疆大学学报(哲学·人文社会科学版),2009(6):95－98.

[23]李晓峰,任靖楠.中韩自由贸易区的建立对中韩两国净出口就业影响的实证分析[J].国际贸易问题,2009(6):56－63.

[24]王海燕.中哈自由贸易区:机遇、挑战与前景[J].国际经济合作,2009(11):33－38.

[25]张国刚.丝绸之路与中西文化交流[J].西域研究,2010(1):1－3.

[26]南宇,李兰军.丝绸之路中国段跨国申报世界遗产理论与实践的意义和价值[J].宁夏大学学报(人文社会科学版),2010(1):201－205.

[27]李钦,许云霞.中国新疆加大对吉尔吉斯斯坦的出口力度与对策探析[J].俄罗斯中亚东欧市场,2010(2):25－29.

[28]秦放鸣,孙庆刚.中国的中亚战略研究[J].亚太经济,2010(2):111－114.

[29]陈小沁.关于深化上海合作组织区域经济合作的思考[J].国际论坛,2010(2):13－17.

[30]蔡宏波,黄建忠.中国自由贸易区战略的有效性:基于商品竞争性与互补性的分析[J].商业经济与管理,2010(3):41－57.

[31]毕燕茹,师博.中国与中亚五国贸易潜力测算及分析——贸易互补性指数与引力模型研究[J].亚太经济,2010(3):47－51.

[32]潘广云.欧亚经济共同体的经贸合作现状及其前景[J].俄罗斯中亚东欧市场,2010(5):1－9.

[33]朱永彪,尹舒阳.美国大中亚战略进入新阶段[J].国际观察,2010

(5):29－36.

[34]刘兴宏. 亚洲开发银行与中亚区域经济合作[J]. 东南亚纵横,2010(5):93－96.

[35]李艳. 新疆对外开放战略回顾与实施效果评价[J]. 实事求是,2010(6):35－37.

[36]包艳. 中国自由贸易区(FTA)战略演进进程研究[J]. 辽宁工业大学学报(社会科学版),2010(6):20－25.

[37]闫磊. 国际直接投资:西方现代主要理论简述[J]. 赤峰学院学报(哲学社会科学版),2010(6):167－170.

[38]高志刚. 基于三类模式的中国新疆与中亚次区域经济合作平台构建[J]. 俄罗斯中亚东欧市场,2010(10):21－27.

[39]马幸荣. 自由贸易区:中、哈区域经济合作发展的现实选择[J]. 特区经济,2010 (12):19－22.

[40]赵青松. 新疆进出口基地的产业选择及重点区域分析[J]. 黑龙江对外经贸,2010(12):60－64.

[41]张振强,韦兰英,阮陆宁. 边境贸易与经济增长关系的计量分析——以广西凭祥市为例[J]. 商业时代,2010(21):51－54.

[42]李婷,李豫新. 中国与中亚五国农产品贸易的互补性分析[J]. 国际贸易问题,2011(1):53－62.

[43]孙莉. 俄、白、哈关税同盟对中哈经贸的影响[J]. 俄罗斯中亚东欧市场,2011(1):32－35.

[44]曲凤杰. 建立和完善沿边开放的政策体系[J]. 国际贸易, 2011(2):14－41.

[45]杨鸿玺. 20 年来美国中亚战略的基本路径[J]. 国际展望,2011(3):21－38.

[46]郜志熊,王颖. 中国与哈萨克斯坦经贸合作的前景分析——基于贸易、投资国际比较的视角[J]. 国际贸易问题,2011(3):52－60.

[47]孙壮志,张宁. 上海合作组织的经济合作:成就与前景[J]. 国际观察,2011 (3):13－17.

[48]赵常庆. 论影响中国与中亚关系的“俄罗斯因素”及中俄关系的“中亚因素”[J]. 新疆师范大学学报(哲学社会科学版),2011(4):36-40.

[49]赵玉焕,王帅. 中国-东盟自由贸易区投资效应研究[J]. 北京理工大学学报(社会科学版),2011(4):13-17.

[50]全毅,柯原. 中国推进区域合作与 FTA 建设的战略思考[J]. 开放导报,2011 (4):52-56.

[51]刘华芹. 新时期进一步推进上海合作组织区域经济合作的思考与建议[J]. 国际贸易,2011(5):60-65.

[52]夏先良. 近年中国云南省边境贸易成本变化因素及其影响[J]. 云南财经大学学报,2011(5):73-83.

[53]马骥. 人民币实际有效汇率与中国对中亚五国贸易收支的实证研究[J]. 西安财经学院学报,2011(6):21-26.

[54]吴宏伟. 中国与中亚五国的贸易关系[J]. 俄罗斯中亚东欧市场,2011(6):1-7.

[55]郑润宇. 海关同盟:俄哈促进的欧亚一体化的起点[J]. 国际经济评论,2011 (6):85-98.

[56]李福川. 俄、白、哈关税同盟及对上海合作组织的影响[J]. 俄罗斯中亚东欧市场,2011(7):1-9.

[57]屠新泉,邱微. 美韩 FTA 对中国出口的贸易替代效应研究[J]. 世界经济研究,2011(9):57-63.

[58]戴越,叶璐. 俄罗斯加入 WTO 给中俄贸易带来的机遇与挑战[J]. 商业研究,2011(9):126-129.

[59]刘宇,张亚雄. 欧盟-韩国自贸区对我国经济和贸易的影响——基于动态 GTAP 模型[J]. 国际贸易问题,2011(11):106-115.

[60]王维然,朱敏,吴唯君. 俄、白、哈关税同盟的贸易结构与效应研究[J]. 俄罗斯中亚东欧市场,2011(12):29-34.

[61]于民. 丝绸之路与中外经济文化交流[J]. 兰台世界,2011(28):62-63.

[62]杨恕,后俊. 德国的中亚政策[J]. 德国研究,2012(1):42-51.

[63]黄志瑾. 俄罗斯入世:历程与成就——WTO 第八届部长及会议观察之一[J] . 世界贸易组织动态与研究,2012(1):62 – 69.

[64]彭徽. 国际贸易理论的演进逻辑:贸易动因、贸易结构和贸易结果[J]. 国际贸易问题,2012(2):169 – 176.

[65]刘东旭. 边境贸易促进新疆经济增长的实证研究[J]. 对外经贸,2012(2):48 – 50.

[66]王树春,万青松. 上海合作组织与欧亚经济共同体的关系探析[J]. 世界经济与政治,2012(3):20 – 38.

[67]张胜军,路征,邓翔. 西部省区参与国际区域经济合作的效应分析[J]. 云南财经大学学报,2012(3):51 – 59.

[68]王海燕. 中国与周边国家区域经济合作的机制创新探析:以中哈霍尔果斯国际边境合作中心为例[J]. 新疆师范大学学报(哲学社会科学版),2012(4):16 – 21.

[69]李钦,段秀芳,许云霞. 俄白哈经济一体化的内部分歧、挑战及其发展前景[J]. 新疆财经,2012(5):61 – 66.

[70]华民. 贸易、汇率与经济增长——对中国发展战略的理性思考[J]. 复旦学报(社会科学版),2012(5):14 – 21.

[71]赵青松. 首届中国 – 亚欧博览会经济效应分析[J]. 对外经贸,2012(5):17 – 19.

[72]赵青松. 俄、白、哈关税同盟对中国外贸的影响分析[J]. 江苏商论,2012(6):89 – 102.

[73]郭力. 中俄边境贸易发展的学理性研究——以黑龙江省与俄罗斯的贸易合作为例[J] . 国际贸易问题,2012(6):40 – 48.

[74]李兴. 普京欧亚联盟评析[J]. 俄罗斯研究,2012(6):151 – 174.

[75]叶智鑫,周丽华. 中国对塔吉克斯坦直接投资的贸易效应实证分析[J]. 新疆财经,2012(6):73 – 77.

[76]刘静. 古代丝绸之路的商品流通[J]. 兰台世界,2012(6):21 – 22.

[77]李钦,许云霞. 中国对中亚地区投资现状及其比较分析[J]. 商业经济,2012(7):1 – 6.

[78]丁东兴. 俄白哈关税同盟概况及应对建议[J]. 国际经济合作,2012(8):62-64.

[79]李宝琴. 中国-中亚自由贸易区建设研究——以次区域经济合作为视角[J]. 边疆经济与文化,2012(8):5-7.

[80]杨殿中. 中国企业对中亚五国直接投资的产业分布及产业选择建议[J]. 中央财经大学学报,2012(9):66-71.

[81]贺彩银. 西部民族地区边境出口贸易的二元边际与经济增长研究[J]. 国际经济合作,2012(9):52-56.

[82]贾怀东,傅广华. 俄罗斯"入世"与中国机会[J]. 中国国情国力,2012(10):36-37.

[83]吴汉洪,苏睿. 边境贸易对广西产业发展的影响[J]. 广西民族研究,2013(1):163-172.

[84]苏祖梅. 中国企业在中亚五国经营环境的比较研究[J]. 国际观察,2013(2):66-72.

[85]张猛,丁振辉. 上海合作组织自由贸易区:构想及其意义[J]. 国际经贸探索,2013(2):22-33.

[86]宋国友. 中国与周边国家经济关系及政策选择[J]. 国际问题研究,2013(3):33-43.

[87]郭晓琼. 竞争与合作:对欧亚联盟与上海合作组织关系的思考[J]. 俄罗斯东欧中亚研究,2013(3):44-54.

[88]艾莱提·托洪巴依·吉尔吉斯斯坦"颜色革命综合征"及其政局走向[J]. 新疆社会科学,2013(4):83-87.

[89]曾向红. 遏制、整合与塑造:美国中亚政策的战略目标[J]. 俄罗斯研究,2013(5):120-163.

[90]潘兴明. 价值观外交与利益外交的叠加——欧盟中亚战略评述[J]. 欧洲研究,2013(5):77-92.

[91]杨小娟. 我国边境贸易的影响因素和区域格局[J]. 改革,2013(6):110-117.

[92]王维然,吴唯君. 对外贸易在吉尔吉斯斯坦经济中的影响[J]. 新疆

大学学报(哲学·人文社会科学版),2013(6):92-98.

[93]赵青松.中国与土库曼斯坦经贸合作的历史、现状及前景展望[J].新疆财经,2013(6):64-70.

[94]赵青松.中国与塔吉克斯坦经贸合作的历史、现状及前景[J].俄罗斯中亚东欧市场,2013(6):57-66.

[95]汪占熬,陈小倩.中国-东盟自由贸易区投资效应研究[J].华东经济管理,2013(6):65-69.

[96]赵青松.俄白哈关税同盟贸易效应及其影响[J].商业研究,2013(10):142-147.

[97]庞秀萍,陈锐.中哈比较优势和贸易互补性的实证分析及相关建议[J].区域金融研究,2013(12):63-67.

[98]胡欣."连接中亚":印度重启中亚攻略[J].世界知识,2013(20):27-29.

[99]赵华胜.浅评中俄美三大战略在中亚的共处[J].国际观察,2014(1):96-109.

[100]雷琳,王林兵.吉尔吉斯斯坦南部动态移民潮分析[J].新疆社会科学,2014(1):89-95.

[101]依马木阿吉·艾比布拉,孙世伟.吉尔吉斯斯坦经济转型中投资环境及中国对其投资前景分析[J].西安财经学院学报,2014(1):11-14.

[102]胡鞍钢,马伟,鄢一龙."丝绸之路经济带":战略内涵、定位和实现路径[J].新疆师范大学学报(哲学社会科学版),2014(2):1-10.

[103]闫鹏.美国对吉尔吉斯斯坦文化输出政策的调整和实施困境[J].新疆社会科学,2014(2):79-85.

[104]程云洁.中国与吉尔吉斯斯坦经贸合作的制约因素分析[J].新疆财经,2014(2):58-64.

[105]赵青松.论析新疆边境贸易转型升级的路径及对策[J].对外经贸实务,2014(2):32-35.

[106]白永秀,王颂吉.丝绸之路经济带的纵深背景与地缘战略[J].改革,2014(3):64-73.

[107]刘华芹,李钢. 建设“丝绸之路经济带”的总体战略与基本架构[J]. 国际贸易,2014(3):4-9.

[108]赵青松,李钦. 俄白哈关税同盟的投资效应及引资前景分析[J]. 亚太经济,2014(3):92-97.

[109]赵常庆. 大国博弈与中亚国家的立场[J]. 新疆师范大学学报(哲学社会科学版),2014(4):71-74.

[110]邢广程. 海陆两个丝路:通向世界的战略之梯[J]. 学术前沿,2014(4):90-95.

[111]冯宗宪. 中国向欧亚大陆延伸的战略动脉:丝绸之路经济带的区域、线路划分和功能详解[J]. 人民论坛·学术前沿,2014(4):79-85.

[112]丁晓星. 丝绸之路经济带的战略性与可行性分析——兼谈推动中国与中亚国家的全面合作[J]. 人民论坛·学术前沿,2014(4):71-78.

[113]李建民. 丝绸之路经济带、欧亚经济联盟与中俄合作[J]. 俄罗斯学刊,2014(5):7-18.

[114]赵青松. 中国与乌兹别克斯坦经贸关系:历史、现状与前景[J]. 新疆财经,2014(5):67-74.

[115]江丽,高志刚. 中国与中亚五国商品贸易发展的比较研究[J]. 亚太经济,2014(6):91-96.

[116]陈维. 论“中亚区域经济合作计划”的地位与作用[J]. 西部学刊,2014(6):28- 47.

[117]李克强. 关于深化经济体制改革的若干问题[J]. 求是,2014(9):3-10.

[118]阿不都伟力·买合普拉. 基于丝绸之路经济带框架的新疆现代物流业发展路径[J]. 中国流通经济,2014(9):34-39.

[119]赵青松. 吉尔吉斯斯坦加入俄白哈关税同盟的利弊及其影响[J]. 国际经济合作,2014(10):63-67.

[120]丁巨涛,张涛. 中国与中亚五国贸易合作研究[J]. 西安财经学院学报,2015(5):54-59.

[121]赵青松. 中欧国际铁路班列运行特点、问题及对策——基于“渝新

欧”班列的运行实践[J]. 对外经贸实务,2015(3):33 - 35.

[122]高志刚,刘伟.“一带”背景下中国与中亚五国贸易潜力测算及前景展望[J]. 山东大学学报(哲学社会科学版),2015(5):24 - 34.

[123]赵青松. 中国与吉尔吉斯斯坦经贸关系:历史、现状与前景[J]. 新疆财经,2016(1):66 - 73.

[124]赵青松.“一带一路”建设下中国与沿线国家的国际金融合作研究[J]. 苏州市职业大学学报,2016(1):8 - 12.

[125]赵青松. 新疆建设丝绸之路经济带国际商贸物流中心的战略思考[J]. 商业经济研究,2016(10):204 - 205.

[126]Lipsey,R. G. The Theory of Customs Union:A General Survey[J]. Economic Journal,1960,70(279):496 - 513.

[127]Kindleberger,Ch. P. European Integration and the International Corporation[J]. Columbia Journal of World Business,1966(1):65 - 76.

[128]Aitken,N. The EEect of the EEC and EFTA on European Trade:A Temporal Cross Section Analysis[J]. American Economic Review,1973,63(5):881 - 892.

后　记

本书的完成得到三个课题的资助。这三个课题是：新疆维吾尔自治区社会科学规划基金项目“新疆建设丝绸之路经济带国际商贸物流中心研究”（批准号：14BGY034），新疆维吾尔自治区普通高等学校人文社科重点研究基地中国（新疆）与中亚区域经济合作研究中心重点项目“边境贸易综合效应研究”（批准号：050113B01），新疆财经大学中亚经贸研究院青年项目（2012ZY63C04）。在此深表谢意。

在本书稿完成之时，首先感谢我的导师——商务部国际贸易经济合作研究院李钢研究员。2011 年，我从对外经济贸易大学博士毕业后，李钢老师对我的研究方向及各方面给予了许多指导，这些指导启发了我的研究思路，使我能够在几年时间内从侧重于研究美国经济和国际金融成功转向中亚经贸研究。另外，本书的选题和写作大纲得到了李钢老师的悉心指导，导师的教诲使我获益匪浅。

其次，感谢商务部国际贸易经济合作研究院的刘华芹研究员。2014 年我在中国人民大学访学期间，与刘老师合作完成了一本专著《丝绸之路经济带－欧亚大陆新棋局》，这次合作让我懂得了“只问耕耘，不求回报”的道理。

再次，十分感谢新疆财经大学国际贸易学院的领导和同事。段秀芳院长一直要求我们实现“要我做科研”到“我要科研”的转变，我对此深有同感。

最后，感谢父母对我工作的大力支持，父母包揽了全部家务，使我能够全身心投入到学习研究中；感谢 2015 年 8 月出生的儿子赵元承，儿子的出生是我这几年最伟大的成就，也将是我未来生活和学习的最大动力；感谢我的妻子吴彩云，儿子出生后她承担了看护孩子的全部责任，虽然两地分居，但苦中有乐，她让我懂得了责任和感恩。

赵青松
新疆财经大学